suhrkamp taschenbuch
wissenschaft 2044

Noch nie war die Kunst sichtbarer, präsenter und prägender als heute, und noch nie war sie zugleich so sehr ein bloßer Teil der gesellschaftlichen Prozesse: eine Ware, eine Unterhaltung, eine Meinung, eine Erkenntnis, eine Handlung. Die gesellschaftliche Allgegenwart der Kunst geht einher mit dem zunehmenden Verlust dessen, was wir ihre ästhetische *Kraft* nennen können.

»Kraft« – im Unterschied zu unseren »vernünftigen Vermögen« – meint hier den unbewußten, spielerischen, enthusiastischen Zustand, ohne den es keine Kunst geben kann. Die philosophische Reflexion auf diesen Zustand führt Christoph Menke zur Bestimmung ästhetischer Kategorien – Kunstwerk, Schönheit, Urteil – und zum Aufriß einer ästhetischen Politik, das heißt einer Politik der Freiheit vom Sozialen und der Gleichheit ohne Bestimmung.

Christoph Menke ist Professor für Praktische Philosophie an der Johann Wolfgang Goethe-Universität Frankfurt am Main. Letzte Veröffentlichungen im Suhrkamp Verlag: *Die Revolution der Menschenrechte. Grundlegende Texte zu einem neuen Begriff des Politischen* (stw 1988, hg. zusammen mit Francesca Raimondi), *Kraft. Ein Grundbegriff ästhetischer Anthropologie* (2008) und *Die Gegenwart der Tragödie. Versuch über Urteil und Spiel* (stw 1649).

Christoph Menke
Die Kraft der Kunst

Suhrkamp

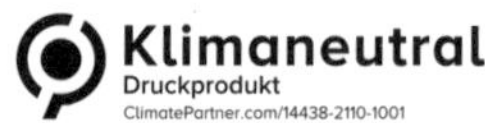

5. Auflage 2022

Erste Auflage 2013
suhrkamp taschenbuch wissenschaft 2044

Umschlag nach Entwürfen
von Willy Fleckhaus und Rolf Staudt
Druck und Bindung: C. H. Beck, Nördlingen
Printed in Germany
ISBN 978-3-518-29644-8

www.suhrkamp.de

Was ich mir selbst Unbekanntes in mir trage,
das macht mich erst aus.
Was ich an Ungeschick, Ungewissem besitze,
das erst ist mein eigentliches Ich.
Meine Schwäche, meine Hinfälligkeit.
Meine Mängel sind meine Ausgangsstelle.
Meine Ohnmacht ist mein Ursprung.
Meine Kraft geht von euch aus.
Meine Bewegung geht von meiner Schwäche zu
meiner Stärke.
Meine wirkliche Armut erzeugt einen imaginären
Reichtum: und ich bin diese Symmetrie;
ich bin das Tun, das meine Wünsche zunichte macht.

(Paul Valéry, *Monsieur Teste*)

Inhalt

Vorbemerkung

Die Ästhetik als das philosophische Nachdenken über die Kunst fragt nach ihrer Wahrheit: Sie fragt danach, wie sich in der Kunst der menschliche Geist zeigt; was die Existenz der Kunst – nicht dieses oder jenes Kunstwerks – über die Herkunft, die Verfassung und das Schicksal des menschlichen Geistes sagt. So hat Herder Baumgartens Ästhetik die »am meisten philosophische« Weise, »Metapoetik« zu betreiben, genannt, weil es ihr darum gehe, »das Wesen der Poesie aus der Natur des Geistes [zu] entwickeln«, »mit jeder Regel der Schönheit eine Entdeckung der Seelenlehre [zu] tun«.[1] Die Ästhetik denkt in der Betrachtung der Kunst über den menschlichen Geist nach.

Dieses Programm habe ich in *Kraft* als das einer »ästhetischen Anthropologie« rekonstruiert.[2] Deren Grundthese, die ich im folgenden einleitend zusammenfasse,[3] lautet, daß der menschliche Geist im Widerstreit von ästhetischer Kraft und vernünftigen Vermögen besteht. Dieser Widerstreit ist die Gelingens-, ja die Möglichkeitsbedingung des menschlichen Geistes. So zeigt die Kunst den menschlichen Geist. Darin liegt, so die These in *Kraft*, die Wahrheit der Kunst.

Hinter der Erläuterung der geisttheoretischen, anthropologischen Wahrheit der Kunst stand in *Kraft* die Frage zurück, worin der genuin ästhetische Begriff der *Kunst* besteht.[4] Wie versteht die Ästhetik – im Unterschied vor allem zur Tradition der Poetik – die Kunst? Wenn die Ästhetik darin philosophisch ist, daß sie das Begreifen des Geistes und das Begreifen der Kunst zusammenhält, ohne sie dabei miteinander gleichzusetzen, dann muß die Ästhetik die Doppelgestalt einer ästhetischen Anthropologie, als Lehre vom

1 Johann Gottfried Herder, »<Bruchstück von Baumgartens Denkmal>«, in: Herder, *Werke*, Bd. 1, hg. v. Ulrich Gaier, Frankfurt/M.: Deutscher Klassiker Verlag 1985, S. 682, 683, 687.

2 Christoph Menke, *Kraft. Ein Grundbegriff ästhetischer Anthropologie*, Frankfurt/M.: Suhrkamp 2008.

3 In diesem Band: »Die Kraft der Kunst. Sieben Thesen«.

4 Siehe den knappen Hinweis zur Theorieform eines ästhetischen Begriffs der Kunst in Menke, *Kraft*, S. 83-88: »Ausblick: Ästhetische Theorie«.

Geist, und einer ästhetischen Theorie, als Lehre von der Kunst, annehmen. Die vier Texte im ersten Teil entwickeln einige Elemente einer solchen ästhetischen Theorie der Kunst. Die drei Texte im zweiten Teil umreißen und führen paradigmatisch vor, wie ein Denken verstanden und vollzogen werden muß, das die ästhetische Erfahrung der Kunst ernst nimmt.

Die Kraft der Kunst. Sieben Thesen

1. Noch nie in der Moderne gab es mehr Kunst, war die Kunst sichtbarer, präsenter und prägender in der Gesellschaft als heute. Noch nie war die Kunst zugleich so sehr ein Teil des gesellschaftlichen Prozesses wie heute; bloß eine der vielen Kommunikationsformen, die die Gesellschaft ausmachen: eine Ware, eine Meinung, eine Erkenntnis, ein Urteil, eine Handlung.

Noch nie in der Moderne war die Kategorie des Ästhetischen so zentral für das kulturelle Selbstverständnis wie in der gegenwärtigen Epoche, die sich im anfänglichen Überschwang »postmodern« genannt hat und sich nun immer deutlicher als eine nachdisziplinäre »Kontrollgesellschaft« (Deleuze) erweist. Noch nie war das Ästhetische zugleich so sehr ein bloßes Mittel im ökonomischen Verwertungsprozeß – sei es direkt, als Produktivkraft, sei es indirekt, zur Erholung von den Anstrengungen der Produktion.

Die ubiquitäre Gegenwart der Kunst und die zentrale Bedeutung des Ästhetischen in der Gesellschaft gehen einher mit dem Verlust dessen, was ich ihre *Kraft* zu nennen vorschlage – mit dem Verlust der Kunst und des Ästhetischen als Kraft.

2. Es ist kein Ausweg aus dieser Lage, die Kunst und das Ästhetische als Medien der Erkenntnis, der Politik oder der Kritik gegen ihre gesellschaftliche Absorption in Stellung zu bringen. Im Gegenteil: Versteht man die Kunst oder das Ästhetische *als* Erkenntnis, *als* Politik oder *als* Kritik, so trägt dies nur weiter dazu bei, sie zu einem bloßen Teil der gesellschaftlichen Kommunikation zu machen. Die Kraft der Kunst besteht nicht darin, Erkenntnis, Politik oder Kritik zu sein.

3. Im Dialog mit dem Redner Ion hat Sokrates die Kunst als Erregung und Übertragung von Kraft beschrieben: der Kraft der Begeisterung, des Enthusiasmus. Diese Kraft erregt zuerst die Muse in den Künstlern, und diese übertragen sie durch ihre Werke auf die Zuschauer und Kritiker – so wie ein Magnet »nicht nur selbst die eisernen Ringe [zieht], sondern er teilt auch den Ringen die Kraft mit, daß sie eben dieses tun können wie der Stein selbst, nämlich

andere Ringe ziehn«. »Eben so auch macht zuerst die Muse selbst Begeisterte, und an diesen hängt eine ganze Reihe Anderer durch sie sich begeisternder.« Der Zusammenhang der Kunst ist ein Zusammenhang der Kraftübertragung. Übertragen wird die Kraft der Begeisterung, der Entrückung, auf den Künstler, Zuschauer und Kritiker: »bis er begeistert worden ist und bewußtlos und die Vernunft nicht mehr in ihm wohnt«.[5]

4. Sokrates hat aus der Einsicht in die Kraft der Kunst die Konsequenz gezogen, daß die Kunst aus dem auf Vernunft zu gründenden Gemeinwesen verbannt werden muß. Gegen diese Konsequenz ist die Kunst von Anfang an auf zwei entgegengesetzte Weisen verteidigt worden. Die eine erklärt die Kunst zu einer sozialen Praxis. Sie behauptet gegen Sokrates, es treffe nicht zu, daß in der Kunst eine Kraft wirke, die bis zur Bewußtlosigkeit begeistert. In der Kunst, also in ihrer Hervorbringung, Erfahrung und Beurteilung, verwirkliche sich vielmehr ein sozial erworbenes Vermögen; die Kunst sei ein Akt praktischer Subjektivität. Das ist der Sinn der von Aristoteles erfundenen »Poetik«, als »*Poïétique*« (Valéry): der Lehre von der Kunst als Machen, als Ausübung eines Vermögens, das das Subjekt durch Ausbildung, durch seine Sozialisierung oder Disziplinierung erworben hat und nun bewußt auszuüben vermag. Dagegen steht von Anfang an ein anderes Denken der Kunst, das das 18. Jahrhundert auf den Namen der »Ästhetik« taufen wird. Dieses ästhetische Denken der Kunst beruht auf der Erfahrung, daß sich in der Kunst eine Kraft entfaltet, die das Subjekt aus sich herausführt, ebenso hinter sich zurück wie über sich hinaus; eine Kraft also, die unbewußt ist – eine »dunkle« Kraft (Herder).

5. Was ist Kraft? Kraft ist der ästhetische Gegenbegriff zu den (»poietischen«) Vermögen. »Kraft« und »Vermögen« sind die Namen zweier entgegengesetzter Verständnisse der Tätigkeit der Kunst. Eine Tätigkeit ist die Verwirklichung eines Prinzips. Kraft und Vermögen sind zwei entgegengesetzte Verständnisse des *Prinzips* und seiner *Verwirklichung*.

5 Platon, *Ion*, 533d-534b, übers. v. Friedrich Schleiermacher, in: Platon, *Sämtliche Werke*, hg. v. Karlheinz Hülser, Frankfurt/M./Leipzig 1991, Bd. I. – Auf diese Stelle aus dem *Ion* komme ich im folgenden ausführlicher zurück; siehe unten, S. 23 und S. 34.

Vermögen zu haben heißt, ein Subjekt zu sein; ein Subjekt zu sein heißt, etwas zu können. Das Können des Subjekts besteht darin, etwas gelingen zu lassen, etwas auszuführen. Vermögen zu haben oder ein Subjekt zu sein bedeutet, durch Üben und Lernen imstande zu sein, eine Handlung gelingen lassen zu können. Eine Handlung gelingen lassen zu können wiederum heißt, in einer neuen, je besonderen Situation eine allgemeine Form wiederholen zu können. Jedes Vermögen ist das Vermögen der Wiederholung eines Allgemeinen. Die allgemeine Form ist stets die Form einer sozialen Praxis. Die künstlerische Tätigkeit als Ausübung eines Vermögens zu verstehen heißt daher, diese Tätigkeit als eine Handlung zu verstehen, in der ein Subjekt die allgemeine Form verwirklicht, die eine spezifische soziale Praxis ausmacht; es heißt, die Kunst als eine soziale Praxis und das Subjekt als deren Teilnehmer zu verstehen.

Kräfte sind wie Vermögen Prinzipien, die in Tätigkeiten verwirklicht werden. Aber Kräfte sind das Andere der Vermögen:

- Während Vermögen durch soziale Übung erworben werden, haben Menschen bereits Kräfte, *bevor* sie zu Subjekten abgerichtet werden. Kräfte sind menschlich, aber vorsubjektiv.
- Während Vermögen von Subjekten in bewußter Selbstkontrolle handelnd ausgeübt werden, wirken Kräfte *von selbst*; ihr Wirken ist nicht vom Subjekt geführt und daher vom Subjekt nicht gewußt.
- Während Vermögen eine sozial vorgegebene allgemeine Form verwirklichen, sind Kräfte *formierend*, also *formlos*. Kräfte bilden Formen, und sie bilden jede Form, die sie gebildet haben, wieder um.
- Während Vermögen am Gelingen ausgerichtet sind, sind Kräfte ohne Ziel und Maß. Das Wirken der Kräfte ist *Spiel* und darin die Hervorbringung von etwas, über das sie immer schon hinaus sind.

Vermögen machen uns zu Subjekten, die erfolgreich an sozialen Praktiken teilnehmen können, indem sie deren allgemeine Form reproduzieren. Im Spiel der *Kräfte* sind wir vor- und übersubjektiv – Agenten, die keine Subjekte sind; aktiv, ohne Selbstbewußtsein; erfinderisch, ohne Zweck.

6. Das ästhetische Denken beschreibt die Kunst mit Sokrates als ein Feld der Kraftentfaltung und Kraftübertragung. Das ästheti-

sche Denken bewertet dies aber nicht nur anders als Sokrates, es versteht dies auch anders als Sokrates. Nach Sokrates ist die Kunst *bloß* die Erregung und Übertragung von Kraft. So aber gibt es keine Kunst. Die Kunst ist vielmehr die Kunst des Übergangs *zwischen* Vermögen *und* Kraft, zwischen Kraft und Vermögen. Die Kunst besteht in der Entzweiung von Kraft und Vermögen. Die Kunst besteht in einem paradoxen Können: zu können, nicht zu können; fähig zu sein, unfähig zu sein. Die Kunst ist weder bloß die Vernunft der Vermögen noch bloßes Spiel der Kraft. Sie ist die Zeit und der Ort der Rückkehr vom Vermögen zur Kraft, des Hervorgehens des Vermögens aus der Kraft.

7. Deshalb ist die Kunst kein Teil der Gesellschaft – keine soziale Praxis; denn die Teilnahme an einer sozialen Praxis hat die Struktur der Handlung, der Verwirklichung einer allgemeinen Form. Und deshalb sind wir in der Kunst, im Hervorbringen oder Erfahren der Kunst, keine Subjekte; denn ein Subjekt zu sein heißt, die Form einer sozialen Praxis zu verwirklichen. Die Kunst ist vielmehr das Feld einer Freiheit nicht im Sozialen, sondern vom Sozialen; genauer: der Freiheit vom Sozialen im Sozialen. Sobald das Ästhetische zu einer Produktivkraft im postdisziplinären Kapitalismus wird, ist es seiner Kraft beraubt; denn das Ästhetische ist aktiv und hat Effekte, aber es ist nicht produktiv. Ebenso wird das Ästhetische seiner Kraft beraubt, wenn es eine soziale Praxis sein soll, die sich gegen die entfesselte Produktivität des Kapitalismus ins Feld führen läßt; das Ästhetische ist zwar befreiend und verändernd, aber es ist nicht praktisch – nicht »politisch«. Das Ästhetische als »Gesammtentfesselung aller symbolischen Kräfte« (Nietzsche) ist weder produktiv noch praktisch, weder kapitalistisch noch kritisch.

In der Kraft der Kunst geht es um unsere Kraft. Es geht um die Freiheit von der sozialen Gestalt der Subjektivität, sei sie produzierend oder praktisch, kapitalistisch oder kritisch. In der Kraft der Kunst geht es um unsere Freiheit.

I.
Ästhetische Kategorien

1.
Das Kunstwerk: zwischen Möglichkeit und Unmöglichkeit

Es ist eine wesentliche Bestimmung der Kunst, in der Gestalt von Werken zu existieren. Das bedeutet, daß die Kunst eine Weise menschlicher Tätigkeit ist; Kunstwerke sind nicht natürlich. Und daß die Kunst in der Gestalt von Werken existiert, bedeutet weiterhin, daß sie eine Tätigkeitsweise ist, die sich in wie auch immer flüchtigen Objektivierungen darstellt. Der »Mensch als Geist *verdoppelt* sich«.[1] Im Werk tritt die Tätigkeit »aus sich heraus«, »denn vom Tun frei entlassen als *seiende Wirklichkeit*, ist die Negativität als Qualität an ihm«.[2] Die Kunst hat Werkcharakter, weil ihre Tätigkeit kein bloßes »Sich-Aussprechen der Individualität« ist:

> Das Werk ist die Realität, welche das Bewußtsein sich gibt; es ist dasjenige, worin das Individuum das für es ist, was es *an sich* ist, und so, daß das Bewußtsein, *für welches* es in dem Werke wird, nicht das besondere sondern das *allgemeine* Bewußtsein ist; es hat sich in dem Werke überhaupt in das Element der Allgemeinheit, in den bestimmtheitslosen Raum des Seins hinausgestellt.[3]

Die Kunst existiert in Werken, nicht weil ihre Existenz stets objekt- oder dauerhaft ist, sich also gegenüber der Kunst als einer Tätigkeit – der Hervorbringung und Erfahrung, die sich hier und jetzt vollzieht – verselbständigt (wie die Kritik der Werkkategorie im Namen des ästhetischen Ereignisses und Erlebnisses meint[4]). Die Kunst existiert vielmehr in Werken, weil ihre Tätigkeit in sich negativ oder allgemein ist; negativ, weil sie die Bestimmungsmacht des Natürlichen, bloß Individuellen bricht; allgemein, weil ihre

1 Georg Wilhelm Friedrich Hegel, *Vorlesungen über Ästhetik*, Bd. I, in: Hegel, *Werke in zwanzig Bänden*, Frankfurt/M.: Suhrkamp 1969-70, Bd. 13, S. 51.

2 Georg Wilhelm Friedrich Hegel, *Phänomenologie des Geistes*, in: Hegel, *Werke*, Bd. 3, S. 298. Hegel bezieht sich in diesem Abschnitt über »Das geistige Tierreich« nicht auf das Werk der Kunst, sondern auf den Werkcharakter geistiger Akte überhaupt. Um diesen Unterschied geht es im folgenden.

3 Ebd., S. 300.

4 Vgl. Dieter Mersch, *Ereignis und Aura. Untersuchung zu einer Ästhetik des Performativen*, Frankfurt/M.: Suhrkamp 2002, S. 157 ff.

Tätigkeit für andere da ist und zu gelten beansprucht. Nicht »Permanenz« definiert das Werk, sondern daß es »in einem öffentlichen Raum *zwischen* ästhetisch erfahrenden Subjekten lokalisiert ist, ein ›Objekt‹, worauf diese Subjekte im ästhetischen Diskurs sich beziehen und gleichsam zurückkommen können«.[5]

Negativität und Allgemeinheit sind die Bestimmungen der Normativität; Werkhaftigkeit im *allgemeinen Sinn* – den Hegel gegen die Auffassung der menschlichen Tätigkeit als ein bloßes »Sich-Aussprechen der Individualität« geltend macht – ist ein Kennzeichen ihrer Normativität, ihrer Existenz oder Wirklichkeit für andere. Die erste Antwort auf die Frage, weshalb die Kunst in der Gestalt von Werken existiert, lautet also, daß auch die Kunst in einer Tätigkeit besteht, die in ihrem Vollzug ihre individuelle Quelle überschreitet, um eine öffentliche Wirklichkeit, im Allgemeinen, zu gewinnen. Die Kunst ist werkhaft – das hat nicht den äußerlichen Sinn, daß ihr eine Tätigkeit der Herstellung vorhergegangen ist (die auch lediglich in einem Akt des Hierher- oder Ausstellens bestehen kann). Die Kunst ist vielmehr werkhaft, weil sie die Wirklichkeit einer normativen Tätigkeit ist, weil sie »Geist«[6] ist.

Diese erste Antwort auf die Frage nach dem Werkcharakter der Kunst ist ebenso zutreffend wie unzureichend. Wenn sie als die ganze Antwort genommen wird, verstellt sie den spezifisch ästhetischen Werkcharakter der Kunst. Wer das Kunstwerk als normatives, geistiges Werk *definiert*, verfehlt es in seinem Wesen.

1. Möglichkeit und Wirklichkeit

Weil die Kunst eine menschliche Tätigkeit ist, die in der Gestalt von Werken existiert, liegt es nahe, im Nachdenken über die Kunst der Form philosophischer Untersuchung zu folgen, die uns für werkhervorbringende, also allgemeine (oder öffentliche oder normative oder geistige) menschliche Tätigkeiten vertraut ist. In dieser

5 Albrecht Wellmer, *Versuch über Musik und Sprache*, München: Hanser 2009, S. 134; zur immanenten Normativität des Werkbegriffs siehe ebd., S. 92 ff.

6 »Kunstwerk ist es nur, insofern es, aus dem Geiste entsprungen, nun auch dem Boden des Geistes angehört, die Taufe des Geistigen erhalten hat und nur dasjenige darstellt, was nach dem Anklange des Geistigen gebildet ist.« (Hegel, *Vorlesungen über Ästhetik*, Bd. I, S. 48.)

eingeübten Form ist das philosophische Untersuchen durch einen Zweischritt von Behauptung und Frage definiert. Die *Behauptung* ist eine Existenzbehauptung – die Behauptung der Existenz jedoch nicht eines Einzeldings, sondern einer Klasse von durch menschliche Tätigkeiten hervorgebrachten Dingen, hier also: von der Klasse der Kunstwerke. Die Existenzbehauptung, mit der das vertraute philosophische Nachdenken über die Kunst beginnt (oder: die Existenzbehauptung, mit der das philosophische Nachdenken über die Kunst vertraut macht), besagt: »Es gibt Kunstwerke.« Die *Frage* richtet sich auf das, was Dinge dieser Art – Kunstwerke – möglich macht. In vorläufiger Formulierung: Sie richtet sich auf das ermöglichende Potential, das Vermögen, als dessen Aktualisierung die Tätigkeit, die diese Dinge, Kunstwerke, hervorbringt, zu verstehen ist. Die vertraute Weise, das Nachdenken über die Kunst zu beginnen, besteht darin, zuerst zu behaupten: »Es gibt Kunstwerke«, und dann zu fragen: »Wie sind sie möglich?«

Das ist eine wohlbekannte Untersuchungsweise: Es ist die Untersuchungsweise der Philosophie seit Sokrates. Für sie ist wesentlich, das Sein und die Seinsweise von Dingen nicht einfach hinzunehmen, sondern zu befragen oder zu »problematisieren«: in dem Sein und der Seinsweise von Dingen einer bestimmten Art weder eine selbstverständliche Gegebenheit noch ein Wunder zu sehen, das wir bloß anstaunen, sondern (wie man seit Aristoteles sagt) ein »Problem«;[7] etwas also, das wir *verstehen* oder erklären wollen. Und die Form dieser philosophischen Erklärung besteht darin, daß wir das zum Problem gewordene Wirkliche als die Verwirklichung einer Möglichkeit beschreiben.

Bevor die Logik dieser Verstehensform näher bestimmt werden kann, bedarf es einer Bemerkung dazu, wie der Zweischritt von (Existenz-) Behauptung und (Möglichkeits-) Frage *nicht* verstanden werden darf: so als ließe sich die Existenz von Kunstwerken mit Gewißheit feststellen, *bevor* die Frage nach ihrer Möglichkeit beantwortet worden ist. Wenn man die Frage, wie Kunstwerke möglich sind, nicht beantworten kann, dann kann man auch nicht ihre Existenz behaupten. Die Möglichkeit geht der Wirklichkeit voraus: Wenn wir nicht verstehen, wie Kunstwerke möglich sind, können

7 Vgl. Christoph Menke, »Das Problem der Philosophie. Zwischen Literatur und Dialektik«, in: Joachim Schulte/Uwe Justus Wenzel (Hg.), *Was ist ein ›philosophisches‹ Problem?*, Frankfurt/M.: Fischer 2001, S. 114-133.

wir nicht wissen, ob es sie – das heißt diese Klasse von Dingen – wirklich gibt. Die Frage nach der Möglichkeit der Kunstwerke *ist* daher zugleich die Frage nach ihrer Wirklichkeit. An die Stelle der bisherigen Formulierung der vertrauten philosophischen Untersuchungsform »Es gibt Kunstwerke. Wie sind sie möglich?« könnte man daher auch diese setzen: »Wir glauben, daß es Kunstwerke gibt. Gibt es sie wirklich?« Die Antwort auf beide Fragen – »Wie sind Kunstwerke möglich?« und: »Gibt es Kunstwerke?« – ist ein und dieselbe.

Das zeigt sich im Blick auf die Fragen, in denen das skizzierte philosophische Untersuchungsprogramm seine uns vertraute Gestalt gefunden hat. Kants Frage in der ersten Kritik lautet: »Wie sind Naturwissenschaften und generell objektives Erkennen möglich?«, und in der zweiten Kritik: »Wie ist moralisches Urteilen oder vernünftige Selbstbestimmung möglich?« Zwar schreibt Kant in der *Kritik der reinen Vernunft*: »Von diesen Wissenschaften, *da sie wirklich gegeben sind*, läßt sich nun wohl geziemend fragen: wie sie möglich sind; denn daß sie möglich sein müssen, wird durch ihre Wirklichkeit bewiesen.«[8] Aber diese Abfolge von Existenzbehauptung und Möglichkeitsfrage täuscht. Denn ob es naturwissenschaftliches Wissen von gesetzesmäßigen Zusammenhängen (und nicht nur Annahmen über mehr oder weniger wahrscheinliche Verknüpfungen) und ob es moralisches Handeln allein aus Achtung vor dem Gesetz (und nicht nur aus mehr oder weniger egoistischen sinnlichen Antrieben) *tatsächlich gibt*, läßt sich auch nach Kants Verständnis erst dann entscheiden, wenn die Fragen nach der Möglichkeit jenes Wissens und Handelns beantwortet sind; wenn man also weiß, *wie* solches Wissen und Handeln und damit ob es überhaupt möglich ist. Es scheint zwar, als sei die philosophische Frage nach der Möglichkeit des Wissens von (Natur-) Gesetzen und des Handelns aus Moral (-Gesetzen) nur die Frage danach, wie wir uns etwas erklären können, dessen wirkliche Existenz bereits unbezweifelbar feststeht. In Wahrheit geht es in der philosophischen Frage

8 Immanuel Kant, *Kritik der reinen Vernunft*, in: Kant, *Werke*, hg. v. Wilhelm Weischedel, Darmstadt: Wissenschaftliche Buchgesellschaft 1956, Bd. II, B 20; meine Hervorhebung, C.M. Analoges gilt für Kants philosophische Untersuchung der moralischen Urteilsweise, in der er – zunächst – unter Berufung auf Sokrates von deren Gegebenheit ausgeht; vgl. *Grundlegung zur Metaphysik der Sitten*, in: Kant, *Werke*, Bd. IV, AB 20f.

nach der Möglichkeit aber um die Wirklichkeit von Wissen und Moral. Verstehen wir ihre Möglichkeit nicht, dann *gibt es* sie auch nicht.

Und das gilt auch für die Kunst: Wenn es nicht gelingt, eine Antwort auf die Frage nach ihrer Möglichkeit zu gewinnen und einen überzeugenden Begriff der Kunst zu entfalten, dann wissen wir auch nicht, ob es Kunstwerke wirklich gibt. Die philosophische Frage nach der Möglichkeit der Kunst ist also alles andere als folgenlos; es geht in ihr nicht nur um die Theorie, sondern um die Wirklichkeit der Kunst. Denn es ist das Begreifen, das der Wirklichkeit zugrunde liegt – nicht umgekehrt.

2. Die Unbegreifbarkeit der Kunst

Wie versteht die Philosophie (von Sokrates bis Kant und darüber hinaus) die Frage nach der Möglichkeit, durch deren Beantwortung sie ein Phänomen verstehen will? Wonach fragen wir, wenn wir nach Bedingungen der Möglichkeit fragen – danach, was etwas ermöglicht? Die Philosophie versteht diese Frage als die nach der Möglichkeit des *Gelingens*. Genauer: danach, wie wir – die dadurch zu »Subjekten« (der Erkenntnis, der Moral, der Kunst) werden – etwas gelingen lassen *können*.[9]

Das läßt sich so verstehen: Die Akte der Erkenntnis oder der Moral gehören in den Bereich von menschlichen Tätigkeiten, die gelingen oder mißlingen können. Erkenntnis und Moral sind Werke im eingangs erläuterten Sinne Hegels: nicht ein bloßes »Sich-Aussprechen der Individualität«, sondern als eine für ein »allgemeines Bewußtsein« gültig »seiende Wirklichkeit«. »Erkenntnis« und »Moral« sind Gelingensausdrücke; sie bezeichnen die erfolgreichen, gelungenen Ergebnisse von Anstrengungen oder Leistungen (denen Mißlingensformen wie Irrtum oder Egoismus gegenüberstehen). In der philosophischen Frage nach der Möglichkeit geht es darum, was vorausgesetzt werden muß, also welche Bedingungen erfüllt sein müssen, damit ein Vollzug eine Erkenntnis (und

9 Zu diesem Zusammenhang siehe ausführlicher Christoph Menke, »Subjektivität und Gelingen: Adorno – Derrida«, in: Andreas Niederberger/Markus Wolf (Hg.), *Politische Philosophie und Dekonstruktion. Beiträge zur politischen Philosophie im Anschluss an Jacques Derrida*, Bielefeld: Transcript 2007, S. 61-76.

nicht ein Irrtum) oder eine moralische Handlung (und nicht ein egoistischer Akt) ist – damit ein Vollzug gelingt. Diese Bedingungen *er*möglichen das Gelingen, also Erkenntnis oder Moral. Der Begriff der Möglichkeit hat hier einen praktischen, nicht nur einen logischen Sinn: Die Möglichkeit des Gelingens aufzuweisen heißt, diejenigen Potentiale auszumachen, durch die es uns – uns Subjekten – möglich ist, das Gelingen unserer Tätigkeiten (oder das Hervorbringen von Werken) herbeizuführen oder zu gewährleisten. Die Möglichkeit des Gelingens besteht in den Fähigkeiten, durch die wir Tätigkeiten ausführen können. Diese Fähigkeiten sind Vermögen; wer sie hat, vermag etwas – vermag etwas gelingen zu lassen. Die Frage, wie Erkenntnis und Moral möglich sind, versteht die Philosophie also so, daß sie auf die Vermögen führt, durch die wir fähig sind, zu erkennen und moralisch zu urteilen; also etwa, kantisch verstanden, auf Vermögen wie die der Synthetisierung unserer sinnlichen Eindrücke und der Begriffsverwendung zum Klassifizieren von Gegenständen; oder auf das Vernunftvermögen der autonomen Gesetzgebung und Gesetzprüfung im Fall moralischen Urteilens. Die Philosophie versteht die Frage nach der Möglichkeitsbedingung als die Frage nach dem Subjekt und seinen Vermögen. Ein Subjekt zu sein heißt, etwas tun und daher auch es wiederholen, das heißt: ein Werk hervorbringen zu können.

Dieses Verständnis von Philosophie geht auf Sokrates zurück; so begreift sie auch Kant (an dessen Formulierungen ich hier angeschlossen habe). Auf Sokrates geht aber ebenso die Skepsis zurück, ob auch die *Kunst* in dieser Weise philosophisch erklärt werden kann; ob man in derselben Weise mit Aussicht auf eine Antwort nach der Möglichkeit der Kunst fragen kann, wie Sokrates glaubte, nach der Möglichkeit der Erkenntnis und der Moral fragen zu können. Sokrates' kritischer Einwand gegen die Kunst besagt nichts anderes, als daß die beschriebene Art der philosophischen Untersuchung nicht auf die Kunst angewandt werden kann: daß also die Kunst nicht verstanden werden kann. Im Gegensatz zur Frage nach der Möglichkeit von Erkenntnis und Moral muß die nach der Möglichkeit der Kunst unbeantwortet bleiben. Die Kunst ist philosophisch unbegreiflich.

Sokrates formuliert dies so:

Denn alle rechten Dichter alter Sagen sprechen nicht durch Kunst sondern als Begeisterte und Besessene alle diese schönen Gedichte, und eben so die rechten Lieddichter, so wenig die welche vom tanzenden Wahnsinn befallen sind in vernünftigem Bewußtsein tanzen, so dichten auch die Lieddichter nicht bei vernünftigem Bewußtsein diese schönen Lieder, sondern wenn sie der Harmonie und des Rhythmos erfüllt sind, dann werden sie den Bakchen ähnlich, und begeistert, wie diese aus den Strömen Milch und Honig nur wenn sie begeistert sind schöpfen, wenn aber ihres Bewußtseins mächtig dann nicht, so bewirkt auch der Liederdichter Seele dieses, wie sie auch selbst sagen. Es sagen uns nämlich die Dichter, daß sie aus honigströmenden Quellen aus gewissen Gärten und Hainen der Musen pflückend uns diese Gesänge bringen wie die Bienen, auch eben so umherfliegend. Und wahr reden sie. Denn ein leichtes Wesen ist ein Dichter und geflügelt und heilig, und nicht eher vermögend zu dichten, bis er begeistert worden ist und bewußtlos und die Vernunft nicht mehr in ihm wohnt.[10]

Nach Sokrates ist Dichten »göttlicher Wahnsinn und Besessenheit« und damit »jedenfalls [...] kein Wissen, kein Können, das über sich selbst und seine Wahrheit Rechenschaft zu geben vermöchte«.[11] Das Dichten, und generell das, was *wir* »Kunst« nennen, ist für Sokrates keine Kunst: nicht die selbstbewußte, kontrollierte Ausübung eines durch Übungen erworbenen praktischen Vermögens. Dichten geschieht vielmehr in Besessenheit und aus Begeisterung. Daher ist auch der Dichter kein »Subjekt« im zuvor verwendeten Sinn des Ausdrucks: kein Könner; nicht jemand, der durch seine Vermögen etwas gelingen lassen oder ermöglichen kann. Im Dichten ereignet sich ein Verlust der Subjektivität. Deshalb läßt sich das Dichten philosophisch nicht begreifen. Denn weil es keine Leistung in Anwendung subjektiver Vermögen ist, kann seine Möglichkeit nicht eingesehen werden. Die Aussage, daß Dichten in einem Zustand der Begeisterung erfolgt, ist nicht eine andere Antwort auf die sokratisch-philosophische Frage, wie Dichtung möglich ist. Diese Antwort – Dichten geschieht in Begeisterung – ist *keine* Antwort, sie ist eine Verweigerung der Antwort. Die Antwort, die Sokrates

10 Platon, *Ion*, 533e-534a, übers. v. Friedrich Schleiermacher, in: Platon, *Sämtliche Werke*, hg. v. Karlheinz Hülser, Frankfurt/M./Leipzig: Insel 1991, Bd. I. Zum ästhetischen Begriff der Begeisterung und seiner platonischen Tradition siehe ausführlicher Christoph Menke, *Kraft. Ein Grundbegriff ästhetischer Anthropologie*, Frankfurt/M.: Suhrkamp 2008, Kap. IV.

11 Hans-Georg Gadamer, »Plato und die Dichter«, in: Gadamer, *Gesammelte Werke*, Tübingen: Mohr (Siebeck) 1993, Bd. 5, S. 189.

auf die Frage nach der Möglichkeit der Kunst gibt, ist, daß diese Frage für die Kunst nicht beantwortet werden *kann*. Nach Sokrates ist die Kunst unmöglich – und deshalb ist auch ungewiß, ob sie überhaupt existiert: Ist der Wahnsinn der Dichter göttlich oder bloß sinnliche Berauschtheit?

Sokrates' Antwort, daß die Frage nach der Möglichkeit der Kunst nicht beantwortet werden kann, ist richtig. Man muß sie aber richtig verstehen. Der erste Schritt dazu besteht darin, diese Antwort positiv zu lesen, als die Formulierung eines Paradoxes: Die Kunst ist unmöglich; deshalb ist sie möglich. Die Kunst ist nur möglich, weil sie – im Sinn des bisher erläuterten philosophischen Verständnisses praktischer Ermöglichung – unmöglich ist; es ist ihre praktische Unmöglichkeit, die die Kunst möglich macht.

Diese These soll im folgenden so erläutert werden, daß zunächst mit Valéry gezeigt wird, was dieses Paradox begründet (3.), und sodann mit Nietzsche, wie es zwar nicht aufzulösen, aber »untragisch«, also positiv gelesen werden kann (4.): Die Paradoxie der Kunst ist nicht die Figur ihres Scheiterns, sondern die ihres Gelingens.

3. Das Paradox von Machen und Werk

Paul Valérys Antrittsvorlesung zum Kolleg über Poetik am Collège de France im Jahr 1937[12] verschreibt sich einer Betrachtungsweise der Dichtung, die, so scheint es auf den ersten und auch noch den zweiten Blick, am weitesten in eine Richtung vorangeht, die derjenigen von Sokrates' Behauptung diametral entgegengesetzt ist. Valéry definiert das Verstehen der Dichtung als »Poietik« – als Lehre vom »Machen«, das sich in einem »Werk« vollendet.[13] Das erinnert daran, wie bereits Aristoteles Sokrates' Kritik der Dichtung begegnet: eben durch die Etablierung der Theorieform der Poetik, deren Aufgabe es ist, die Tätigkeiten – was man tun muß – zu untersuchen, durch deren Ausübung die Dichtung gelingt.[14] Die Poe-

12 Paul Valéry, »Antrittsvorlesung zum Kolleg über Poetik«, in: Valéry, *Zur Theorie der Dichtkunst*, übers. v. Kurt Leonhard, Frankfurt/M.: Suhrkamp 1987, S. 203-226.

13 Ebd., S. 205 f.

14 Der erste Satz der *Poetik* lautet: »Von der Dichtkunst selbst und von ihren Gat-

tik versteht die Dichtung »als eine *gemachte*, vom subjektiven Geist zustande gebrachte Verknüpfung«;[15] nicht jedoch im technischen Sinn – wenn das Machen technisch zu verstehen mit der Annahme einhergeht, diejenige Tätigkeit, in und aus der die Dichtung besteht, in Einzeltätigkeiten auflösen zu können, deren schrittweise Ausführung dichterischen Erfolg garantieren können soll. Daß die Poetik die Kunst von ihrem Machen her betrachtet, heißt vielmehr, daß *wir* von den Tätigkeiten – deren Ausdruck sie ist – wissen können, weil derjenige, der sie ausführt, der Künstler, von ihnen wissen muß; »außer sich« – wie Sokrates es beschreibt – ist die poetische Tätigkeit unmöglich. In der Theorieform der Poetik kommt das Verständnis der Kunst als Werk eines freien, seiner selbst bewußten Geistes zum Ausdruck.[16]

Valérys Idee einer »Poietik« knüpft an dieses Konzept an, aber zugleich weist er darauf hin, daß zwischen dem dichterischen Machen und dem dichterischen Gelingen, dem Hervorbringen des Werks, eine eigentümliche Spannung herrscht. Diese Spannung deutet sich bereits darin an, daß die »schaffende Tätigkeit« häufig mit »mehr Wohlgefallen, ja sogar mit mehr Leidenschaft [betrachtet wird] als das geschaffene Ding«.[17] Die »schaffende Tätigkeit« führt also nicht zu dem »geschaffenen Ding«, dem Werk als deren Ausdruck im »allgemeinen Bewußtsein« (Hegel), hin – wie die Poetik oder Poietik meint –, sondern von ihm weg. Zwischen dem Machen und dem Werk besteht eine Diskrepanz, ein Abstand, gar eine Kluft, die unüberbrückbar ist: Niemals gelangt man vom Machen

tungen, welche Wirkung eine jede hat und wie man die Handlungen zusammenfügen muß, wenn die Dichtung gut sein soll [...], wollen wir hier handeln.« (Aristoteles, *Poetik*, übers. v. Manfred Fuhrmann, Stuttgart: Reclam 1982, Kap. 1, 1447a.) Deutlicher kann man Sokrates (oder Platon) nicht widersprechen.

15 Hegel, *Vorlesungen über Ästhetik*, Bd. II, in: Hegel, *Werke*, Bd. 14, S. 27.

16 Hegel beschreibt dieses poetische Verständnis als Teil des klassischen Begriffs der Kunst (oder des Begriffs der klassischen Kunst): »Die klassische Kunst, insofern ihr Inhalt und ihre Form das Freie ist, entspringt nur aus der Freiheit des sich selbst klaren Geistes. Dadurch erhält nun auch *drittens* der Künstler eine von der früheren verschiedene Stellung. Seine Produktion nämlich zeigt sich als das freie Tun des besonnenen Menschen, der ebensosehr *weiß*, was er will, als er kann, was er will, und der sich also weder in Ansehung der Bedeutung und des substantiellen Gehalts, den er zur Anschauung herauszugestalten gedenkt, unklar ist, noch sich durch irgendein technisches Unvermögen in der Ausführung gehindert findet.« (Hegel, *Vorlesungen über Ästhetik*, Bd. II, S. 27.)

17 Valéry, »Antrittsvorlesung«, S. 207.

zum Werk. Das Machen macht das Werk nicht, das Werk ist nicht durchs Machen gemacht.

Diese Einsicht artikuliert Valéry in einer Serie sich zuspitzender Befunde. Der erste Befund lautet, daß die Aufmerksamkeit aufs Machen für den, der etwas zu machen versucht, für den Macher also, das Machen torpediert. Wer darauf achtet, wie er etwas macht, kann nichts mehr machen – er verliert die Fähigkeit der Ermöglichung, des Gelingenlassens:

Zum Beispiel versteht man, daß ein Dichter mit Recht fürchten kann, seine ursprünglichen Fähigkeiten, seine unmittelbare Produktionskraft, durch eine Analyse, der er sie unterzöge, zu stören. Instinktmäßig weigert er sich, sie auf andere Weise zu vertiefen als durch die Ausübung seiner Kunst, und sich ihrer durch rationale Begründungen in umfassenderer Weise zu bemächtigen. Man kann glauben, daß unsere einfachste Handlung, unsere vertrauteste Geste, sich nicht vollziehen ließe, daß die geringste unserer Fähigkeiten uns zum Hindernis werden würde, wenn wir sie uns vor ihrer Ausübung im Geiste vergegenwärtigen und sie gründlich erkennen müßten. Achilles kann die Schildkröte nicht besiegen, wenn er an Raum und Zeit denkt.[18]

Das Machen zu denken, es zu erkennen und zu analysieren heißt, es als Machen zu zerstören. Das Machen kann nicht erkannt werden, es ist unerkennbar; denn gerade wenn wir es erkennen, ist es kein gelingendes Machen. Man kann somit (vielleicht) behaupten, daß aus dem Machen das Werk hervorgeht, aber man kann nicht *verstehen*, *wie* es aus dem Machen hervorgeht. Im Nachvollzug des Machens entzieht sich uns das Werk ins Unsinnige, Ungreifbare. Aus der Perspektive des Machens ist das Werk ein Ding der Unmöglichkeit – ein Un-ding.

Damit deutet sich für das Werk der Kunst ein anderes Gesetz der Negativität an als dasjenige, das Hegel für das normative Werk, das mit dem »Sich-Aussprechen der Individualität« brechen muß, um die Tätigkeit des Subjekts »in das Element der Allgemeinheit« hinauszustellen, formuliert hat: das Gesetz *ästhetischer* Negativität, die die Tätigkeit als wißbare, weil selbstbewußte von ihrem Werk trennt und das Werk über die wißbare, weil selbstbewußte Tätigkeit, der es seine Existenz verdankt, hinausgehen läßt. Während das normative Werk die öffentliche Wirklichkeit einer selbstbewußten

18 Ebd., S. 206.

Tätigkeit – des Sich-Aussprechens des Subjekts, nicht des Individuums – ist, besteht das ästhetische Werk der Kunst nur in der, ja durch die (Selbst-)Überschreitung jeder selbstbewußten Tätigkeit des Subjekts.

In Kurt Leonhards eindringlicher deutschen Übersetzung bringt Valérys Antrittsvorlesung diese Negativität, die das Werk und sein Machen verbindet *und* trennt, in einer Serie von Un-Wörtern zum Ausdruck, die beschreiben, was und wie das Kunstwerk ist. Zwei Beispiele dafür:

Die *Unverhältnismäßigkeit* des Werks:

> Ein Blick genügt, um ein bedeutendes Monument zu würdigen, seine Schockwirkung zu erleben. Alle Berechnungen des dramatischen Dichters, alle Arbeit, die er daran gewendet hat, seinem Stück Ordnung und jedem Vers eine reine Form zu geben; alle Kombinationen von Harmonie und Orchestrierung, die der Tonsetzer aufgebaut hat; alle Meditationen des Philosophen, die Jahre, in denen er seine Gedanken hinauszögerte, zurückhielt und darauf gewartet hat, eines Tages ihren endgültigen Zusammenhang wahrnehmen und gutheißen zu können; alle diese Glaubensakte, alle diese Wahlakte, alle diese geistigen Umwertungen, innerhalb von zwei Stunden kommen sie endlich als fertige Werke dahin, den Geist des ANDERN, der plötzlich dieser gewaltigen geballten Ladung von geistiger Arbeit ausgesetzt wird, aufzurütteln, zu verblüffen, zu blenden oder zu verwirren. Es ist die Wirkung einer *Unverhältnismäßigkeit.*[19]

Die Unverhältnismäßigkeit des Werks bedeutet: Nichtentsprechung zwischen dem Tun des Künstlers und dem, was und wie das Werk in seiner Wirkung auf andere ist. Bewirkendes Tun und wirkendes Werk fallen auseinander, das Werk löst sich in seiner Wirkung vom Tun ab und steht in seinem Wirken für sich, aber damit auch unverstehbar da.

Die *Unwahrscheinlichkeit* des Werks:

> Einerseits fühlen wir, daß das Werk, welches auf uns wirkt, uns so genau angepaßt ist, daß wir es uns nicht in anderer Gestalt vorstellen können. In gewissen Fällen höchster Befriedigung spüren wir sogar, daß wir uns in irgendeiner tiefen Art umformen, um der Mensch zu werden, dessen Sensibilität einer solchen Fülle des Entzückens und des unmittelbaren Erfassens fähig ist. Aber nicht weniger stark und wie mit einem ganz anderen Sinnesorgan fühlen wir zugleich: das Phänomen, welches diesen Zustand in uns verursacht und entwickelt und uns seine Gewalt zu spüren gibt,

19 Ebd., S. 211.

hätte auch nicht dasein können, ja beinahe nicht dasein dürfen; es gehört in die Kategorie des Unwahrscheinlichen.[20]

Die Unverhältnismäßigkeit zwischen Machen und Werk bedeutet, daß das Werk uns nicht mehr als möglich, sondern als unwahrscheinlich erscheint; als unwirklich, nicht in der Wirklichkeit erwartbar, der Ordnung der Wirklichkeit – der Wirklichkeit als Verwirklichung einer Möglichkeit – nicht zugehörig.

Die Unvereinbarkeit von Machen und Werk, die Valéry mit diesen Beschreibungen umkreist, findet ihre äußerste Zuspitzung in der Unvereinbarkeit des dichterischen Machens *mit sich selbst.* Im dichterischen Machen »kämpft [der schöpferische Geist] gegen das, was er gezwungen ist zuzulassen, zu erzeugen oder auszustreuen; kurz und gut gegen seine Natur«.[21] Dichterisches Machen ist Kampf gegen sich selbst, liegt im Widerstreit mit sich. Denn das dichterische Machen muß sich einerseits der Dispersion, der Zerstreuung und Zufallslenkung öffnen. Nur der Laune und Willkür des Augenblicks verdankt es die »Schätze von Möglichkeiten«, ohne die es gar nichts machen könnte, das heißt: nichts Dichterisches. Aber zugleich muß es gegen sie angehen; denn würde es sich ihnen überlassen und sich in ihnen verlieren, würde es ebenfalls nichts machen:

Hier aber zeigt sich ein sehr erstaunlicher Umstand: diese immer drohende Dispersion ist für die Herstellung des Werkes beinahe ebenso wichtig und hilfreich wie die Konzentration selbst. Wenn der Geist am Werke ist und gegen seine eigene Beweglichkeit ankämpft, gegen seine angeborene Unruhe und seine eigentümliche Vielgestaltigkeit, gegen das natürliche Zerfallen und Abgleiten jeder spezialisierten Einstellung, dann findet er andererseits in dieser Bedingung selbst unvergleichliche Hilfsquellen. Die Unbeständigkeit, die Zusammenhanglosigkeit, die Inkonsequenz, von denen ich sprach, sind ihm zwar Hemmungen und Begrenzungen in seinem Unternehmen folgerichtiger Konstruktion oder Komposition, sie bedeuten ihm aber ebensowohl Schätze von Möglichkeiten, deren Reichtum er in der Nähe ahnt, sobald er mit sich zu Rate geht. Sie bedeuten ihm Vorräte, von denen er alles erwarten kann, Gründe, die ihn hoffen lassen, daß die Lösung, das Zeichen, das Bild, das fehlende Wort ihm näher sind, als er sieht. Immer kann er in seinem Halbdunkel die Wahrheit oder die Entscheidung, die er sucht, erahnen, denn er weiß, daß sie von einem Nichts abhängen,

20 Ebd., S. 216.
21 Ebd., S. 217.

von jener gleichen belanglosen Störung, die ihn unendlich davon abzulenken und davon zu entfernen schien.[22]

Die (i.) Unverhältnismäßigkeit von Machen und Werk, die uns (ii.) das Werk als unwahrscheinliches erfahren läßt, hat (iii.) in dieser Uneinigkeit des dichterischen Machens mit sich selbst ihren Grund. Denn sie ist es, die es unverständlich werden läßt, wie dieses Machen überhaupt etwas, ein Werk, machen kann. Die Uneinigkeit des dichterischen Machens mit sich macht das Werk der Dichtung zum Rätsel.

Das Paradox, das Valéry exponiert, läßt sich so zusammenfassen:

(1) Wir müssen das Machen kennen, aus dem das Werk hervorgeht. Denn nur wenn wir es als gemachtes verstehen, ist es ein Werk. Ein nicht gemachtes, nicht als gemachtes verstandenes Werk ist gar kein *Werk*.

(2) Wir können das Machen nicht kennen, aus dem das Werk hervorgeht. Denn aus dem Machen, das wir erkennen können – dem wißbaren, weil selbstbewußten Machen –, geht das Werk nicht hervor. Das Machen als dichterisches zu erkennen heißt, es als Kampf gegen sich selbst zu erfahren – aber dann verstehen wir nicht mehr, wie daraus ein Werk hervorgehen kann (oder wir verstehen das *dichterische* Machen nicht mehr als *Machen*).

Exkurs: Zwischen Kunst und Natur. – Valérys Exposition des Paradoxes des Kunstwerks läßt auch genauer verstehen, weshalb die Behauptung der Wirklichkeit der Kunstwerke und die Frage nach ihrer Möglichkeit nicht so aufeinanderfolgen können, daß die Wirklichkeit der Kunstwerke vor der Beantwortung dieser Frage mit Gewißheit festgestellt werden kann. Wenn wir die Frage nach dem Machen – nach dem Machen, das das Werk hervorbringt oder ermöglicht – nicht beantworten können, können wir auch nicht wissen, ob dies ein *Werk* ist, ob es überhaupt Werke gibt; der *Begriff* des Werks verlangt, es als die »seiende Wirklichkeit« (Hegel) einer menschlichen Tätigkeit verstehen zu können. Das Werk scheint wirklich: Wir erfahren seine überwältigende Macht. Aber wenn wir nicht verstehend nachvollziehen können, wie es durch eine menschliche Tätigkeit gemacht worden ist, dann

22 Ebd., S. 218.

erscheint uns [sein Dasein] als die Auswirkung eines außerordentlichen Zufalls, eines fürstlichen Glücksgeschenks, und darin liegt (vergessen wir nicht, es zu bemerken) eine eigentümliche Analogie, die wir zwischen dieser Wirkung eines Kunstwerks und gewissen Naturphänomenen entdecken: etwa einer geologischen Zufallsbildung oder flüchtigen Kombinationen von Licht und Luft am Abendhimmel.[23]

Das Werk, dessen Machen und damit dessen Möglichkeit wir nicht verstehen, ist in diesem Augenblick kein Kunstwerk mehr, sondern wie Natur.[24] Genauer: Von dem Werk, dessen Machen und damit dessen Möglichkeit wir nicht verstehen, wissen wir auch nicht, ob es ein Kunstwerk ist *oder* (wie) Natur. Gerade in dieser Unentscheidbarkeit seiner Werkhaftigkeit – im allgemeinen Sinn des Ausdrucks; in der Unentscheidbarkeit also seiner normativen oder praktischen Werkhaftigkeit – liegt die spezifisch ästhetische Werkhaftigkeit der Kunst. Sie definiert die *Dinglichkeit* des Kunstwerks: Kunstwerke sind wie jenes »zweideutigste Ding der Welt«, das Sokrates in Valérys Dialog *Eupalinos oder der Architekt* am »Schauplatz des unheimlichsten und unaufhörlichsten

23 Ebd., S. 216 f.

24 Für die darstellenden Künste hat Alexander García Düttmann diesen Moment, in dem uns ein Kunstwerk wie Natur erscheint, so beschrieben, daß wir in der »Teilnahme« an ihm *seinem Schein erliegen*: »Wie erliegt man dem Schein? Man hat, wenn man ein Kunstwerk betrachtet, das Gefühl, es gehe einen etwas an, es treffe etwas, obwohl man nicht angeben kann, was dieses So-ist-es meint, warum man selber sich von dem Werk getroffen fühlt, als wären So-ist-es und Als-ob untrennbar. [Als Erfahrung des Als-ob beschreibt Düttmann das Gegenmoment zum Erliegen: das Bewußtsein des Scheins; C.M.] Die Teilnahme an Kunst ist eine Erfahrung der Intensität, des Hineingezogenwerdens in das Werk, ja des Versinkens in ihm. Eine solche Erfahrung ist sie freilich auch, wenn man dem Schein erliegt, weil man zumindest für einen Augenblick vergißt, daß es sich um Kunst handelt, und unmittelbar an das Dargestellte glaubt, das Kunstwerk als etwas Gegebenes oder als ein Stück Natur nimmt, nicht als etwas Gemachtes. Man läßt sich von dem Schicksal einer Romangestalt rühren, weint als Zuschauer eines Melodrams oder erschreckt als Zuschauer eines Horrorfilms, fiebert mit. Gerade die künstlerische Übertreibung, nicht einfach die sogenannte naturalistische Wiedergabe, führt hier den Zuschauer, den Leser oder den Betrachter an die Grenze zwischen Schein und Scheinlosigkeit, an der er dem Schein erliegt.« (Alexander García Düttmann, *Teilnahme. Bewusstsein des Scheins*, Konstanz: Konstanz University Press 2011, S. 20 f.)

Verkehrs« zwischen Land und See am Ufer des Meers gefunden hat und das »zum Ursprung eines Gedankens [wurde], der sich selbst spaltete in Bauen und Erkennen«.[25]

> Ich verharrte einige Zeit und die Hälfte einer Zeit dabei, es von allen Seiten zu betrachten. Ich fragte es aus, ohne mich bei einer Antwort aufzuhalten ... Ob dieses eigentümliche Ding das Werk des Lebens sei oder das Werk der Kunst oder eines der Zeit und ein Spiel der Natur, ich konnte es nicht entscheiden ... Dann auf einmal warf ich es zurück ins Meer.[26]

Die Frage, was das Ding hervorgebracht hat, ist die Frage nach der Art seiner Ordnung. Für die »Gesamtheit« eines Naturdings gilt, daß sie »zusammengesetzter ist als irgendeiner seiner Teile«; Stoff, Form, Verrichtungen und Mittel der natürlichen Dinge entsprechen einander.[27] Weil dagegen die Gegenstände, »die vom Menschen gemacht sind, [...] den Akten eines Gedankens« entstammen, herrscht in ihnen die »Unordnung« der »Abstraktion«: Ihre stofflichen Teile haben einen höheren »Gradwert« als ihr Ganzes, das von einem den stofflichen Teilen äußerlichen Gesichtspunkt diktiert ist.[28]

Die Kunstwerke gehören zu den zweideutigsten Dingen der Welt, die uns zwischen Kunst und Natur »zögern«[29] lassen, weil sie erfahrbar machen, daß die Eindeutigkeit dieser Unterscheidung nicht nur scheinhaft ist, sondern »daß die menschlichen Schöpfungen zurückzuführen sind auf den Widerstreit zwischen zwei verschiedenen Arten von Ord-

25 Paul Valéry, »Eupalinos oder der Architekt«, in: Valéry, *Gedichte – Die Seele und der Tanz – Eupalinos oder der Architekt*, übers. v. Rainer Maria Rilke, Reinbek bei Hamburg: Rowohlt 1962, S. 127, 129, 127.

26 Ebd., S. 130 f. – Die Szene erinnert an eine andere, die Ilya Kabakov im Gespräch mit Boris Groys beschreibt: »Manchmal steht jemand am Mülleimer, hält einen Gegenstand in den Händen und überlegt, schwankt: wegwerfen oder aufheben. Und diese Sekunde des Zurückhaltens, dieser Moment des Schwankens interessiert mich. In diesem Moment stehen die Chancen für das Wegwerfen und das Aufheben ungefähr gleich. Das ist ein Flimmern zwischen Aufbewahren und Wegwerfen ...« (Ilya Kabakov/Boris Groys, *Die Kunst des Fliehens. Dialoge über Angst, das heilige Weiß und den sowjetischen Müll*, übers. v. Gabriele Leupold, München/Wien: Hanser 1991, S. 109.)

27 Ebd., S. 132.

28 Ebd., S. 137, 133, 134.

29 Ebd., S. 135.

nung, von denen die eine natürlich ist und gegeben, die andere erleidet und erträgt, die das Handeln des Menschen aus seinen Bedürfnissen und Wünschen heraus ist«.[30] In den ästhetischen Werken, den Werken der ästhetischen Kunst, wird der Widerstreit zwischen Natur und Geist schöpferisch: Die Kunst wird ästhetisch, wenn sie der Natur nicht mehr in entscheidbarer Unterschiedenheit gegenübersteht, sondern wenn die Natur, die die Ordnung der menschlichen Kunst »erleidet und erträgt«, wieder in die Kunst eintritt. Dem Unwissen, das die ästhetische Kunst ausmacht – daß wir nicht sagen können, was sie ist: Kunst oder Natur –, entspricht ihre schöpferische Kraft.

4. Der Widerstreit im Machen

In seinem Roman *Bartleby & Co.* hat der spanische Schriftsteller Enrique Vila-Matas in einer Reihe porträtartiger Skizzen die moderne Figur des nichtschreibenden Schriftstellers erkundet; die Figur des Schriftstellers, der sich entschieden hat, gerade *dadurch* Schriftsteller zu sein, daß er nicht schreibt. Über einen der ersten in dieser Reihe, Joseph Joubert, notiert Vila-Matas:

> Darin, dass er ohne Umschweife zum Kern der Sache strebte, dass er auf das Resultat verzichtete, um die Vorbedingungen herauszufinden, dass er darauf verzichtete, ein Buch nach dem anderen zu schreiben, nur um sich der Quelle zu bemächtigen, der ihm alle Bücher zu entspringen schienen und die, sollte es gelingen, ihn davon entbinden würde, sie zu schreiben, war Joubert einer der ersten ganz und gar modernen Schriftsteller.[31]

Die Entscheidung, keine Bücher zu schreiben, folgt aus der Suche nach der »Quelle«, der die Bücher entspringen. Denn die Quelle der Bücher ist nicht das Schreiben – nicht die literarische Tätigkeit. »Wer die Literatur in sich selbst bejaht, bejaht nichts. Wer sie sucht, findet nur das, was da ist, oder noch schlimmer, was jenseits der Literatur liegt. Deshalb zielt jedes Bucht auf die *Nicht-Literatur* als Kern dessen, was sie leidenschaftlich gerne entdecken will oder

30 Ebd., S. 135.

31 Enrique Vila-Matas, *Bartleby & Co.*, übers. v. Petra Strien, Frankfurt/M.: Fischer 2009, S. 66 f.

würde.«[32] Dichtung ist nicht Literatur, nicht die Kunst des Schreibens. Sie geht aus dem hervor, was diesseits oder jenseits der literarischen Kunst des Schreibens liegt.

In die Reihe der Schriftsteller, die dies verstanden und daraus die Konsequenzen gezogen haben (und darin modern sind), gehört nach Vila-Matas, trotz seiner Produktivität, aufgrund seiner Strategie konsequenter Selbstverbergung auch B. Traven. Dessen Deutung durch einen gewissen Walter Rehmer faßt Vila-Matas so zusammen: »Jede Vergangenheit leugnend, leugnete er auch jede Gegenwart und damit jegliche Präsenz. Traven gab es nie, nicht einmal für seine Zeitgenossen. Er ist ein sehr ungewöhnlicher Schriftsteller der Verneinung, und in der Heftigkeit, mit der er die Ortung seiner Identität ablehnte, liegt etwas Tragisches.«[33] Ja, nach Rehmer, so Vila-Matas weiter, vereint dieser »geheimnisumwobene Schriftsteller [...] in seiner nicht vorhandenen Identität das ganze tragische Bewusstsein der modernen Literatur, das Bewusstsein eines Schreibens, das, seinem Ungenügen und seiner Unmöglichkeit ausgeliefert, genau dieses Ausgeliefertsein zu seiner Grundfrage erhebe.«[34] B. Traven verneint die Möglichkeit, eine Identität als Autor zu finden, durch die Vervielfältigung von Identitäten; er verneint die Möglichkeit, ein Werk zu schreiben, durch Überproduktion, die Verfassung immer weiterer, unüberschaubar vieler Werke.

Die tragische Deutung, die Rehmer (in dem sich Walter Muschg wiedererkennen läßt) von B. Travens Verneinung des Schreibens durch die Anhäufung von Büchern gibt, kommentiert Vila-Matas so:

> Kurzum, ich denke, dass Rehmers Beurteilung zwar zutrifft, dass Traven aber, hätte er sie gelesen, zunächst erstaunt gewesen wäre und sich dann vor Lachen ausgeschüttet hätte. Tatsächlich bin ich jetzt drauf und dran, ebenso zu reagieren, denn im Grunde hasse ich Rehmers Essays wegen ihres feierlich ernsten Tons.[35]

Was ist so lächerlich an Walter Rehmers Deutung von B. Travens Verneinung des Schreibenkönnens eines Werks mittels Überproduktion von Werken? Lächerlich ist, daß er die Erfahrung der

32 Ebd., S. 200 f.
33 Ebd., S. 219.
34 Ebd.
35 Ebd.

Unmöglichkeit des Dichtens tragisch versteht. Denn das läßt ihn verkennen, daß es gerade die Unmöglichkeit des Dichtens ist – daß kein Machen jemals von sich aus in erkennbarer Weise zu einem Kunstwerk führt –, die das Dichten möglich macht, ja gelingen läßt.

Das ist die These, die in der Umwertung steckt, die Nietzsche an Sokrates' Einsicht in die philosophische Unbegreifbarkeit der Kunst vorgenommen hat: Dichten ist nur deshalb möglich, kann nur deshalb ein Kunstwerk hervorbringen, weil es nicht die Form eines Machens hat, das wir so (und deshalb) verstehen können, daß es die Anwendung eines praktischen Wissens, die Ausübung übend erworbener Vermögen ist – so wie es nach der vertrauten philosophischen Untersuchungsweise die Akte der Erkenntnis oder des moralischen Urteilens sind. Die künstlerische Tätigkeit geschieht aus Begeisterung; sie gelingt, das heißt: bringt ein Kunstwerk hervor, indem sie mit der Praxis selbstbewußten Machens bricht.

Aber diese Umwertung von Sokrates' Theorie der künstlerischen Begeisterung kann Nietzsche nur vornehmen, indem er zu einem Verständnis der künstlerischen Tätigkeit gelangt, das sich in zwei entscheidenden Hinsichten von Sokrates unterscheidet.

Erstens: Daß die Dichter nicht aus eigenem Wissen und Können, nicht »durch Kunst« sprechen, bedeutet nach Sokrates, daß sie getrieben sind »durch göttliche Kraft«; »die Dichter [...] sind nichts als Sprecher der Götter«.[36] Das heißt es, daß der Dichter begeistert ist: durch ihn spricht eine äußere, fremde – eine höhere Kraft. Nietzsche dagegen versteht die Kraft, die den Dichter erfaßt und seine Subjektivität verlieren läßt, als dessen *eigene* Kraft. Die Kraft, die den Dichter erfaßt, kommt nicht von außen, durch göttliche Begeisterung, sondern aus ihm selbst, durch ästhetische Belebung. Diesen Zustand nennt Nietzsche »Rausch«: Rausch ist die »Gesammtentfesselung aller symbolischen Kräfte«.[37] Rausch ist nicht passive Benommenheit, sondern ein Zustand intensivierter Aktivität – der »Kraftsteigerung und Fülle«:

36 Platon, *Ion*, 534e.

37 Friedrich Nietzsche, *Die Geburt der Tragödie*, in: Nietzsche, *Kritische Studienausgabe*, hg. v. Giorgio Colli/Mazzino Montinari, München/Berlin/New York: dtv/de Gruyter [2]1988, Bd. 1, S. 34. – Ich fasse im folgenden Überlegungen zusammen, die ich ausführlicher in *Kraft* (v. a. S. 63-66, 80-82, 110-115) dargestellt habe.

> Im dionysischen Zustande ist [...] das gesammte Affekt-System erregt und gesteigert: so dass es alle seine Mittel des Ausdrucks mit einem Male entladet und die Kraft des Darstellens, Nachbildens, Transfigurirens, Verwandelns, alle Art Mimik und Schauspielerei zugleich heraustreibt.[38]

Rausch ist bei Nietzsche zweierlei: Zum einen die nichtbewußte, gesteigerte Aktivitätsform, die in allem künstlerischen Machen wirksam sein muß. Zum anderen ist der künstlerische Rausch eine Wiederholung derjenigen Weise des sinnlichen Tätigseins, die in jedem Menschen da war, bevor er zu einem Subjekt wurde. Der künstlerische Rausch ist eine Wiederholung des anfänglichen Zustands des Menschen – des Grunds als Abgrund im Menschen. Daher kann der künstlerische Rausch auch so verstanden werden, daß er ein Ereignis der Regression, des Rückfalls in den präsubjektiven Zustand sinnlichen Tätigseins ist.

Das läßt sich genauer fassen, wenn man begrifflich zwischen »Vermögen« und »Kraft« unterscheidet: Ein Subjekt zu sein heißt, fähig oder vermögend zu sein. Ein Subjekt zu sein heißt, etwas zu können; ein Subjekt ist ein Könner. Das Subjekt kann etwas ausführen. Vermögen zu haben oder ein Subjekt zu sein heißt, eine Handlung gelingen lassen zu können. Eine Handlung gelingen lassen zu können heißt wiederum, in der Lage zu sein, in einer neuen, je besonderen Situation eine zuvor durch Üben und Lernen erworbene allgemeine Form wiederholen zu können. So kann, wer eine Sprache kann, dasselbe Wort in einer neuen Situation richtig verwenden. Die logische Struktur der Vollzüge, die ein Subjekt ausführen kann, ist die Verwirklichung eines Allgemeinen – einer Form oder eines Begriffs – im Besonderen: in diesem besonderen Fall, unter diesen besonderen Umständen.[39]

Menschen sind nicht schon immer Subjekte, sondern werden erst dazu. Sie werden zu Subjekten gemacht: durch Bildung, die die Form der Übung hat. Was war der Mensch, bevor er Subjekt wurde? Nicht nichts. Er war ein sinnliches Wesen. Genauer: Er war ein Wesen mit sinnlichen oder dunklen Kräften: Er war ein Wesen der Einbildungskraft, der Imagination. Nur weil er das war, kann der

38 Friedrich Nietzsche, *Götzen-Dämmerung oder Wie man mit dem Hammer philosophirt*, in: Nietzsche, *Kritische Studienausgabe*, Bd. 6, S. 117.

39 Daher gehört zu den subjektiven Vermögen wesentlich Selbstbewußtsein: Das Subjekt, das das Vermögen hat, X zu tun, weiß, daß es X tut – es kann sich selbst in Orientierung an diesem Ziel führen und ist sich seiner Vollzüge bewußt.

Mensch zu einem Subjekt werden. Aber zu einem Subjekt zu werden (oder Vermögen auszubilden) bedeutet zugleich, das Wirken der sinnlichen Kräfte zu unterbrechen und zu kontrollieren. Denn sinnliche oder dunkle Kräfte operieren ganz anders als vernünftige, selbstbewußte Vermögen. Vermögen werden in bewußter Selbstkontrolle oder handelnd ausgeübt. Die sinnlichen Kräfte dagegen wirken von selbst; ihr Wirken ist nicht vom Subjekt geführt und ihm daher nicht bewußt. Dem entspricht, daß es nicht Kräfte *zu* etwas sind. Kräfte sind nicht an einem Maßstab des Gelingens ausgerichtet. Kräfte wirken als oder im Spiel. Das meint: Sie wirken als Spiel einer beständigen Hervorbringung und Veränderung des von ihnen Hervorgebrachten – ohne Orientierung an einer allgemeinen Form oder Norm, die ihr Hervorbringen kontrolliert.

Künstlerischer Rausch ist daher nicht – so der erste Schritt in Nietzsches Umformulierung von Sokrates' Theorie der künstlerischen Begeisterung – äußerer Einfluß, Begeisterung durch einen Gott, sondern Rückkehr in den Zustand des Menschen, bevor er Subjekt wurde, in dem seine sinnlichen, dunklen Kräfte sich spielerisch entfalten. Im Gegensatz zum Subjekt von Vermögen ist der Mensch des Rausches daher durch eine wesentliche »Unfähigkeit«[40] definiert. Die rauschhafte, berauschende Rückkehr in den anfänglichen Zustand der spielerischen Kraftentfaltung ist ein als befreiend erfahrener Verlust der eigenen Vermögen. Im Machen des Werks wird eine Unfähigkeit, wird ein Unvermögen schöpferisch.

Zweitens: Dafür muß aber – das ist der *zweite Schritt* in Nietzsches Korrektur von Sokrates' Theorie der künstlerischen Begeisterung – die rauschhafte Unfähigkeit im künstlerischen Machen zugleich begrenzt, ja bekämpft werden. Das künstlerische Bild geht aus dem dionysischen Zustand nur durch einen Akt der Erlösung hervor; das künstlerische Bild und überhaupt jede künstlerische Form speist sich aus der »Sehnsucht zum Schein, zum Erlöstwerden durch den Schein« von dem »ewig Leidende[n] und Widerspruchsvolle[n]« des ästhetischen Spiels der Kräfte, in dem Entstehen und Vergehen eins sind – in dem also niemals *etwas*, keine Form, kein Bild, entsteht.[41] Der Rausch ist eine »physiologische

40 Nietzsche, *Götzen-Dämmerung*, S. 117.

41 Nietzsche, *Die Geburt der Tragödie*, S. 38. Vgl. David E. Wellbery, »Form und Funktion der Tragödie nach Nietzsche«, in: Bettine Menke/Christoph Menke (Hg.), *Tragödie – Trauerspiel – Spektakel*, Berlin: Theater der Zeit 2007, S. 205 f.

Vorbedingung«,[42] nicht das Ganze der künstlerischen Tätigkeit; der Künstler ist nicht ganz (und schon gar nicht immer) im Rausch. Er hat ein gebrochenes Verhältnis zum Rausch. Das unterscheidet die dionysischen Künstler von den »dionysischen Barbaren«, in deren ausschweifenden Festen »die wildesten Bestien der Natur [...] entfesselt [wurden], bis zu jener abscheulichen Mischung von Wollust und Grausamkeit, die mir immer als der eigentliche ›Hexentrank‹ erschienen«.[43] Dionysische Barbarei ist ein Zustand bloßer Abwesenheit von Können und Bewußtsein. Im Künstler hat dagegen das Dionysische einen »sentimentalische[n] Zug«; es erscheint nur aus der Perspektive seines »Verlust[s]«.[44] Im Künstler herrscht daher eine »wundersame Mischung und Doppelheit in den Affecten«.[45] Kunst gibt es nur, wo Rausch *und* Bewußtsein, Spiel der Kräfte *und* Bilden von Formen zusammen und gegeneinander wirken. Während Sokrates den Dichter als Begeisterten schildert und damit ununterscheidbar vom dionysischen Barbaren werden läßt, sieht Nietzsche »die Fortentwicklung der Kunst an die Duplicität des Apollinischen und Dionysischen gebunden«.[46] Der Künstler ist in sich geteilt; er ist entzweit in selbstbewußtes Vermögen und rauschhaft entfesselte Kraft.

Mehr und wichtiger noch: Der Künstler ist nach Nietzsche nicht nur Vermögen und Kraft, er ist der Ort und Prozeß des Übergangs *vom* einen *zum* anderen – und wieder zurück. In Nietzsches Beschreibung ist der Künstler daher ein Könner eigentümlicher, paradoxer Art: Was er kann, ist nicht zu können. »Der Künstler kann das Nichtkönnen.«[47] Die Künstler halten Kraft und Vermögen, Rausch und Bewußtsein auseinander und zusammen. In den Worten von Valéry: Der Künstler ist zum einen, als Bildner von Formen, dadurch bestimmt, daß er gegen das ihm »angeborene« rauschhafte Spiel seiner Kräfte »ankämpft«, während »er andererseits in dieser Bedingung selbst unvergleichliche Hilfsquellen« findet. Die Künstler sind Barbaren und Subjekte zugleich und keines von beidem.

42 Nietzsche, *Götzen-Dämmerung*, S. 116.
43 Nietzsche, *Die Geburt der Tragödie*, S. 32.
44 Ebd., S. 33.
45 Ebd.
46 Ebd., S. 25.
47 Menke, *Kraft*, S. 113.

Damit führt der zweite Schritt in Nietzsches Umbeschreibung von Sokrates' Bild des Dichters zu der entscheidenden Umwertung ebenjener Einsicht, die Nietzsche mit Sokrates teilt. – Dichten, Kunstmachen überhaupt, so Nietzsche mit Sokrates, kann nicht als Ausübung von subjektiven Vermögen verstanden werden. Im Dichten wirkt ein Nichtkönnen, ein Unvermögen. Deshalb kann die Möglichkeit der Dichtung nicht verstanden werden, indem wir das Werk vom Machen her betrachten: Wir können das Werk der Kunst nicht als normatives Werk, also nicht praktisch, ermöglicht durch die Ausübung von Vermögen verstehen. Für Sokrates läßt diese Einsicht nur den Ausweg offen, das Kunstwerk aus der menschlichen Sphäre, die er als Sphäre gemeinsamer, vernünftiger Praxis versteht, auszuschließen.[48] Als unbegreifliche Unmöglichkeit ist es monströs, unter- oder übermenschlich, barbarisch oder göttlich – in jedem Fall: unerträglich. Nietzsches Umwertung der künstlerischen Begeisterung, seine Zurücknahme des Sokratischen Ausschlusses der Kunst besteht darin, gerade in dem, was im künstlerischen Machen die praktische Ordnung von Subjekt, Vermögen, Handlung und Werk durchbricht, das zu sehen, was das ästhetische Werk der Kunst möglich macht.

Dafür müssen beide Seiten, die Begeisterung des Künstlers und das Werk der Kunst, anders verstanden werden: die Begeisterung als rauschhaftes Spiel der sinnlichen oder imaginativen Kräfte und das Werk der Kunst als die Form, die aus diesem Spiel und gegen dieses Spiel geboren wird – als Form durch Unform. Das ästhetisch Ermöglichende ist das praktisch Verunmöglichende: Das ästhetische Werk der Kunst wird durch das möglich, was es als praktisches oder normatives Werk, als öffentlich gültige Verwirklichung eines selbstbewußten Vermögens, unmöglich macht. Das ästhetische Gelingen entspringt im praktischen Scheitern.

*

Am Anfang dieser Überlegungen stand die paradoxe Auskunft, daß die Frage nach der Möglichkeit des Kunstwerks nur durch die Einsicht in seine Unmöglichkeit – die Unmöglichkeit der Antwort auf diese Frage und damit der Kunst selbst – beantwortet werden kann.

48 Bedarf es der Erwähnung, daß diese Behauptung *nicht* als eine zusammenfassende Feststellung über Platons philosophisches Nachdenken über die Kunst gemeint ist?

Nur als unmögliches ist das Kunstwerk möglich. Wenn das so zu verstehen ist, daß das Kunstwerk nur möglich ist, weil und sofern wir es nicht zu machen vermögen, dann deutet sich an, weshalb diese Formel kein *bloßes* Paradox, kein dummer Selbstwiderspruch ist. Sie ist es nicht, weil sie die Aufgabe stellt, den Sinn von Möglichkeit neu zu denken, sie anders zu verstehen als in der philosophischen Tradition seit Sokrates, in der sich Möglichkeit auf Vermögen reimt. Die Gleichsetzung von Möglichkeit und Vermögen ist aber nicht irgendeine philosophische These. Sie ist die Grundannahme, auf der die philosophische Untersuchung von Möglichkeitsbedingungen, damit die philosophische Untersuchung von Problemen überhaupt beruht. Die Frage nach der Möglichkeit der Kunst zu beantworten verlangt daher zuletzt nicht weniger, als den Begriff der Philosophie neu zu fassen. Der Einsatzpunkt dieses anderen Verständnisses läßt sich an Hegels allgemeinem Begriff des Werks bezeichnen, an den ich eingangs erinnert habe.

Ein Werk ist nach Hegel die Wirklichkeit menschlicher Tätigkeit als geistiger (oder normativer): Es definiert die menschliche Tätigkeit als geistige, sich in Werken zu »verdoppeln«, sich als gültige für ein allgemeines Bewußtsein öffentlich darzustellen. Darin liegt nach Hegel das Soziale des Werks. Denn Geist ist »*Selbstbewußtsein für ein Selbstbewußtsein*« oder ist das »*Ich*, das *Wir*, und *Wir*, das *Ich* ist«.[49] Das Ich bringt Werke hervor, indem es tut, was wir tun – indem es das, was wir tun, repräsentiert und damit zugleich individualisiert. Damit sagt Hegel zugleich, daß die Form, in der die Frage nach der Möglichkeit des Werks zu beantworten ist, in der Untersuchung von Vermögen besteht. Denn ein Vermögen zu haben heißt, ein Ich zu sein, das Wir ist – ein Ich, das das Wir, das es ist, in Werken repräsentieren *kann*.

Eine der Grundthesen von Hegels Ästhetik lautet, daß diese Untersuchungsform auch für das ästhetische Werk gelten muß: Ein Kunstprodukt ist »nur vorhanden, insofern es seinen Durchgangspunkt durch den Geist genommen hat und aus geistiger produzierender Tätigkeit entsprungen ist«.[50] Zugleich aber hebt Hegel hervor, daß »die der Kunst notwendige sinnliche Seite in dem Künstler als hervorbringender Subjektivität wirksam ist«: Sein »Talent und

49 Hegel, *Phänomenologie des Geistes*, S. 144f..

50 Hegel, *Vorlesungen über Ästhetik*, Bd. I, S. 61.

Genius« haben eine »Naturseite«.[51] Diese beiden »Seiten des Geistigen und Sinnlichen müssen im künstlerischen Produzieren eins sein«. Das ist das »echte Produzieren« als »Tätigkeit der künstlerischen Phantasie«:

> Sie ist das Vernünftige, das als Geist nur ist, insofern es sich zum Bewußtsein tätig hervortreibt, doch, was es in sich trägt, erst in sinnlicher Form vor sich hinstellt. Diese Tätigkeit hat also geistigen Gehalt, den sie aber sinnlich gestaltet, weil sie nur in dieser sinnlichen Weise desselben bewußt zu werden vermag.[52]

Die Bedingung für Hegels Anspruch, das ästhetische Werk als normatives zu bestimmen, die Kunst also dem allgemeinen Begriff des Geistes einzuschreiben, ist, die künstlerische Tätigkeit der Phantasie als Geist »in sinnlicher Form« zu beschreiben, damit die künstlerische Phantasie zu einem geistigen Vermögen zu erklären – zu einer weiteren Gestalt, in der das Ich Wir und das Wir Ich ist.

Wenn sich aber nun umgekehrt erweist, daß es die kategoriale Differenz und damit der *Widerstreit* zwischen Geist und Sinnlichkeit oder Natur ist, der das künstlerische Gelingen möglich macht, dann entzieht sich nicht nur der ästhetische Begriff des Werks dem allgemeinen Modell philosophischen Verstehens – des Erklärens des Gelingens aus dem Vermögen oder Können. Der ästhetische Begriff des Werks legt vielmehr ein *anderes* Modell des philosophischen Verstehens des Gelingens, also einen anderen Begriff des Geistes nahe: Kein Werk kann gelingen, das *nichts als* die Ausübung des Vermögens des Ichs ist, Wir zu sein. Das Gelingen des Werks, jedes Werks, nicht nur desjenigen der Kunst, ist nicht die Verwirklichung des Möglichen als eines Vermögens. Wie die künstlerische Tätigkeit, so muß auch die geistige Tätigkeit, um zu gelingen, eine »Naturseite« haben. Der Geist muß sein Anderes in sich tragen: das Andere des Geistes nicht bloß als er selbst in anderer Form, sondern als seine Unform.

51 Ebd., S. 61 f., 45.
52 Ebd., S. 62.

2.
Die Schönheit: zwischen Anschauung und Rausch

Die Schönheit ist keine Eigenschaft der Kunst: Sie ist nicht eine Eigenschaft *bloß der Kunst*; alles, aus jeder Kategorie von Dingen, kann schön sein. Aber vor allem ist die Schönheit nicht *bloß eine Eigenschaft* der Kunst. Daß »Schönheit« ein Prädikat in Urteilen ist, ist eine Tatsache der Oberflächengrammatik, die die Einsicht darin, was die Schönheit ist, mehr verdeckt als erhellt (so wie die Tatsache, daß wir *über* Kunstwerke urteilen, daß sie also Gegenstände von Werturteilen sind, mehr verdeckt als erhellt, wie wir Kunstwerke beurteilen – und was Urteilen dabei heißt[1]). Eigenschaften kommen Gegenständen zu, deren Existenz wir feststellen und deren Beschaffenheit wir erkennen können; Eigenschaften gehören in die Ordnung des Wirklichen. Die Schönheit jedoch ist Schein: Nur im Scheinen gibt es Schönes.[2]

Wie zeigt sich das in der Weise, in der wir das Schöne erfahren – in der Erfahrung ästhetischer Lust? Was bereitet uns wodurch ästhetische Lust, wenn sie, als Lust am Schönen, nicht die Lust an der Existenz eines Gegenstands mit diesen oder jenen Eigenschaften, sondern eine Lust am Schein ist?

1. Promesse du bonheur

Daß die Schönheit Schein ist, hat Stendhal so gedeutet, daß sie »lediglich *Verheißung* von Glück« sei (oder: »nur ein Versprechen von Glück« – »la beauté n'est que la promesse du bonheur«); so lautet die berühmte Bestimmung, die Stendhal in seiner »Physiologie der Liebe«, *De l'amour*, versteckt in einer Fußnote gegeben

1 Dazu ausführlicher in diesem Band, I.3: »*Das Urteil*: zwischen Ausdruck und Reflexion«.

2 Zum Scheincharakter des Ästhetischen siehe Karl Heinz Bohrer, *Plötzlichkeit. Zum Augenblick des ästhetischen Scheins*, Frankfurt/M.: Suhrkamp 1981; Alexander García Düttmann, »Der Schein«, in: *Inaesthetik*, Nr. 0 (2008), S. 149-157, und *Teilnahme. Bewusstsein des Scheins*, Konstanz: Konstanz University Press 2011; Martin Seel, *Ästhetik des Erscheinens*, München/Wien: Hanser 2000.

hat.[3] Das Schöne ist nach Stendhal darin Schein, daß die Lust, die wir an ihm erfahren, zugleich auf etwas anderes verweist – etwas anderes verheißt oder verspricht. Das ist das Glück. In der Lust am Schönen geht es nicht, wie die klassische Poetik geglaubt hatte, um die Vollkommenheit von Formgestalten und auch nicht, so die Alternative der neuzeitlichen Ästhetik, um die Selbsterfahrung und Selbstvergewisserung der Subjektivität; das Schöne ist nicht Schein der Wahrheit. Das Schöne ist nach Stendhal vielmehr Schein, weil in der Lust, die wir gegenwärtig an ihm erfahren, diejenigen Freuden und Vergnügen zugleich an- und abwesend sind, als abwesende anwesend und als anwesende abwesend, die unser Glück ausmachen: Der schöne Schein verheißt das Glück des Lebens – der schöne Schein ist »Vorschein«.[4]

Spätestens seit Nietzsche ist Stendhals Formel daher zum Schlachtruf einer antiidealistischen Ästhetik geworden, die den Abstand, der die Kunst vom Leben trennt, bestreitet und beide wieder miteinander zu vereinen sucht. Heute ist es die postmoderne Polemik gegen die Kunst der Moderne, gegen ihren Purismus, ihren Elitismus und ihre Distanz, die sich der Formel Stendhals bedient.[5] Die ästhetische Moderne – so lautet diese Polemik – habe zuerst den Glauben an die Schönheit zerstört, denn Schönheit sei an die Attraktivität der Erscheinung gebunden, während sich die Moderne allein für Fragen der künstlerischen Form interessiere. Im zweiten Schritt habe die ästhetische Moderne sodann jede Verbindung zwischen der künstlerischen Form und den Freuden und Vergnügen durchtrennt, die zum Glück eines erfüllten Lebens gehören. Die ästhetische Moderne schaue demnach mit Verachtung auf das Glück, in dem sie nur tiergleiche Sinnlichkeit (Kant) oder kulturindustriell produziertes Einverständnis (Adorno) zu sehen vermöge. Dagegen scheint es Stendhal, wenn er die Schön-

3 Stendhal (Henri Beyle), *Über die Liebe*, vollständige Ausgabe, übers. v. Walter Hoyer, Frankfurt/M.: Insel 1979, S. 76; von »Physiologie« spricht Stendhal im Vorwort für die geplante zweite Ausgabe von 1842, ebd., S. 36; Stendhal, *De l'amour*, seule édition complète, Paris: Lévy Frères 1857, S. 34 und XVIII.

4 Unter diesem Titel hat Gert Ueding Ernst Blochs ästhetische Überlegungen versammelt; siehe Ernst Bloch, *Ästhetik des Vorscheins*, 2 Bde., hg. v. Gert Ueding, Frankfurt/M.: Suhrkamp 1974.

5 Prononciert: Alexander Nehamas, *Only a Promise of Happiness. The Place of Beauty in a World of Art*, Princeton/Oxford: Princeton University Press 2007, besonders Kap. I.

heit als Versprechen des Glücks definiert, um den *positiven Zusammenhang* zwischen der Schönheit, auch der der Kunst, und dem Glück erfüllten Lebens zu gehen. Schönheit und Glück bezeichnen die ästhetische und die ethische Gestalt des Gelingens, und diese beiden Gestalten müssen, so die postmoderne Inanspruchnahme von Stendhals Formel, als zwei Elemente *einer* umfassenden, integrativen Lebenskunst gedacht werden; Stendhals Formel wird zum Motto einer postmodernen Versöhnungslehre. Dieser entgeht jedoch vollständig die paradoxe Einsicht, auf die Stendhals antiromantische Formulierung hinausläuft.

Antiromantisch kann Stendhals Formulierung genannt werden, weil sie auf Desillusionierung zielt. »Die Schönheit ist lediglich *Verheißung* von Glück« ist die Pointe, auf die Stendhal sein Argument bringt, daß die Schönheit, die der Liebende der Geliebten zuspricht, der Effekt eines Mechanismus ist, den er als »Kristallisation« bezeichnet: »Ich bezeichne als Kristallisation die Tätigkeit des Geistes, in einem jeden Wesenszuge eines geliebten Menschen neue Vorzüge zu entdecken.«[6] Die Schönheit der Geliebten ist eine Kristallisation der Phantasie des Liebenden: »Nur die Einbildungskraft versichert uns, daß die geliebte Frau jene Vollkommenheit besitzt.«[7] Dabei operiert die Einbildungskraft des Liebenden im Namen seines Begehrens, seiner Leidenschaft. Die Schönheit, die die Phantasie des Liebenden der Geliebten zuschreibt, ist deshalb die »Verheißung, uns neue Freuden zu schenken«, weil sie nichts als eine Hervorbringung der Einbildungskraft ist, die von dem Begehren, der Suche nach Freuden und Lust angetrieben ist.

Stendhals Einsicht in den imaginativen, gar projektiven Charakter der Schönheit – daß es uns in der Bewunderung der Schönheit der Geliebten um das Glück geht, das sie uns zu bereiten verspricht – läuft auf die Schlußfolgerung hinaus, daß die Schönheit für jeden Menschen *anders* sein muß. Diesen Schluß zieht die

6 Stendhal, *Über die Liebe*, S. 45. Stendhal erläutert seine Wahl dieses Terminus so: »In den Salzburger Salzgruben wirft man in die Tiefe eines verlassenen Schachtes einen entblätterten Zweig, zwei oder drei Monate später zieht man ihn über und über mit funkelnden Kristallen bedeckt wieder heraus; selbst die kleinsten Zweiglein, nicht größer als die Krallen einer Meise, sind überzogen mit zahllosen schillernden, blitzenden Diamanten; man erkennt den einfältigen Zweig gar nicht wieder.« (Ebd.)

7 Ebd., S. 53.

Fußnote, in der Stendhal seine berühmte Formel versteckt hat. Sie lautet vollständig so:

Die Schönheit ist lediglich *Verheißung* von Glück. Das Glück des Griechen ist verschieden vom Glück des Franzosen von 1822. Man betrachte einmal die Augen der *Venus von Medici* und vergleiche sie mit den Augen der Magdalena von Pordenone (bei Herrn von Sommariva).[8]

Und:

Wenn wir also feststellen, daß die Schönheit eine Verheißung ist, uns neue Freuden zu schenken, und daß die Empfindungen so verschieden wie die Menschen sind, muß die Kristallisation bei jedem die Färbung seines Begehrens annehmen.[9]

Ja: »Geht man so weit, eine *Häßliche* vorzuziehen, zu lieben, dann bedeutet uns eben Häßlichkeit Schönheit.«[10] Aber das heißt nicht weniger, als daß die Liebe die Schönheit »entthront«: Die Liebe entthront die »*ideal[e] Schönheit*«, denn ihr Begehren läßt sie notwendig verkennen, was ihrem Gegenstand »an wirklicher Schönheit oder Häßlichkeit eignet«.[11] Den »Eindruck wahrer Schönheit« empfinden daher »vielleicht die Männer am deutlichsten, die einer leidenschaftlichen Liebe nicht fähig sind«, weil wahre Schönheit »außerhalb jeder Leidenschaft steht. Wir aber leben von der *Leidenschaft*.«[12]

Ganz im Gegensatz zur postmodernen Integration von Schönheit und Glück, Kunst und Leben, Ästhetik und Ethik, für die sie in Anspruch genommen wird, beinhaltet Stendhals berühmte Formel daher eine Theorie radikaler Differenz: der Differenz zwischen den Schönheits-Kristallisationen der Liebe, aus Imagination und Verlangen, und der wahren, idealen Schönheit – der Schönheit gemäß dem »Schönheitsbegriff der Plastik oder Malerei«.[13] Genau so hat Baudelaire Stendhal verstanden: »Stendhal, ein unverschämter, streitsüchtiger, ja abstoßender Geist, dessen Unverschämtheiten jedoch zu nützlichem Nachdenken anregen, [ist] der Wahrheit näher

8 Ebd., S. 76.
9 Ebd., S. 65.
10 Ebd., S. 76.
11 Ebd., S. 75, 63, 77.
12 Ebd., S. 81, 78.
13 Ebd., S. 79.

gekommen als viele andere, wenn er sagt, daß *das Schöne nur die Verheißung des Glücks sei.*«[14] Und zwar gilt das, weil Stendhal, recht verstanden, nach Baudelaire nur versucht hat,

> eine vernünftige, geschichtliche Theorie des Schönen aufzustellen, im Gegensatz zu der Theorie des einzigen und absoluten Schönen; um darzulegen, daß das Schöne jederzeit unweigerlich ein Doppeltes ist, ob auch der Eindruck, den es hervorruft, einheitlich ist. Denn die Schwierigkeit, die unterschiedlichen Bestandteile in der Einheit des Eindrucks zu unterscheiden, vermindert um nichts die Notwendigkeit, daß es sich aus Verschiedenartigem zusammensetzt. Das Schöne besteht aus einem ewigen, unveränderlichen Element, dessen Anteil äußerst schwierig zu bestimmen ist, und einem relativen, von den Umständen abhängigen Element, das, wenn man so will, eins ums andere oder insgesamt, die Epoche, die Mode, die Moral, die Leidenschaft sein wird. [...] Die Zweiheit der Kunst ist eine unausweichliche Folge der menschlichen Gespaltenheit. Man betrachte deshalb, wenn man so will, den ewig gleichbleibenden Anteil als die Seele der Kunst, das veränderliche Element aber als ihren Körper.[15]

Und es ist *allein* dieses zweite Element der Schönheit, das Stendhals »unverschämte« Feststellung zum Ausdruck bringen kann (und will); darin liegt ihre Wahrheit.

Weit entfernt davon, das Verhältnis von Schönheit und Glück als einen einfachen, direkten Zusammenhang zu verstehen oder gar Schönheit und Glück als zwei Seiten desselben, *spaltet* Stendhals Formel – die Schönheit ist nur ein Versprechen des Glücks – dieses Verhältnis vielmehr in Einheit und Gegensatz. Auf der einen Seite steht die »geschichtliche« Schönheit der Geliebten – der geliebten Person oder Sache –, die der Phantasie des Liebenden als Erinnerung oder Versprechen seines Glücks erscheint. Demgegenüber steht auf der anderen Seite die »ideale« (Stendhal) oder »absolute« (Baudelaire) Schönheit, die wir nur jenseits der Genüsse der Leidenschaft und des Begehrens erfahren (und die Stendhal, im Gegensatz zur leidenschaftsbewirkten Schönheit im Theater, der Plastik und der Malerei zuordnet). Da beide Formen der Schönheit, wie Baudelaire hervorhebt, aber nicht für sich zu haben sind, entzweit sich die Schönheit in sich: in das Schöne in Einheit mit

14 Charles Baudelaire, »Der Maler des modernen Lebens«, übers. v. Friedhelm Kemp/Bruno Streiff, in: Baudelaire, *Sämtliche Werke*, hg. v. Friedhelm Kemp/Claude Pichois, München/Wien: Hanser 1989, Bd. 5, S. 216.

15 Ebd., S. 215 f.

dem Glück des Lebens und das Schöne im Unterschied, ja im Gegensatz zum Glück im Leben.

2. Die Antinomie des Eros: Anschauung und Rausch

Indem Stendhal das Verhältnis von Schönheit und Glück in einem Traktat *Über die Liebe* behandelt, folgt er dem platonischen Muster, als dessen Reaktualisierung sich auch noch die integrative Lebenskunst versteht. Die Schönheit hat bei Platon ihren Platz in der Theorie der Liebe, des Eros und scheint dadurch direkt mit dem Glück der Erfüllung verbunden; deshalb knüpfen auch die antimodernen Versuche, Schönheit und Glück gegen ihre moderne Dissoziation miteinander kurzzuschließen, an Platon an. Nach Diotimas Rede, die Sokrates im *Symposium* wiedergibt, gilt alle Liebe dem Schönen: Wir lieben nur, was uns schön erscheint; man kann nicht lieben, was man zugleich als häßlich beurteilt. Die Liebe »begehrt« das Schöne: Sie ist gebunden an die Schönheit der Erscheinung; schön und geliebt zu sein ist dasselbe. Zugleich aber geht das Begehren der Liebe über das Schöne hinaus, auf das es sich richtet. Das hat ihn, so Sokrates, Diotima gelehrt:

> Denn die Liebe, oh Sokrates, geht gar nicht auf das Schöne, wie du meinst. – Sondern worauf denn? Auf die Erzeugung und Ausgeburt im Schönen. [...] – Warum aber auf die Erzeugung? – Weil eben die Erzeugung das Ewige ist und das Unsterbliche wie es im Sterblichen sein kann.[16]

Der Mensch begehrt das Schöne, weil er nur in der Erfahrung und Gegenwart des Schönen »fruchtbar« sein und »erzeugen« kann und weil dieses fruchtbare Erzeugen eine »göttliche Sache« ist. »Eine einführende und geburtshelfende Göttin also ist die Schönheit für die Erzeugung«[17] – die Schönheit führt über sich selbst hinaus. Das Schönheitsbegehren der Liebe ist mithin ein zweifaches: Begehren des Schönen und Begehren des Erzeugens, das nur in der Erfahrung des Schönen möglich ist und in dessen Gelingen das Glück besteht. Im liebenden Begehren sind das Schöne und das Glück so verknüpft, daß sie voneinander unterschieden bleiben.

16 Platon, *Symposion*, 206e, übers. v. Friedrich Schleiermacher, in: Platon, *Sämtliche Werke*, hg. v. Karlheinz Hülser, Frankfurt/M./Leipzig: Insel Verlag 1991, Bd. IV.

17 Ebd., 206d.

In der traurigen Welt der evolutionären Ästhetik, die Platons Liebestheorie biologisch zu validieren behauptet, wird das Glück der Erzeugung, die nur im Schönen möglich ist, mit reproduktivem Erfolg gleichgesetzt.[18] Wir lieben demnach das Schöne, weil es uns eine Erzeugung in Aussicht stellt, deren Hervorbringungen die beste Chance haben sollen, sich gegen andere im Kampf um knappe Ressourcen durchzusetzen; biologisch oder evolutionstheoretisch verstanden, ist das Schöne die Verheißung späteren Erfolgs – der Fitneß des in der Erfahrung des Schönen Erzeugten. Für Platon dagegen besteht das Glück der Erzeugung, auf die das Begehren des Schönen gerichtet ist, nicht im Hervorbringen des Erfolgreichen, sondern des Gelungenen: Das im Begehren des Schönen begehrte Erzeugen ist das Erzeugen von etwas Gutem. Das gilt für alle Formen fruchtbaren Hervorbringens, vom Zeugen eines Kindes bis zu dem, »was der Seele ziemt zu erzeugen und erzeugen zu wollen. Und was ziemt ihr denn? Weisheit und jede andere Tugend, deren Erzeuger auch alle Dichter sind und alle Künstler denen man zuschreibt erfinderisch zu sein.«[19] Das Glück, das nach Platon die Schönheit der Liebe verheißt, ist weder Zufall noch Erfolg, weder aleatorisch noch instrumentell, sondern praktisch oder ethisch: Tugend – gelingende Verwirklichung von Vermögen.

Platons Einsicht in das Doppelbegehren der Liebe – Begehren, das dem Schönen, und Begehren, das durchs Schöne dem Glück fruchtbarer Erzeugung gilt – stiftet einen Zusammenhang von Schönheit und Glück, der ebenso ingeniös wie fragil ist. So ist Pla-

18 Der wichtigste Zwischenschritt auf dem Weg zur evolutionstheoretischen Deutung ist Hobbes' naturalistische Reformulierung des Verhältnisses von Schönem und Gutem: »Schönheit [*pulchritudo*] ist die Anzeige eines zukünftigen Guten« (Thomas Hobbes, *Man and Citizen*, hrsg. v. Bernard Gert, übers. v. Charles T. Wood u.a., Indianapolis/Cambridge: Hackett 1991, S. 47 f.) oder »Gutes im Versprechen« (Thomas Hobbes, *Leviathan*, übers. v. Walter Euchner, Suhrkamp 1984, S. 41), und »gut« ist, was Lust bereitet, die wiederum als »eine Stärkung und Unterstützung der vitalen Bewegung« (ebd., S. 41 f.) zu verstehen ist. – Zur historischen Rekonstruktion der evolutionstheoretischen Ästhetik siehe Winfried Menninghaus, *Das Versprechen der Schönheit*, Frankfurt/M.: Suhrkamp 2003, Kap. II und III. Zur Kritik an der Reichweite evolutionstheoretischer Überlegungen siehe u. a. Nehamas, *Only a Promise of Happiness*, S. 63-71; Martin Seel, »Vom Nutzen und Nachteil der evolutionären Ästhetik«, in: Seel, *Die Macht des Erscheinens*, Frankfurt/M.: Suhrkamp 2007, S. 107-122.

19 Platon, *Symposion*, 209a.

tons Theorie der Einheit von Schönheit und Glück von Anfang an von einer Spannung durchzogen, an der sie im folgenden zerbrechen sollte. Denn durch die Doppelung im liebenden Begehren spalten sich die beiden Seiten, die es verbinden soll, das Schöne wie das Glück, jeweils in sich in zwei einander entgegengesetzte Elemente.

Von der Seite des Schönen her: Das Schöne ist zum einen Gegenstand eines Begehrens, das ihm selbst gilt und sich in ihm erfüllt, und zum anderen Medium, wenn nicht gar bloßer Anlaß eines Begehrens, dessen Erfüllung über den schönen Gegenstand hinausgeht und das der gelingenden Betätigung der menschlichen Vermögen im Erzeugen des Guten gilt; das Schöne ist erst Telos, dann bloßes Mittel.

Von der Seite des Glücks her: Platon bestimmt das Glück als den Zustand fruchtbarer Erzeugung des Guten, der in der Erfahrung des Schönen eintritt. Darin nimmt der Begriff des Glücks aber sofort zwei verschiedene Bedeutungen an, von denen nicht zu wissen ist, ob sie ein und dieselbe sind: das Glück derjenigen Erzeugung, die in der Erfahrung des Schönen geschieht, und das Glück als der Inbegriff eines gelingenden Lebensvollzugs, das in der Betätigung der menschlichen Vermögen liegt – das Glück also als Verwirklichung des Guten. Nichts kann sicherstellen, daß das doppelte Begehren der Liebe nicht einem zweifachen, vielleicht inkommensurablen Glück des Erzeugens im Schönen und des Erzeugens durchs Schöne gilt. Die Liebe scheint mit sich selbst entzweit: präsentisch, in der Hingabe an die Gegenwart des schönen Gegenstands oder Gegenübers; futurisch, in der Sehnsucht und Suche nach Möglichkeiten eines gelingenden Lebens, die sich durch die Erfahrung des Schönen eröffnen.

Entlang dieser Bruchlinie zerfällt die platonische Liebestheorie und hinterläßt zwei ganz verschiedene Möglichkeiten, den Zusammenhang von Glück und Schönheit zu denken. In der Moderne führen diese beiden Möglichkeiten zu den einander schroff entgegengesetzten Ästhetiken Schopenhauers und Nietzsches.

Schopenhauer knüpft an die präsentische Seite der Platonischen Theorie an, nach der die Liebe und ihr Glück in der Hingabe an die Gegenwart des schönen Gegenstands besteht. Diese Hingabe, frei von der Leidenschaft des Begehrens, besteht in anschauender Verehrung: Das Schöne – so Platon – ist Gegenstand der Anschauung,

Schönheit verlangt Kontemplation. Dieses Motiv verknüpft sich in der Geschichte der Ästhetik mit dem Aristotelischen Konzept der *theoria* und wird zur zentralen Idee der ästhetischen Lehre des Christentums, die das höchste Glück in der Schau der Schönheit Gottes sieht – einer reinen Schau, die erst nach dem Tod, im Jenseits, möglich ist.[20] Diesen Gedanken nimmt Schopenhauer auf: Der ästhetische »Zustand« ist »reine Kontemplation, Aufgehn in der Anschauung, Verlieren ins Objekt, Vergessen aller Individualität, Aufhebung der dem Satz vom Grunde folgenden und nur Relationen fassenden Erkenntnißweise«.[21] Das so Angeschaute ist das Schöne, und in solchem Anschauen liegt, weil in ihm alles Begehren, alles »Wollen« erstirbt und es mithin jenseits des Gegensatzes von Leiden und Lust steht, ein rein ästhetischer Genuß. Das Glück dieser »ästhetischen Freude« im Anschauen des Schönen (das Schopenhauer freilich nicht »Glück« nennen will) ist dem Glück als gelingender Verwirklichung menschlicher Ziele und Vermögen kategorial entgegengesetzt: Die Einheit von Schönheit und Glück zu denken verlangt – so die radikale Konsequenz, die Schopenhauer aus der einen, der präsentischen Hälfte der platonischen Liebestheorie zieht –, das Glück ästhetisch zu denken, und das bedeutet, es dem Leben, dem Erfolg oder dem Gelingen der Praxis gegenüberzustellen. Die Einheit von Schönheit und Glück zu denken heißt, zu verstehen, daß es wahres Glück nur im Anschauen des Schönen und *nicht im Vollzug des Lebens* gibt.

Dieses ästhetische Nein zum Glück des Lebens hat Nietzsche

20 Zur Kontemplation des Schönen siehe Platon, *Symposion*, 211c-e, und *Phaidros*, 250e, übers. v. Friedrich Schleiermacher, in: Platon, *Sämtliche Werke*, Bd. VI; zum Begriff der *theoria* siehe Joachim Ritter, »Die Lehre von Ursprung und Sinn der Theorie bei Aristoteles«, in: Ritter, *Metaphysik und Politik. Studien zu Aristoteles und Hegel*, Frankfurt/M.: Suhrkamp 1969, S. 9-33; zur christlichen Ästhetik seliger Anschauung siehe Umberto Eco, *Kunst und Schönheit im Mittelalter*, München/Wien: Hanser 1991, S. 122-127; Thomas Rentsch, »Der Augenblick des Schönen. Visio beatifica und Geschichte der ästhetischen Idee«, in: Helmut Bachmaier/Thomas Rentsch (Hg.), *Poetische Autonomie. Zur Wechselwirkung von Dichtung und Philosophie in der Epoche Goethes und Hölderlins*, Stuttgart: Klett-Cotta 1987, S. 329-353.

21 Arthur Schopenhauer, *Die Welt als Wille und Vorstellung*, in: Schopenhauer, *Zürcher Ausgabe*, Zürich: Diogenes 1977, § 38, S. 253. Vgl. Michael Theunissen, »Freiheit von der Zeit. Ästhetisches Anschauen als Verweilen«, in: Theunissen, *Negative Theologie der Zeit*, Frankfurt/M.: Suhrkamp 1991, S. 285-298.

als den »bösartig geniale[n] Versuch« zurückgewiesen, »zu Gunsten einer nihilistischen Gesammt-Abwerthung des Lebens gerade die Gegen-Instanzen, die grossen Selbstbejahungen des ›Willens zum Leben‹, die Exuberanz-Formen des Lebens in's Feld zu führen«.[22] Schopenhauer benutzt nach Nietzsche die platonische Idee des Glücks im Anschauen des Schönen, um die Möglichkeit des Glücks im Leben zu bestreiten; das ist Nihilismus. Im Gegensatz dazu greift Nietzsche die andere Seite der Platonischen Liebestheorie auf: daß nur die Erfahrung des Schönen die Möglichkeit fruchtbarer Erzeugung eröffnet. Gegen die Lehre vom *l'art pour l'art*, die durch Schopenhauers Ästhetik begründet wird, setzt Nietzsche die Behauptung: »Die Kunst ist das grosse Stimulanz zum Leben.«[23] Für diese Behauptung beruft sich Nietzsche auf Stendhal, »der das Schöne einmal une promesse du bonheur nennt«:

> Schopenhauer hat Eine Wirkung des Schönen beschrieben, die willencalmirende, – ist sie auch nur eine regelmässige? Stendhal, wie gesagt, eine nicht weniger sinnliche, aber glücklicher gerathene Natur, hebt eine andere Wirkung des Schönen hervor: »das Schöne *verspricht* Glück«, ihm scheint gerade die *Erregung des Willens* (»des Interesses«) durch das Schöne der Thatbestand.[24]

Das Schöne bedeutet eine »Erregung des Willens«, weil das Schöne, so Nietzsche in größter Nähe zu Platons Lehre vom dichterischen Enthusiasmus, ebenso aus dem Rausch erschaffen wird, wie es seinen Betrachter in einen Rausch versetzt. »Das Wesentliche am Rausch ist das Gefühl der Kraftsteigerung und Fülle.«[25] Das Schöne ist nur dadurch und dazu da, daß die Kräfte des Lebens zu Tun und Ausdruck so gesteigert werden, daß sie alles gewöhnliche Maß und Maßhalten überschreiten und im emphatischen Sinn des Wortes *glücken*; »exuberance is beauty« (William Blake).[26]

22 Friedrich Nietzsche, *Götzen-Dämmerung oder Wie man mit dem Hammer philosophirt*, in: Nietzsche, *Kritische Studienausgabe*, hg. v. Giorgio Colli/Mazzino Montinari, Berlin/New York/München: de Gruyter/dtv ²1988, Bd. 6, S. 125.

23 Ebd., S. 127.

24 Friedrich Nietzsche, *Zur Genealogie der Moral. Eine Streitschrift*, in: Nietzsche, *Kritische Studienausgabe*, Bd. 5, S. 347 und 348 f.

25 Nietzsche, *Götzen-Dämmerung*, S. 116.

26 Zitiert nach Georges Bataille, »Der verfemte Teil«, in: Bataille, *Das theoretische Werk*, hg. v. Gerd Bergfleth unter Mitw. v. Axel Matthes, übers. v. Traugott König/Heinz Abosch, München: Rogner und Bernhard 1975, S. 34. – Nietzsches

Das sind die beiden einander antinomisch gegenüberstehenden Modelle für den Zusammenhang von Glück und Schönheit, zu denen die moderne Ästhetik, bei Schopenhauer und Nietzsche, jeweils einen der beiden Züge der Platonischen Liebestheorie radikalisiert: *Entweder* erfüllt sich im seligen Anschauen des Schönen ein Glück, das dem Leben grundsätzlich unzugänglich ist; die Glücksverheißung des Schönen negiert die praktischen Befriedigungen des Lebens – die ästhetische Transzendenz des Lebens. *Oder* die rauschhafte Erfahrung des Schönen bewirkt eine Steigerung des Willens und der Kraft, die die Möglichkeiten des Lebens radikal erweitert; das Schöne führt nicht über das Leben, sondern das Leben über sich hinaus – die ästhetische Transgression des Lebens. Beide Varianten der modernen Ästhetik, die sich im direkten Anschluß an die Platonische Liebestheorie verstehen, stimmen darin überein (und sind darin dem postmodernen Rückgriff auf sie gleichermaßen entgegengesetzt), daß das ästhetische Glück das Glück des gewöhnlichen, als alltäglichen oder biologischen, Lebens nicht bestätigt und verdoppelt, sondern unterbricht und radikal transformiert. Zugleich aber kommt in dem Gegensatz beider Varianten des ästhetischen Platonismus eine ebenso grundsätzliche wie unauflösbare Spannung zum Ausdruck, die das ästhetische Denken der Moderne beherrscht. In ihm stehen sich zwei Grundmotive gegenüber: Das erste Motiv fordert, das Schöne als es selbst und um seiner selbst willen ernst zu nehmen – um des Glücks willen, das die Anschauung des Schönen verspricht. Das zweite Motiv dagegen besteht darin, das Schöne durch seine verändernden Wirkungen zu rechtfertigen – durch das Glück, dessen Verwirklichung im Leben es uns verspricht.

3. Ästhetische Utopie: Glück im Schein

Die beiden Modelle des Zusammenhangs von Glück und Schönheit in den Ästhetiken Schopenhauers und Nietzsches bilden zusammengenommen eine Antinomie. Nach Nietzsches Einsicht besteht das Glücksversprechen der Schönheit darin, die Vollzüge

Reformulierung des ästhetischen Glücks des Rausches entspricht seine Kritik am utilitaristischen Glück der Bedürfnisbefriedigung; vgl. Dieter Thomä, *Vom Glück in der Moderne*, Frankfurt/M.: Suhrkamp 2003, S. 143-169.

des Lebens in ungeahnter Weise gelingen zu lassen: Die ästhetische Erfahrung ist eine Erfahrung des Glücks, weil das Leben in der Schönheit seine eigenen Möglichkeiten *erfüllt* sieht. Nach Schopenhauers Einsicht besteht das Glück der Schönheit darin, die Vollzüge des Lebens in radikaler Weise zu suspendieren: Die Erfahrung des Glücks ist eine ästhetische Erfahrung, weil das Glück die Wirklichkeit des Lebens *übersteigt*. Weil beide Einsichten wahr sind, müssen sie zusammengedacht werden. Weil jedoch beide Einsichten einander entgegensetzt sind, bilden sie zusammengenommen eine Antinomie. Glück und Leben sind in der Erfahrung der Schönheit zu einem Paradox verbunden: daß es Glück nur jenseits des Lebens gibt, während doch Glück nichts anderes als die Erfüllungsform des Lebens ist. Daß dieses Paradox sich in der Erfahrung der Schönheit entfaltet, definiert das Schöne als Schein. Anders gesagt: Weil das Verhältnis von Leben und Glück ein Paradox bildet, ist die Erfahrung des Glücks an die der Schönheit *gebunden* – ist die Erfahrung des Glücks eine ästhetische Erfahrung, eine Erfahrung des Scheins.

Die Grundzüge einer Theorie des ästhetischen Scheins als Entfaltung des paradoxalen Zusammenhangs von Glück und Schönheit sind in Schillers Briefen *Über die ästhetische Erziehung des Menschen* umrissen und in Adornos *Ästhetischer Theorie* systematisch ausgeführt. (Weil sie jeweils nur eine Seite des Paradoxes festhalten, daß es Glück – einerseits – nur in der Erfahrung des Schönen gibt, während doch Glück – andererseits – nur die Erfüllung des Lebens sein kann, spielt dagegen weder in Schopenhauers noch in Nietzsches später Ästhetik die Kategorie des Scheins eine zentrale Rolle.) Dabei bezeichnet bei Schiller der Begriff des Scheins den eigentümlichen Doppelstatus der ästhetischen Tätigkeit. Diese ist zwar von denjenigen Tätigkeitsweisen strikt unterschieden, die gültige Wirkungen hervorbringen und insofern die »Wirklichkeit« ausmachen, zugleich aber ist sie, gerade in ihrer Unwirklichkeit, die Erfüllungs- oder Gelingensform und insofern der »Grund der Möglichkeit« der wirklichen Tätigkeitsweisen.[27] Das Ästhetische ist Schein, weil es unwirklich und wirklichkeitsermöglichend zugleich ist – das eine nur durch das andere.

27 Friedrich Schiller, *Über die ästhetische Erziehung des Menschen in einer Reihe von Briefen*, in: Schiller, *Sämtliche Werke*, München: Hanser 1980, Bd. 5, S. 656f. und 637.

Diese Dialektik des Ästhetischen reformuliert Adorno im Bruch mit der idealistischen Tradition, die das Schöne als Symbol und daher bedeutungshaft versteht, im erneuten Rückgriff auf das platonische Motiv des Eros als Strebens nach dem Schönen:

> Die unstillbare Sehnsucht angesichts des Schönen, der Platon mit der Frische des Zum ersten Mal die Worte fand, ist die Sehnsucht nach der Erfüllung des Versprochenen. Es ist das Verdikt über die idealistische Philosophie der Kunst, daß sie die Formel von der promesse du bonheur nicht einzuholen vermochte.[28]

In der Erfahrung der Schönheit geht es nicht um Bedeutungen, sondern um »Erfüllung«. Zugleich muß die Erfüllung in der Erfahrung der Schönheit ein Versprechen bleiben. Deshalb ist »der Fleck der Lüge von Kunst nicht wegzureiben; nichts bürgt dafür, daß sie ihr objektives Versprechen halte«.[29] »Kunst ist das Versprechen des Glücks, das gebrochen wird«; sie ist die »Allegorie scheinlos gegenwärtigen Glücks, mit der tödlichen Klausel des Schimärischen: daß es nicht ist«.[30] Glück, die Erfüllung (des Lebens), ist in der Schönheit (der Kunst) ebenso an- wie abwesend, ebenso gegenwärtig wie aufgeschoben. Ebendas definiert die Wirklichkeit des Glücks im Schönen als ästhetische, als Schein oder »apparition«. Die Schönheit ist die scheinhafte Erscheinung des Glücks: »Sein Anspruch zu sein erlischt im ästhetischen Schein, was nicht ist, wird jedoch dadurch, daß es erscheint, versprochen. Die Konstellation von Seiendem und Nichtseiendem ist die utopische Figur von Kunst.«[31] Die Erfahrung der Schönheit ist die Erfahrung wirklichen, »scheinlos gegenwärtigen« Glücks, die aber nur im Schein gemacht werden kann: die ein bloßes Versprechen bleibt, von dem man niemals weiß, ob es eingelöst werden kann – oder ob es eine Lüge ist.

Das läßt sich noch einmal nach zwei Seiten entfalten: der Einheit und der Differenz von Wirklichkeit und Schein.

Erstens: Die Erfahrung der Schönheit ist die Erfahrung des Glücks als Erfahrung der Erfüllung. »Erfüllung« heißt, daß ein Vollzug, ein Tun glückt. Ohne Bezug auf die Erwartungen, die unsere Versuche, unsere Praktiken antreiben, kann nichts als Erfül-

28 Theodor W. Adorno, *Ästhetische Theorie*, Frankfurt/M.: Suhrkamp ²1974, S. 128.

29 Ebd., S. 129.

30 Ebd., S. 205 und 197

31 Ebd., S. 347.

lung erfahren werden. Zugleich geht die glückliche Erfüllung über jede Erwartung hinaus; die glückliche Erfüllung ist eine Übererfüllung der Erwartungen, die unsere Praktiken antreiben. Solches Glücken erfahren wir im Schönen: Schön sind Dinge, die unsere praktischen Erwartungen über alle unsere praktischen Vermögen hinaus erfüllen.

Zweitens: In der Schönheit übererfüllen sich unsere Erwartungen nur deshalb über alle unsere Vermögen hinaus, weil die Schönheit die Praktiken überschreitet, in deren Vollzug unser Leben besteht. Die Hervorbringung und Erfahrung der Schönheit ist ästhetisches Tun. Ästhetisches Tun ist ein Tun im oder zum Schein: kein wirkliches Tun, keine Praxis, die von unseren Erwartungen, Vorhaben und Vermögen gesteuert ist, sondern ein Tun, in dem sich Kräfte spielerisch-selbsttätig entfalten, ohne vom Subjekt der Praxis bestimmt zu sein. Die Augenblicke des ästhetischen Glücks sind solche »des Überwältigtwerdens, der Selbstvergessenheit«, »eigentlich Augenblicke, in denen das Subjekt sich selber auslöscht und sein Glück hat an dieser Auslöschung«.[32] Das ästhetische Tun ist eine Wiederholung der Praxis, die selbst keine Praxis mehr ist und niemals eine werden kann (und will). Die Praktiken, die unser Leben ausmachen, erfüllen sich – glücken – nur, wo und wenn sie nicht mehr im Ernst vollzogen werden.

Also ist die Erfahrung der Schönheit die Erfahrung des Glückens unserer Praktiken nur durch deren Ästhetisierung: durch ihre Verwandlung in Spiel oder Schein. In der Schönheit erfahren wir das Glück der Übererfüllung unserer Praktiken unter der Bedingung ihrer Aussetzung: Die Praxis glückt nur im Schein. Deshalb gibt es keine Erfahrung der Schönheit, in der sich nicht in das Glück der Erfüllung Trauer über seine Unwirklichkeit mischte. Was Hegel über die selig-schönen Götter der klassischen Kunst gesagt hat – daß sie »gleichsam über ihre Seligkeit oder Leiblichkeit« trauern und man daher »in ihrer Gestalt das Schicksal [liest], das ihnen bevorsteht«[33] –, darf nicht bloß geschichtlich verstanden werden. Es ist vielmehr das Gesetz, unter dem das schöne Bild des Glücks überhaupt steht: In ihm weht der »Hauch und Duft der Trauer«

32 Theodor W. Adorno, *Ästhetik* (1958/9), hg. v. Eberhard Ortland, Frankfurt/M.: Suhrkamp 2009, S. 197.

33 Georg Wilhelm Friedrich Hegel, *Vorlesungen über Ästhetik*, Bd. II, in: Hegel, *Werke in zwanzig Bänden*, Frankfurt/M.: Suhrkamp 1969-70, Bd. 14, S. 86.

über seinen Untergang.[34] Das Schöne ist Schein und sein Glück daran gebunden, nicht dauern zu können. Ebendeshalb aber atmen wir in dem Hauch und Duft der Trauer, der das Schöne durchweht, »die wahre Luft des Paradieses, des einzigen Paradieses, das nicht der Traum eines Irren ist, des Paradieses, das verloren ist«.[35]

34 »Dies ist innerhalb der geistigen Hoheit der Hauch und Duft der Trauer, den geistreiche Männer in den Götterbildern der Alten selbst bei der bis zur Lieblichkeit vollendeten Schönheit empfunden haben.« – »Die seligen Götter trauern gleichsam über ihre Seligkeit oder Leiblichkeit; man liest in ihrer Gestaltung das Schicksal, das ihnen bevorsteht und dessen Entwicklung, als wirkliches Hervortreten jenes Widerspruchs der Hoheit und Besonderheit, der Geistigkeit und des sinnlichen Daseins, die klassische Kunst selber ihrem Untergang entgegenführt.« (Hegel, *Vorlesungen über Ästhetik*, Bd. II, S. 85 und 86.)

35 Samuel Beckett, *Proust*, übers. v. Marlis und Paul Pörtner/Werner Morlang, Zürich/Hamburg: Arche 2001, S. 66.

3.
Das Urteil: zwischen Ausdruck und Reflexion

Die Frage nach dem ästhetischen Urteil wird häufig als die Frage nach seinen Kriterien verstanden. Man fragt dann etwa danach, ob es spezifische Kriterien gibt, die allen ästhetischen Urteilen gemeinsam sind und ob diese Kriterien von allen Urteilenden geteilt werden; ob wir also auch im ästhetischen Urteilen – wie es für das Urteilen generell gilt[1] – nach einer Übereinstimmung streben können, die auf allgemeinen Kriterien beruht, so daß auch ästhetische Urteile nicht einfach nur der Ausdruck von lokalen oder persönlichen Idealen oder gar von privaten Präferenzen sind. Mit solchen Fragen nach der Art und selbst mit der nach der Existenz ästhetischer Urteilskriterien beginnt die Diskussion jedoch zu spät. Denn sie setzt damit voraus, eine Reihe anderer Fragen bereits beantwortet zu haben: etwa welche *Rolle* das Urteil im Feld des Ästhetischen spielt; oder wie wir *verfahren*, wenn wir ästhetisch urteilen: Wenden wir im ästhetischen Urteilen Kriterien auf einen Gegenstand an, oder drücken ästhetische Urteile eine Empfindung oder ein Gefühl aus? Was tun wir im ästhetischen Urteilen, warum beurteilen wir ästhetische Gegenstände – und warum urteilen wir (hier) überhaupt? Die Frage nach dem ästhetischen Urteil kann das, wonach sie fragt, nicht als selbstverständlich gegeben voraussetzen. Sie kann nicht voraussetzen, daß es eine besondere Art des ästhetischen Urteilens gibt – und dann darangehen, deren Kriterien zu untersuchen. Der Ausdruck »ästhetisches Urteilen« ist nicht der Name einer Gegebenheit, sondern der eines Problems, ja eines Paradoxes. Denn im ästhetischen Urteilen geht es um nicht weniger als die Möglichkeit, und die Notwendigkeit, des Urteilens überhaupt.

Diese problematische oder paradoxale Verfassung des ästhetischen Urteils soll im folgenden in vier Schritten erkundet werden. Ich werde zunächst (1.) den Ort des Problems skizzieren, das sich im ästhetischen Urteilen stellt, indem ich es ins Verhältnis zur Dialektik des praktischen Urteilens stelle: Das Problem des ästhetischen

1 Siehe Stephen Engstrom, *The Form of Practical Knowledge*, Cambridge, Mass.: Harvard University Press 2009, S. 97-118.

Urteilens ist das Problem der *Beurteilbarkeit* – ob und auf welche Weise es Gegenstände gibt, die der Beurteilung fähig sind. Ich werde sodann (2.) drei Beispiele dafür geben, wie sich dieses Problem manifestiert, um darauf (3.) das zentrale Argument zu umreißen: daß das ästhetische Urteil der Vollzug *und* die Infragestellung des Urteilens in einem ist. Oder: Der Akt »ästhetischer Kritik« ist stets urteilende Kritik und Kritik des Urteilens zugleich. Ich werde im Anschluß (4.) wiederum an einem Beispiel erläutern, welche Konsequenz sich daraus für den Begriff des ästhetisch Schlechten oder Mißlungenen ergibt: Das ästhetisch Schlechte ist das ästhetisch Beurteilbare.

1. Beurteilbarkeit

Urteilen heißt, eine Unterscheidung zu treffen – eine Unterscheidung besonderer Art: eine normative oder wertende Unterscheidung.[2] Indem wir urteilen, unterscheiden wir nicht nur zwischen verschiedenen Klassen von Gegenständen; indem wir urteilen, treffen wir eine Unterscheidung, die sich auch auf unser Verhältnis, unsere Haltung *zu* den Gegenständen bezieht. (Normative, wertende) Urteile sagen nicht nur, wie Gegenstände objektiv sind, sondern was ihr Sosein für uns, für uns Subjekte, bedeutet. Das geschieht am einfachsten im Schmecken von Gegenständen: indem wir sagen, ob uns ein bestimmter Gegenstand – oder genauer: unser Verhältnis zu diesem Gegenstand – Vergnügen oder sogar Lust bereitet oder nicht. In einer reflektierteren Weise beurteilen wir Gegenstände, indem wir sie als gut oder schlecht, richtig oder falsch, gelungen oder mißlungen bezeichnen und uns darin auf Maßstäbe beziehen, für die wir gegebenenfalls allgemeine Gültigkeit für alle beanspruchen können. Auf all diesen Ebenen bringt die Alternative von Bejahung und Verneinung, die das Urteilen etabliert, eine Haltung der Zustimmung oder Ablehnung gegenüber dem Beurteilten zum Ausdruck. Und auf all diesen Ebenen bezieht sich die Alterna-

2 Ich verwende also den Begriff des Urteils hier nicht im technisch weiten Sinn der philosophischen Terminologie, in dem er sich auf Behauptungen aller Art bezieht, eingeschlossen empirische (siehe Engstrom, *The Form of Practical Knowledge*, S. 97 f.), sondern im engen Sinn der alltäglichen Sprache, in dem »Urteil« bedeutet: normatives oder wertendes Urteil.

tive von Zustimmung oder Ablehnung ebenso auf die gegenwärtige Haltung, die ein Subjekt einem Gegenstand gegenüber einnimmt, wie auf zukünftige Verhaltensweisen ihm gegenüber: Auch wenn Urteile sich auf Gegenwärtiges beziehen, gestalten sie zukünftiges Verhalten. Urteile über Gegenstände teilen den unbestimmten Spielraum zukünftigen Verhaltens in zwei verschiedene, sogar entgegengesetzte Klassen: in Verhalten gegenüber dem Gegenstand, das zu vermeiden oder abzulehnen, und solches, das vorzuziehen ist. Urteile *verpflichten* zu einem bestimmten Verhalten.

Das verweist auf einen dritten Aspekt von Urteilen. Urteile betreffen – wie gesehen – (a) die *Haltung* eines Subjekts gegenüber einem Gegenstand und legen (b) *zukünftige* Verhaltensweisen fest. Indem Urteile Verpflichtungen beinhalten, adressieren sie überdies (c) *andere* Subjekte: Urteile haben einen sozialen Sinn. Wenn ich einen Gegenstand als schlecht beurteile, dann sage ich damit nicht nur, daß ich ihn zu vermeiden versuchen werde, sondern ich fordere damit zugleich auch andere zumindest dazu auf, zukünftig diesen Gegenstand von mir fernzuhalten. Urteile sind keine Berichte, die ein Subjekt von seiner Haltung gegenüber einem Gegenstand gibt. Urteile habe eine hervorbringende Kraft: Indem ich urteile, versuche ich den sozialen oder öffentlichen Status eines Gegenstands zu bestimmen; ich nehme teil an der Bestimmung und Gestaltung zukünftiger Möglichkeiten des Verhaltens, meines eigenen Verhaltens und des Verhaltens anderer, gegenüber diesem Gegenstand.

Die genannten Aspekte des Urteilens beschreiben es in drei Hinsichten als konstitutiv. (a) Urteilen konstituiert *Subjektivität*: Subjekte sind Instanzen von Urteilen, das unterscheidet sie von ihren Gegenständen – Subjekte können urteilen. (b) Urteilen konstituiert *Handlungen*: Handlungen sind Folgen von Urteilen – zu handeln heißt, ein Urteil zu verwirklichen. (c) Urteilen konstituiert soziale *Gemeinschaften*: Gemeinschaften drücken eine Übereinstimmung im Urteilen aus – Urteile bilden den Stoff des Sozialen. Diese dreiteilige Beschreibung kann sowohl vom Ende wie vom Anfang her gelesen werden. Vom Ende her gelesen geht es in Urteilen um die Selbstregierung sozialer Gemeinschaften, vom Anfang her gelesen um die Selbstregierung von Subjekten. Und um beides geht es immer zugleich: Die Selbstregierung von Subjekten, die durch die Beurteilung von Gegenständen ihre Haltung zu diesen Gegenständen ausdrücken und ihre Verhaltensweisen ihnen gegenüber festlegen, kann nur so erfolgen, daß sie diejenigen Urteile, in denen sich die Übereinstimmung einer sozialen Gemeinschaft manifestiert, aufnehmen, beeinflussen, umschreiben: »Ich urteile als Mitglied dieser sozialen Gemeinschaft.«[3] Aber ebenso kann sich die Übereinstimmung in Urteilen, in der eine soziale Gemeinschaft besteht, nur so und dadurch realisieren, daß diese Urteile von sichregierenden Subjekten aufgenommen und angeeignet werden. Die urteilende Selbstregierung von Subjekten und die urteilende Übereinstimmung in Gemeinschaften geschehen in ein und demselben Zug: Sie vollziehen sich notwendig zugleich – es gibt ebensowenig eine bloß private Selbstregierung des Subjekts, wie es keine soziale Übereinstimmung im Urteilen ohne deren Wirksamkeit in der Selbstführung von Subjekten gibt –, aber deshalb nicht notwendigerweise gleichsinnig. Ihre Verbindung geschieht immer nur über eine Differenz: Die Selbstregierung von Gemeinschaften und von Subjekten kann niemals identisch werden.

Das Zugleich in der Differenz von subjektiver Selbstregierung und sozialer Übereinstimmung beschreibt die *Dialektik* des Urteils: das Zusammen- und Widerspiel zwischen seiner sozialen Geltung und seinem subjektiven Vollzug, in dem sich das Verhältnis von Gesellschaft und Individuum entfaltet. Diese Dialektik definiert das Feld des Praktischen; praktische Urteile sind ebenso sozial wie subjektiv, praktisches Urteilen ist ebenso das Medium der Sozialisierung (des Individuums) wie der Subjektivierung (der Gemeinschaft).

Von dieser Dialektik des praktischen Urteilens muß das Problem des *ästhetischen* Urteils unterschieden werden. Das Problem des Ästhetischen liegt *vor* der Dialektik, die das Praktische definiert: »Ästhetisches Urteil« ist der Name eines Problems, das der Frage – die sich jedem praktischen Urteil stellt –, wie Individuum und Gemeinschaft in ihrer Gegensinnigkeit zu vermitteln sind, vorhergeht und zugrunde liegt. Das praktische Problem des Urteilens lautet: Wie kann ein Subjekt sich durch seine Urteile selbst regieren und darin als Individuum soziale Geltung gewinnen? Oder umgekehrt: Wie kann die urteilende Übereinstimmung einer sozialen Gemeinschaft individuelle Wirklichkeit in der Selbstführung

3 Hannah Arendt, *Das Urteilen. Texte zu Kants politischer Philosophie*, hg. v. Ronald Beiner, übers. v. Ursula Ludz, München: Piper 1985, S. 91.

der Subjekte erlangen? Dieses praktische Problem des Urteilens setzt jedoch voraus, daß das ästhetische Problem bereits gelöst, ja zum Verschwinden gebracht worden ist. Denn was das praktische Urteilen als gegeben voraussetzt, wird im ästhetischen Urteilen als prinzipiell unsicher und ungewiß erfahren: Das praktische Urteilen setzt voraus, *daß es einen Gegenstand gibt*, über den geurteilt werden kann.

Diese ästhetische Voraussetzung des praktischen Urteilens hat Hannah Arendt in ihrer Neudeutung von Kants *Kritik der Urteilskraft* im Verhältnis von Gemeinsinn und Einbildungskraft beschrieben. Gemeinsinn ist das Vermögen des Subjekts, nicht bloß privat und individuell, sondern im Namen der Gemeinschaft zu urteilen: in seinem subjektiven Urteilen soziale Übereinstimmung zu verwirklichen. Dem geht die Leistung der Einbildungskraft voraus, die Arendt als Konstitution des Gegenstands der Beurteilung durch Abstandnahme seitens des Subjekts begreift. Solange ich von etwas »direkt affiziert« bin, kann ich nicht darüber urteilen. Es bedarf eines Schritts zurück, eines Bruchs mit der direkten Affektion:

Die Einbildungskraft, d.h. das Vermögen, Abwesendes gegenwärtig zu haben, verändert den Gegenstand in etwas, dem ich nicht direkt gegenübergestellt werden muß, das ich vielmehr in gewissem Sinne verinnerlicht habe [...]. Das ist die ›Operation der Reflexion‹. Nur das, was einen in der Vorstellung berührt, affiziert, und zwar dann, wenn man nicht mehr durch seine unmittelbare Gegenwart affiziert wird – wenn man also unbeteiligt ist wie der Zuschauer, der mit den aktuellen Geschehnissen der Französischen Revolution nichts zu tun hatte –, nur das läßt sich als richtig oder falsch, wichtig oder irrelevant, schön oder häßlich oder irgendwo in der Mitte zwischen den jeweiligen Polen liegend beurteilen. Erst dann spricht man vom Urteil und nicht mehr vom Geschmack, weil man nun, obwohl noch wie von einer Angelegenheit des Geschmacks affiziert, mittels der Vorstellung den angemessenen Abstand hergestellt hat – jene Zurückgezogenheit, Teilnahmslosigkeit oder Uninteressiertheit, die nötig ist für den Beifall oder das Mißfallen, für die Einschätzung von etwas entsprechend dem ihm eigenen Wert. Indem man den Gegenstand wegräumt, hat man die Bedingungen für die Unparteilichkeit geschaffen.[4]

4 Ebd., S. 90. – Zum Verhältnis der beiden Ebenen in Kants Reflexionstheorie des Urteils, die ich hier als »praktisch« und »ästhetisch« bezeichne, siehe Christoph Menke, »Aesthetic Reflection and its Ethical Significance. A Critique of the Kantian Solution«, in: *Philosophy and Social Criticism*, Bd. 34 (2008), Nr. 1-2, S. 51-63.

Die Bedingung des praktischen Urteils mit seiner Dialektik von Individuum und Gemeinschaft ist das Wegräumen des Gegenstands, der Bruch der Affektion durch die Einbildungskraft des Subjekts: die Hervorbringung von Beurteilbarem. Weil es ohne Beurteilbares kein Urteil geben kann, muß das praktische Urteil (für dessen Dialektik sich Hannah Arendt interessiert) voraussetzen, daß diese ästhetische Konstitution in der Einbildungskraft abgeschlossen und gelungen ist. Das *Problem* des ästhetischen Urteils – das Problem, dessen Name »ästhetisches Urteil« ist; das Problem, das sich im ästhetischen Urteilen entfaltet – besteht jedoch darin, daß diese Hervorbringung niemals abschließend gelingt. Das macht das Problem des ästhetischen Urteils zum Paradox: Es ist ein Urteil, das keinen Gegenstand hat – ein Urteil ohne Beurteilbares.

Wie aber urteilen, wenn es keinen Gegenstand gibt, über den geurteilt werden kann? Und wenn es diesen Gegenstand deshalb nicht gibt, weil es das vergegenständlichende, abstandnehmende, seine Affektion unterbrechende Subjekt nicht gibt? Und wenn dies genau deshalb der Fall ist, weil die Einbildungskraft, die diese Vergegenständlichung leisten und damit Beurteilbarkeit herstellen soll, in Wahrheit eine ästhetische Kraft ist: eine Kraft im Spiel – nicht ein Vermögen der Distanzierung? Das Problem des ästhetischen Urteils ist, daß es in seinem Vollzug die Beurteilbarkeit seines Gegenstands, die es voraussetzen muß, zugleich in Frage stellt.

2. Drei Beispiele

Ich lese den Satz eines deutschen Philosophen, der seit vielen Jahren zu Fragen der Menschenrechte schreibt und an dem keiner, der sich hierzulande zu dem Thema äußern will, vorbeikommt. Dieser Philosoph schreibt: »Menschenrechte legitimieren sich aus einer Wechselseitigkeit heraus, pars pro toto: aus einem Tausch.« Ich denke – nein: ich *urteile* – sofort: Das kann doch nicht wahr sein! Oder auch: So ein Unsinn! Wie kann ein Tausch, ein Austausch von Gütern oder Chancen, zu dem mich einzig und allein »Vorteilsüberlegungen« motivieren, Menschenrechte legitimieren wollen? Denn Menschenrechte hat doch offenkundig gerade auch jemand, der mir im Tausch für meine Anerkennung nichts zurückzugeben vermag; jemand also, der gar nichts hat; der ein Nichts, ein Niemand ist; einer, den ich ohne jeden Nachteil für mich einfach übersehen und übergehen könnte. Daß ich ihn gleichwohl nicht übersehen und übergehen darf – das zu sagen, so denke ich, dazu sind Menschenrechte da. Und das, so urteile ich, wird in dem Satz des bekannten deutschen Philosophen verfehlt; der Satz dieses Philosophen *ist* verfehlt. – Ich habe geurteilt, und ich habe dieses Urteil begründet. Zwischen Urteil und Grund gibt es keinen Unterschied. Der Grund des Urteils hat mich nicht über das Urteil hinausgetrieben, er hat mich nicht vom Urteilen abgehalten. Ich war beim Nachdenken über das Urteil nicht woanders. Das heißt: Ich habe nicht gedacht, nicht denken *müssen*, als ich mein Urteil begründet habe. Der verfehlte Satz hatte nicht die Kraft, mich zu einem Denken zu nötigen, das mich von meiner allerersten urteilenden Reaktion losgerissen, sie vielleicht sogar in Frage gestellt hätte. Ich möchte sagen: Ich habe also nur geurteilt, aber nicht Kritik geübt. Das ist es, was ich dem bekannten deutschen Philosophen am meisten übelnehme.

Ich lese den Roman eines chilenischen Autors, der als junger Student durch den Putsch von Augusto Pinochet ins Exil zunächst nach Mexiko, dann nach Barcelona getrieben wurde. Der Roman handelt von einem chilenischen Priester, der sich als alter Mann, in einer von Fieberanfällen zerrissenen Nacht, an sein Leben erinnert. Der Roman beginnt damit, wie der junge Priester seine dichterische Sendung entdeckt, Kontakt mit dem bekanntesten Literaturkritiker seines Landes aufnimmt, von diesem gefördert wird und sich in der ebenso provinziellen wie zurückgebliebenen Kulturszene Chiles (in der der Roman in einer bitterbösen Szene auch Pablo Neruda auftreten läßt) erfolgreich etabliert. Der Roman berichtet dann, wie der Priester, als ideologisch zuverlässig eingestuft, nach dem Putsch den Generälen der Junta in wöchentlichen Privatissima angstschlotternd den Marxismus-Leninismus erklärt, den diese ja bekämpfen wollen und daher ein wenig kennen zu müssen glauben (während sie sich aber vor allem für die sexuelle Libertinage einiger chilenischer Kommunistinnen interessieren), und endet mit der Erzählung von rauschenden Festen, auf denen sich die im Land verbliebene Kulturschickeria in einer Villa außerhalb von Santiago vergnügt, einer Villa, in der sich, anscheinend nur von dem entsetzten Priesterdichter bemerkt, gleichzeitig ein Folterkelter befindet. – Ich lese den Roman, als ich einen Frühling in Barcelona verbringe. Ich weiß nicht, was ich von ihm halten soll: Was soll diese Figur eines Priesters, eines Verfassers von Versen, die ich mir ähnlich kitschig vorstelle wie die von Neruda, der einerseits fest im katholisch-provinziell-autoritären Milieu Chiles verankert scheint, andererseits unter all den oppositionellen Maulhelden allein es wagt, in die Kellerräume der Villa herabzusteigen und herauszufinden, warum während der Feste sekundenlang das Licht flackert (weil man den Strom im Keller für andere Zwecke braucht)? Ist das glaubhaft? Aber ist »glaubhaft« überhaupt die richtige Kategorie? Ich weiß es nicht. Also lese ich den Roman ein Jahr später noch einmal, diesmal auf einer Reise nach Chile. Ich frage chilenische Bekannte nach ihrer Lektüre. Keiner kennt den Roman. Als ich davon zu erzählen versuche, merke ich, daß die politische Pointe, auf die ich glaubte den Januscharakter des Romanhelden bringen zu können oder zu müssen (und aus deren Unerwünschtheit im postdiktatorialen Chile ich mir die Unbekanntheit des Romans zunächst erkläre), vielleicht deshalb nicht zündet, weil sie gar nicht gemeint ist. Ich frage mich, weshalb der verseschmiedende Priesterdichter auch ein Literaturkritiker ist. Und ich frage mich, weshalb ich mir so sicher bin, daß die Verse, die er selbst schreibt, ebenso wie die Romane und Gedichte, über die er schreibt, und schließlich auch seine Kritiken, die er über sie schreibt, nur aufgeblasener Schund sein können; denn zu lesen bekomme ich von seinen Texten in dem Roman nichts. Die Figur erscheint mir nun unverständlich, undurchschaubar, abgründig. Macht es das besser? Ich weiß es immer noch nicht.[5] Vielleicht lese ich den Roman irgendwann noch mal.

Ich lese ein berühmtes Theaterstück eines irisch-französischen Schriftstellers wieder, über das ich vor zehn Jahren einen Text geschrieben habe. Der Anlaß war damals die Einladung zu einer Tagung, auf der eine Sektion dem Essay gewidmet war, den ein deutscher Philosoph über jenes Theaterstück verfaßt hatte. Ich bewundere den Philosophen, aber nicht diesen Essay. Ich finde ihn schwach: eine bloße Projektion seiner philosophischen Kategorien auf einen literarischen Text. Ich will den literarischen Text vor dieser philosophischen Überformung retten. Mein Problem ist: Ich

5 Über das Verhältnis zu einem anderen Menschen heißt es in einem anderen Roman des Autors: »Du magst ihn nicht, sagte ich. Warum? Hans schwieg eine Weile, was bei ihm ungewöhnlich war, und dachte über eine Antwort nach. Schließlich sagte er einfach, er wisse es auch nicht.«

verstehe das Theaterstück nicht. Ich weiß nicht einmal, ob es mir gefällt. Das scheint bei diesem Theaterstück auch nicht die richtige Frage. Ich bin mir aber vollkommen sicher, daß es gut ist. Woher kommt diese Sicherheit? Ich unternehme eine Analyse des Textes, indem ich mich frage, nicht was die beiden Hauptfiguren sagen, sondern wie sie sprechen: auf welche Art sie die Sprache verwenden. Ich stoße dabei auf ein Grundmuster, eine Grundopposition zweier auf komplexe Weise einander entgegengesetzter und voneinander vorausgesetzter Sprechweisen. Dadurch wird der unverständliche Text mit einem Mal transparent: Ich verstehe, worum es in ihm geht, wie er aufgebaut ist, wie er mit bedeutenden anderen Texten seiner Zeit in einer untergründigen Korrespondenz steht. Hinzu kommt: Mir gefällt, was das Theaterstück, so gelesen, zum Ausdruck bringt. Es paßt mir, und mehr noch: Ich passe mich ihm an. Ich versuche, kulturelle und soziale Strukturen, die Lage der künstlerischen und politischen Avantgarden etwa, so zu sehen, wie sie gebrochen durch das Prisma seines Grundmusters erscheinen, und finde diese Sichtweise überzeugend. – An einer Stelle des Theaterstücks sagt eine der beiden Hauptfiguren zur anderen: »Wenn ein vernunftbegabtes Wesen auf die Erde zurückkehrte und uns lange genug beobachtete, würde es sich dann nicht Gedanken über uns machen? *Mit der Stimme des vernunftbegabten Wesens:* Ah, ja, jetzt versteh ich, was es ist, ja, jetzt begreife ich, was sie machen!« Ich werde das ungute Gefühl nicht los, daß mein Text über das Theaterstück mit dieser Stimme spricht.

3. Die ästhetische Kritik des Urteils

Die Schwierigkeit, ja Unmöglichkeit, mit dem Urteilen zu Ende zu kommen, begründet weder eine Theorie des Urteilsskeptizismus noch eine Praxis der Urteilsenthaltung – auch wenn »das zeitweilige Aushängen des kritischen Pendels« eine wesentliche Tugend (oder Strategie) des Kritikers, des Urteilenden ist; sie hilft dabei, »die Seele einer Sache herauszulocken«.[6] Die Unmöglichkeit, mit dem Urteilen zu Ende zu kommen, verlangt vielmehr eine Selbst-

6 Friedrich Nietzsche, *Menschliches, Allzumenschliches*, in: Nietzsche, *Kritische Studienausgabe*, hg. v. Giorgio Colli/Mazzino Montinari, München/Berlin/New York: de Gruyter/dtv ^{2}1988, Bd. 2, S. 350.

reflexion des Urteilens, die den Widerstand gegen sein Enden nicht äußerlich, in dem Gegenstand verortet, auf den es sich richtet, sondern in dem Vollzug des Urteilens selbst: Die Unbeurteilbarkeit des Gegenstands, der sich dem Urteil entzieht, ist durch das Urteilen hervorgebracht; es ist der Prozeß des Urteilens, der den Akt des abschließenden Urteils unmöglich macht.

Die Selbstreflexion des Urteilens hat ihren theoretischen Ort in der philosophischen Disziplin der Ästhetik; ihre Praxis ist die ästhetische Kritik. Beide, Ästhetik und Kritik, sind dabei aus ihrer Zugehörigkeit zum »ästhetischen Regime« (Rancière) zu verstehen. Außerhalb des ästhetischen Regimes der Kunst gibt es weder ästhetische Theorie noch ästhetische Kritik. Das ist keine bloß terminologische, sondern eine begriffliche Feststellung. Sie hat daher unmittelbar Konsequenzen dafür, wie das Urteil in der ästhetischen Kritik verstanden wird. Versteht man unter »ästhetischer Kritik« jegliche Beschreibung und Begründung, die zu einem Urteil über das Schöne oder Häßliche, das Erhabene oder Banale eines Stücks Natur oder das Gelungene oder Gescheiterte, das Vollkommene oder Verfehlte eines Stücks Kunst führt, dann ignoriert man nicht nur die von Rancière geschichtlich verstandene Differenz der Kunstregime – entscheidend die zwischen (antiker) Poetik und (moderner) Ästhetik.[7] Man begeht mit dieser vermeintlich neutralen Verwendung von »Kritik« den viel weiter reichenden Fehler, das Urteilen der ästhetischen Kritik von seinem Ergebnis, dem Urteil, her zu verstehen. Aber nicht der Urteilsakt ist das Entscheidende an der ästhetischen Kritik, sondern der Grund und daher auch der Prozeß des Urteilens; also nicht daß auch in der ästhetischen Kritik geurteilt wird, sondern *wie* das hier geschieht: Die ästhetische Kritik urteilt so, daß das Wie des Urteilens das Daß des Urteils in Frage stellt. Deshalb kann die ästhetische Kritik nicht von ihrem vermeintlichen Resultat, dem Urteil, her bestimmt werden. Das ästhetische Urteil ist nicht das Telos der ästhetischen Kritik, von dem her ihr Begriff bestimmt werden kann, weil die entscheidende Einsicht der ästhetischen Kritik ebendarin besteht, daß sich zwischen dem Grund des Urteils und dem Akt des Urteilens, und deshalb auch zwischen dem Prozeß des Urteilens und dem Fakt der Be-

7 Jacques Rancière, *Die Aufteilung des Sinnlichen. Die Politik der Kunst und ihre Paradoxien*, übers. v. Maria Muhle, Berlin: b_books 2006, S. 35 ff.

urteilung, eine unüberbrückbare Kluft auftut. Das Syntagma »die ästhetische Kritik des Urteils« ist grammatisch doppeldeutig – subjektiver und objektiver Genitiv: Die ästhetische Kritik ist diejenige Art zu urteilen, die zugleich eine Kritik am Urteil ist.

Um zu verstehen, weshalb das so ist, bedarf es der Vergegenwärtigung eines entscheidenden Grundzugs des ästhetischen Regimes der Kunst. Diesen Grundzug hat Hegel in seiner Beschreibung des wesentlichen Mangels der ästhetischen Kunstbetrachtung formuliert:

> So wesentlich es der Bildsäule ist, von Menschenhänden gemacht zu sein, ebenso wesentlich ist der Schauspieler seiner Maske, – nicht als äußerliche Bedingung, von der die Kunstbetrachtung abstrahieren müsse; – oder insofern davon in ihr allerdings zu abstrahieren ist, so ist ebendies damit gesagt, daß die Kunst das wahre eigentliche Selbst noch nicht in ihr enthält.[8]

Das Gesetz »ästhetischer« – ästhetisch gemachter, verstandener und beurteilter – Kunst ist das Gesetz des *Noch-nicht*: das Gesetz, noch nicht »das wahre eigentliche Selbst«, das Selbst, das sich selbst begreift und führt, verwirklichen zu können. Denn die ästhetische Kunst ist ein Tun der Darstellung und die Darstellung eines Tuns, die sich noch nicht vollständig zu begreifen und daher selbst zu führen vermögen, die also noch nicht im vollen Sinn ihrer selbst bewußt sind.[9]

Hegels Bestimmung der Kunst im Zeichen des Noch-nicht be-

8 Georg Wilhelm Friedrich Hegel, *Phänomenologie des Geistes*, in: Hegel, *Werke in zwanzig Bänden*, Frankfurt/M.: Suhrkamp 1969-70, Bd. 3, S. 535. Ich fasse in den folgenden beiden Absätzen ein Argument zusammen, das ich ausführlicher dargestellt habe in: »Noch nicht. Die philosophische Bedeutung der Ästhetik«, in: Friedrich Balke/Harun Maye/Leander Scholz (Hg.), *Ästhetische Regime um 1800*, München: Fink 2009, S. 39-48.

9 Das hat Adorno als »die subjektive Paradoxie von Kunst« beschrieben: »Blindes – den Ausdruck – aus Reflexion – durch Form – zu produzieren; das Blinde nicht zu rationalisieren, sondern ästhetisch überhaupt erst herzustellen; ›Dinge machen, von denen wir nicht wissen, was sie sind‹.« (Theodor W. Adorno, *Ästhetische Theorie*, Frankfurt/M.: Suhrkamp ^{2}1974, S. 174) Adorno zitiert sich hier selbst: »Je mehr eine Gattung von dem in sich hineinläßt, was ihr immanentes Kontinuum nicht in sich enthält, desto mehr partizipiert sie am ihr Fremden, Dinghaften, anstatt es nachzuahmen. Sie wird virtuell zum Ding unter Dingen, zu jenem, von dem wir nicht wissen, was es ist.« (Theodor W. Adorno, »Die Kunst und die Künste«, in: *Gesammelte Schriften*, Bd. 10, Frankfurt/M.: Suhrkamp 1977, S. 450; siehe in diesem Band, S. 129.)

schreibt die Kunst durch einen wesentlichen Mangel; ihr mangelt das Subjekt. Darin ist Hegels Bestimmung der Kunst eine im spezifischen Sinn des Ausdrucks »ästhetische«: Ästhetische Kunst ist die Kunst des Noch-nicht, die Kunst als Mangel. Was in der ästhetischen Kunst nach Hegel fehlt, ist Wissen. Genauer: Der ästhetische Mangel – der Mangel, der das Ästhetische *ist* – ist ein Mangel an Wissen *von sich*, Mangel an Selbstbewußtsein. Zwar ist nach Hegel die »höhere Sprache« der Kunst »nicht, wie die das gemeine Tun im wirklichen Leben begleitende Sprache, bewußtlos, natürlich und naiv«;[10] zwar ist also die »höhere Sprache« der Kunst auch nach Hegel bewußt, künstlich und sentimentalisch oder reflektiert, aber zugleich bleibt die Kunst unfähig, ihr eigenes Machen – das Machen der Bildsäule durch Menschenhände, das Machen der Helden durch Schauspieler – zu »wissen und zu sagen«. Die Kunst ist sich selbst wesentlich entzogen: Ihr Machen oder Tun ist kein Gegenstand ihres Wissens. Das Machen der Kunst bleibt hinter ihrem Wissen zurück. Dieser Mangel, der die Kunst ausmacht, ist ihrem Machen nicht äußerlich, sondern definiert es als ästhetisches. Deshalb würde die Überwindung dieses Mangels, also der Gewinn von Wissen um ihr Machen, die Kunst zum Verschwinden bringen. Das *Wissen* von dem Machen der Kunst wäre kein Wissen von dem Machen der *Kunst*. Das Machen, von dem wir wissen können, weil es ein Machen durch das »wahre eigentliche Selbst« ist, dieses wißbare, weil selbstbewußte Machen ist nicht das Machen von Kunst. Das Machen der Kunst ist nicht Gegenstand des Wissens, weil das Machen der Kunst nicht im Wissen seinen Grund hat. Deshalb nennt die philosophische Ästhetik dieses Machen »dunkel« (Baumgarten): Das ästhetische Machen ist nicht eine selbstbewußte Handlung, denn es gibt kein ästhetisches Machen ohne das Wirken »unbewußter Kräfte« (Herder). Dieses Wirken ist Spiel: das Verbinden und Lösen und Neuverbinden und Wiederauflösen von Bildern in Akten der Einbildung.

Mit dieser Bestimmung des ästhetischen Machens oder Tuns können wir zu der Frage zurückkehren, wie die ästhetische Kritik urteilt. Die ästhetische Kritik ist das Urteilen über ästhetische Gegenstände. Wenn aber ästhetische Gegenstände keine Objekte, sondern Prozesse oder Vollzüge sind, die deshalb nicht als Verwirk-

10 Hegel, *Phänomenologie des Geistes*, S. 534.

lichungen selbstbewußter Subjektivität verstanden werden können, weil zu ihnen wesentlich ein ästhetisches Tun als spielerischer Ausdruck unbewußter Kräfte gehört, dann kann es kein Urteilen über ästhetische Gegenstände geben, das nicht selbst an einem solchen Tun teilnimmt – und darin *wie* das ästhetische Tun ist: Das ästhetische Urteilen ist ästhetisches Mitspielen, »Methexis (Teilhabe) statt Mimesis (nachahmende Darstellung.)«[11] Auch das ästhetische Urteil über den ästhetischen Gegenstand muß ein ästhetisches Tun und daher ein Zug im ästhetischen Spiel gewesen sein. Also ist auch das Urteilen über das Tun, in dem der ästhetische Gegenstand besteht, wie dieses Tun selbst, *noch nicht* das eines selbstbewußten Subjekts. Das ästhetische Urteilen ist kein vollständig selbstbewußter Akt, daher kein Akt der Anwendung, schon gar nicht einer reflexiv prüfenden, von allgemeinen Kriterien auf einen besonderen Fall. Der Akt der ästhetischen Beurteilung übersteigt die Kontrolle selbstbewußter Subjektivität. Denn dieser Akt ist *Ausdruck*: Ausdruck derjenigen ästhetischen Kraft, auf deren Ausdruck im Kunstwerk dieser Akt als urteilender gerichtet ist.

Die Einsicht, daß das Urteilen über Ästhetisches selbst ästhetisch-expressiven Charakters ist, bildet den Grundzug ästhetischer Kritik – der Neubestimmung des Urteils im ästhetischen Regime der Kunst. Diese ästhetische Neubestimmung besteht mithin *nicht* darin, in der Instanz des Subjekts einen neuen, sicheren Grund für das Urteilen zu finden. Sie besteht vielmehr darin, den *Akt* des Urteilens über das Ästhetische selbst als ein ästhetisches – dunkles, unbewußtes – Tun zu verstehen: Das ästhetische Urteil »kommt jeder Überprüfung zuvor« und trifft seinen Gegenstand »ohne jede Diskussion«; die ästhetische »Erfassung« ist ein »jäher Eindruck« oder ein »plötzliches Gefühl«.[12]

Der ästhetische Charakter des Urteilens über Ästhetisches ist die

11 Christiane Voss, *Der Leibkörper. Erkenntnis und Ästhetik der Illusion*, unv. Habilitationsschrift, Frankfurt/M. 2010, S. 192.

12 Jean-Baptiste Dubos, *Réflexions critiques sur la poésie et sur la peinture*, Reprint Genf 1967, Bd. II, S. 343 f. Dubos ist hier nur ein Beispiel; ähnliche Argumente gegen die Möglichkeit ebenso wie den Bedarf der Methodisierung des sinnlichen Erfassens und Beurteilens formulieren Pascal, Leibniz und Vico; siehe Christoph Menke, Art. »Subjekt, Subjektivität«, in: Karlheinz Barck u. a. (Hg.), *Ästhetische Grundbegriffe*, Band 5, Stuttgart u. Weimar: Metzler 2003, v. a. S. 743-748. Dazu ausführlicher (und differenzierter) in diesem Band, II.2: »*Ästhetische Freiheit*: Geschmack wider Willen«.

eine Seite: Der Akt des ästhetischen Urteilens ist selbst ein Zug im spielerischen Ausdruck der ästhetischen Kraft, der »noch nicht« eine Handlung des selbstbewußten, des »wahren eigentlichen Selbst« ist (und dies auch niemals werden kann). Die *andere* Seite des ästhetischen Urteilens besteht darin, daß es sich im Augenblick seiner Behauptung von dem Spiel der ästhetischen Kraft, die es ausdrückt, entzweit. Indem er *über* das Kunstwerk urteilt und es darin zu seinem Gegenstand macht, bricht der Urteilende mit dem ästhetischen Spiel der Kraft und entzweit sich von sich selbst als Mitspieler in diesem Spiel.[13] In diesem Bruch mit dem Spiel ästhetischer Kraft ist der Akt des ästhetischen Urteils – in dem es seinen Gegenstand konstituiert – zugleich der Akt der Selbstkonstitution des vernünftigen, selbstbewußten Subjekts. Indem es urteilt, also etwas über einen Gegenstand behauptet und dafür Gültigkeit beansprucht, unterbricht das Subjekt das ästhetische Spiel der Kraft und sucht nach Gründen. Im Akt der Selbst- und Gegenstandskonstitution tritt das Urteilen aus dem ästhetischen Spiel heraus und in den öffentlichen Raum vernünftiger Gründe ein.

Dieser Moment des Übertritts ist der Ort und die Zeit der ästhetischen Kritik. Die ästhetische Kritik entfaltet eine Differenz, die unüberbrückbar bleiben muß: zwischen dem Urteil als Ausdruck unbewußter, ästhetischer Kraft und dem Urteil als allgemeingültiger Behauptung über einen Gegenstand, durch die sich das Subjekt zur reflexiven Operation der Begründung verpflichtet; das ist die Differenz zwischen ästhetischem Spiel und vernünftigem Selbstbewußtsein.[14] Die ästhetische Kritik des Urteils zielt nicht auf die Überwindung dieser Differenz, sei es durch ihre Versöhnung oder durch die Entscheidung für eine der beiden Seiten; jene ist so

13 Dem entspricht, daß das ästhetische Urteil sich auf das *Kunstwerk* richtet – also nicht unmittelbar auf das ästhetische Spiel der Kraft; dieses ist wesentlich unbeurteilbar: Es ist kein *Gegenstand* des Urteils. So wie das Kunstwerk sich in sich von dem ästhetischen Spiel entzweien – Nietzsche sagt: »erlösen« – muß, dem es sich verdankt, so muß sich auch das Urteil, das sich auf das Kunstwerk richtet, von dem ästhetischen Spiel entzweien, das es ausdrückt (dazu ausführlicher in diesem Band, S. 36f.). Die Selbstentzweiung, die das Kunstwerk ausmacht, und die Selbstentzweiung, die das Urteil ausführt, entsprechen sich.

14 Albrecht Wellmer hat im Anschluß an Adorno die Dialektik zwischen dem mimetischen Nachvollzug eines Kunstwerks »von innen« und seiner Analyse und Beurteilung »von außen« entfaltet; siehe Albrecht Wellmer, *Versuch über Musik und Sprache*, München: Hanser 2009, S. 129ff.

unerreichbar, wie diese unmöglich ist. Die ästhetische Kritik des Urteils zielt vielmehr auf die Entfaltung dieser Differenz – darauf, die Lücke offenzuhalten zwischen dem Urteil als Ausdruck ästhetischer Kraft und als Ergebnis eines vernünftigen Verfahrens der Begründung. Die ästhetische Kritik konzipiert und praktiziert das Urteilen so, daß es von einem unauflösbaren Widerspruch geprägt ist: zwischen einem plötzlichen, ausdruckshaften Akt der Erfassung *und* der gewissenhaften Herleitung aus nachvollziehbaren Gründen; zwischen augenblickshafter Erschließung *und* der endlosen Betrachtung von Verbindungen und Gesichtspunkten; zwischen der Evidenz des *So ist es* (Alexander García Düttmann[15]) und der vernünftigen, reflektierenden Berücksichtigung von Voraussetzungen und Folgen. Ästhetisch zu urteilen heißt, jedes Urteil als zugleich dringlich und vorschnell zu erfahren. Die ästhetische Kritik des Urteils beinhaltet daher eine doppelte, eine wechselseitige Kritik seiner beiden Seiten: die Kritik an der expressiven Auffassung ästhetisch-sinnlichen Empfindens durch die vernünftige Überlegung (denn das sinnliche Empfinden ist immer vorschnell) und die Kritik an dem vernünftig überlegenden Urteilen durch die ästhetisch-augenblickshafte Auffassung (denn das vernünftige Überlegen kommt in seinem Zerlegen und Begründen gegenüber dem ästhetischen Spiel immer zu spät). Die ästhetische Kritik exponiert die *Aporie* des Urteils.

Exkurs: Die Kritik des Urteils im Kunstwerk. – Die ästhetische Kritik des Urteils übt nicht nur aus, wer sich ästhetisch auf ein Kunstwerk richtet. Sie findet auch in der Kunst selbst statt. Da es kein Kunstwerk ohne die urteilende Selbstentzweiung von seinem ästhetischen Grund gibt; da das Kunstwerk also in sich selbst die ästhetische Aporie des Urteilens erfährt, vermag es diese Aporie auch in denjenigen außerkünstlerischen Urteilsformen zu erschließen, die in ihm zur Darstellung kommen: Das Kunstwerk erschließt durch seine Selbsterfahrung die Aporie *des* Urteilens.[16] So führt Sophokles' *König Ödipus* die Spannung vor, die in der Selbstbeurteilung zwischen ihrer Herleitung aus Gründen und ihrer sich

15 Alexander García Düttmann, *So ist es. Ein philosophischer Kommentar zu Adornos ›Minima Moralia‹*, Frankfurt/M.: Suhrkamp 2004.

16 Es ist *nur* die Selbstreflexion der Kunst, durch die sie welterschließend ist.

überstürzenden, plötzlichen Evidenz aufbricht. Diese Spannung entfaltet *König Ödipus* durch die Kritik eines Urteilens, das sich am rechtlichen Verfahren auszurichten versucht. *König Ödipus* zeigt, daß die Verwandlung des Urteilens in ein rechtsförmiges Verfahren nicht vollständig gelingen kann: Das Urteilen behält für den (Sich-) Beurteilenden ein seine Herleitungen und Begründungen überholendes, ein wesentlich exzessives Moment.

Indem die Tragödie dies aufweist, urteilt sie jedoch nicht ihrerseits über das rechtsförmig verfahrende Urteilen, und erst recht nicht verurteilt sie ein solches Urteilen als falsch oder unberechtigt. Das eben *ist* ja die Tragödie: daß aus dem Nichtgelingenkönnen eines Vorhabens nicht auf das Unberechtigte, gar Falsche seines Versuchs zurückgeschlossen werden kann. Daher trifft die Parole »Schluß mit dem Gericht«[17] nicht das kritische Verhältnis, das die Kunst (der Tragödie) zum Urteilen hat. Denn mit dem Gericht Schluß zu machen hieße, das Versprechen der Gerechtigkeit zu brechen, das mit der Einsetzung des Gerichts verbunden ist, somit wieder Rache zu üben oder Sündenböcke ins Meer zu werfen oder die Sache den Göttern zu überlassen. »Schluß mit dem Gericht« verkennt, was »Kritik des Urteilens« in der Kunst bedeutet – und was diese Kritik zu einer ästhetischen macht. »Ästhetische Kritik des Urteilens« kann nicht »Urteilen über das Urteilen« heißen: Die Tragödie urteilt nicht, daß das Urteilen schlecht ist; ja nicht einmal, daß seine Verrechtlichung schlecht wäre. Würde sie so urteilen, so wüßte man am Ende der Tragödie, was zu tun richtig ist: nicht mehr – rechtsförmig – urteilen, das – rechtsförmige – Urteilen abzuschaffen. (Wahrscheinlich hätte man aber keine Ahnung, was man dann tun soll. Denn selbst Teiresias' Nein zum Handeln, zu dem ihn seine Einsicht in die Aussichtslosigkeit von Ödipus' Urteilen führt, ist selbst wieder ein Handeln, und zwar aufgrund eines Urteils.) Die Kunst der Tragödie zeigt, was ästhetische Kritik des Urteils heißt: Die ästhetische Kritik urteilt nicht über das Urteilen, sondern treibt es in eine Aporie, aus

17 Gilles Deleuze, »Schluß mit dem Gericht«, in: Deleuze, *Kritik und Klinik*, übers. v. Joseph Vogl, Frankfurt/M.: Suhrkamp 2000, S. 171-183.

der es einen Ausweg, ebenso den Ausweg des Weiter- wie des Nichtmehrurteilens, nur um den Preis der Dummheit oder des Selbstverlusts gibt.

4. Das Beurteilbare beurteilen: Neo Rauch, *Amt*

Aus der Bestimmung der ästhetischen Kritik des Urteils als Entfaltung der Aporie des Urteilens folgt, daß die Normativität dieses Urteils eine Normativität zweiter Ordnung ist. Wie alles Urteilen behauptet auch die ästhetische Kritik, daß etwas gut oder schlecht, zurückzuweisen oder zu bejahen ist. Weil dies jedoch in der ästhetischen Kritik im Widerstreit von Expression und Reflexion, von Ausdruck und Begründung geschieht, kann es keine Kriterien geben, die festlegen, welche Eigenschaften einen Gegenstand gut oder schlecht machen.[18] Das Gute oder Schlechte, das die ästhetische Kritik behauptet, ist zuallererst ihr eigener Vollzug. Die ästhetische Kritik urteilt über den Gegenstand aufgrund eines Urteils über sich selbst. »Gut« nennt die ästhetische Kritik einen solchen Vollzug des Urteilens über das Gut- oder Schlechtsein eines Gegenstands, der die Aporie des Urteilens entfaltet. Ob ein Urteilsvollzug dies jedoch tut (oder nicht), ist keine bloße Entscheidung des Urteilssubjekts: Es hängt vom Gegenstand ab. Die Normativität zweiter Ordnung, die die ästhetische Kritik definiert – die ästhetische Kritik urteilt über das Gute oder Schlechte ihrer Gegenstände aufgrund des Gut- oder Schlechtseins ihres eigenen Urteilsvollzugs –, führt daher auch zu einem Kriterium zweiter Ordnung für ästhetische Gegenstände. Das legt eine These nahe, die nur entweder tautologisch oder paradox formuliert werden kann: Jeder Gegenstand, der ästhetisch kri-

18 Der ästhetisch Urteilende spricht so: »Außerdem glaube ich seit Langem an die ungeheure Kraft der Kunst, eine Kraft, die sich niemals vermessen lässt, und doch eine mächtige, mit nichts zu vergleichende Kraft. Die Ewigkeit dieser Giocondas und Infanten, wo jeder sein eigenes Dunkles, nicht Bewusstes und Bewegendes findet, und ein Künstler, der vor vielen Jahrhunderten gestorben ist, durch die Kraft seiner Kunst die Menschen bis heute erzieht, was kann beneidenswerter sein als solche Kraft, und was für ein Glück kann empfinden, wer seinen Stein in dieses ewige Gebäude gesetzt hat. Ich vergleiche niemanden mit niemandem, ich hebe den Begriff der Maßstäbe auf.« (Warlam Schalamow, An Boris Pasternak, in: Schalamow, *Über Prosa*, übers. v. Gabriele Leupold, Berlin: Matthes & Seitz 2009, S. 43 f.)

tisiert werden kann, ist ebendeshalb gut oder gelungen. Oder das Gutsein eines ästhetischen Gegenstands besteht eben darin, seine ästhetische Kritik möglich zu machen. (Die tautologische Fassung dieser These lautet: *Jeder* ästhetische Gegenstand ist gut; ästhetisch zu sein heißt, Gegenstand einer ästhetischen Kritik sein zu können, und das wiederum heißt, die Entfaltung des Aporie des Urteilens möglich und nötig zu machen. Die paradoxe Fassung dieser These lautet: Jeder Gegenstand, der zum Gegenstand eines ästhetischen Urteils über sein Gut- *oder* Schlechtsein werden kann, ist ein ästhetisch guter, gelungener Gegenstand.) – Am Beispiel eines Gemäldes von Neo Rauch soll diese These geprüft werden. Die Frage lautet daher, ob es eine ästhetische Kritik dieses Gemäldes geben kann.

In Neo Rauchs Gemälde *Amt* von 2004[19] sind drei verschiedene Räume gewaltig nebeneinander gesetzt und übereinander gebaut. Im oberen Teil des Bildes ragt fast mittig, nur leicht nach rechts verschoben ein schneebedeckter Felsgipfel in einen schwarzen Himmel, der von weißen Strichen zerfetzt wird. Der untere Teil des Bildes wird bestimmt von einer Szene, die sich von links hinten nach rechts vorne erstreckt: Gebückt gehende Männer schleppen unter zwei hoch aufragenden Lampen etwas amorph-organisch Aussehendes aus einem Bergschacht; vor ihnen kniet ein Mann über einer Bombe. Ganz im Vordergrund des Bildes, an seinem unteren Rand, sieht man ein Stilleben aus vier Büchern, eines davon aufgeschlagen, einem knochenartigen Ding, das an seinem einen Ende wie ein Werkzeug aussieht, sowie einem unidentifizierbaren Gegenstand zur Rechten, der kristalline Strukturen aufweist. Zwischen der wilden Dynamik des Himmels oben oder hinten (der wie in einem Kippbild auch als ein nächtlicher See mit ruhig schwappenden Wellen gesehen werden kann), dem mittleren Bereich der Menschen und Organismen sowie den toten Dingen ganz unten oder im Vordergrund herrscht starke Spannung. Zugleich aber sind Zonen und Figuren doppelter Lesbarkeit zwischen den drei Bildräumen auszumachen, die nicht nur einem, sondern zugleich auch einem anderen Raum zuzugehören scheinen. Diese Zweideutigkeit macht sie rätselhaft, zu Gegenständen eines zweifachen, umkippenden Blicks: ein Mann, der aus der Szene vor dem Schacht unmittelbar in den schneebedeckten Berg zu steigen scheint; ein

19 Öl auf Papier, 268 × 200 cm, Sammlung Kaufmann, Berlin.

weiterer Mann, der im Schnee des Berges sitzt, aber die Träger zu überwachen scheint, die aus dem Schacht kommen; ein Haus an der Flanke des Berges, das zugleich zum Gebäudeensemble am Schacht zu gehören scheint; eine Tanne an der anderen Flanke des Berges, die bei näherem Hinsehen Caspar David Friedrichs im Eis gestrandeten Segelschiff gleicht.

Und dann gibt es noch eine zweite, ganz andere Ebene, auf der dieses Bild organisiert ist und seine drei Räume und Welten miteinander verknüpft sind: durch die sparsam eingesetzte Kolorierung einzelner Elemente dieser weitgehend schwarzweiß gehaltenen Fläche. Gelb ist ein Buch ganz unten, das Licht in der Mitte und ein Flecken am Berg; rot ist die kristalline Struktur rechts unten, das Hemd des in der Mitte knienden Mannes, die kleine Segelschifftanne; violett schließlich ist die Hose des Knienden und der kurze Mantel des in den Berg steigenden Mannes. Und es gibt noch Spuren von grün, die hier und da matt aufscheinen. Die Farben in Rauchs Bildern – so hat Gottfried Boehm im Katalog zur Wolfsburger Ausstellung 2006 hervorgehoben – entfalten ein »komplexes und spannungsreiches Wechselspiel, welches das gesamte Bildgefüge auf untergründige Weise steuert«.[20]

Trotz dieses Aufwands, der betrieben wird, und trotz der Raffinesse, die dabei eingesetzt ist – das Bild läßt einen kalt. Man siehts und zuckt die Schultern. Ja, ja, man merkt schon, daß es hier rätselhaft zugehen soll. Aber die Verstörung des Fantastischen, die erst dann eintritt, wenn man *nicht weiß*, ob die Welt dieses Bildes – also: die Welt überhaupt (denn die Welt eines Bildes ist das Bild der ganzen Welt) – erklärbar ist oder nicht, stellt sich nicht ein. Rauchs Bilder sind unendlich harmlos; nichts an ihnen treibt einen um, sucht einen im Schlaf heim. Und vielleicht wollen sie das auch gar nicht; vielleicht ist die Unentscheidbarkeit, mit der uns das Fantastische herausfordert und nachstellt, gar nicht Rauchs Absicht. Das Rätselhafte verunsichert nur den, der noch oder schon zu verstehen sucht. Rauchs Bilder dagegen scheinen der bloßen Hinnahme des unverstehbar Rätselhaften zuzuspielen. Das Rätselhafte erklären sie zum Selbstverständlichen: ein Wunder, kein Problem; baffes Staunen – das Ende, nicht der Beginn des Denkens.

20 Gottfried Boehm, »Plötzlich, diese Übersicht. Farbe und Imagination bei Neo Rauch«, in: *Neo Rauch: Neue Rollen. Bilder 1993-2006*, Köln: DuMont 2006, S. 35.

Und die Farben? Das ist vielleicht das Überraschendste (und Unbefriedigendste) an diesem Bild: Das Spiel der Farben ändert nichts, es bestätigt und verstärkt nur die Gleichgültigkeit, die Rauchs Rätselkunst hervorruft. Hierin steht Rauchs Malerei der Abstraktion, die er in Interviews gerne schmäht, viel näher, als er meint – der Abstraktion aber in ihrer mattesten Form, in der sie seit den 1960er Jahren zur Vorlage für Gardinen- und Tapetenmuster wurde. Die Kolorierung des schwarzweiß angelegten Bildes schafft keine weitere Ebene der Verknüpfung, die zu der ersten, derjenigen der dargestellten Dinge, Figuren und Szenen, in ein Verhältnis der Spannung zu treten vermag. Sie tritt einfach, in Gleichgültigkeit, *daneben*. Auch in dieser grundlegenden Relation des Bildes, der Relation, die es als Bild definiert, der Relation zwischen seinem Gegenstand und seiner Erscheinung, herrscht die Logik des bloßen Unterschieds und damit also der Vermeidung, der Stillstellung von Streit. Das Spiel der Farben schafft keinen Abstand, keine Spannung zu den Räumen und Gegenständen im Bild. Der Farbe bei Rauch fehlt, was ihr zu gewinnen das vielleicht wichtigste Anliegen der modernen Malerei war: Ihr fehlt die Kraft – die Kraft, die Gegenstände, die durch sie zur Darstellung kommen, in Dinge zu verwandeln.[21]

21 Im vierten der *Briefe des Zurückgekehrten* schreibt Hugo von Hofmannsthal über van Gogh: »Ein Sturzacker, eine mächtige Allee gegen den Abendhimmel, ein Hohlweg mit krummen Föhren, ein Stück Garten mit der Hinterwand eines Hauses, Bauernwagen mit magern Pferden auf einer Hutweide, ein kupfernes Becken und ein irdener Krug, ein paar Bauern um einen Tisch, Kartoffeln essend – aber was nützt Dir das! So soll ich Dir von den Farben reden? Da ist ein unglaubliches, stärkstes Blau, das kommt immer wieder, ein Grün wie von geschmolzenen Smaragden, ein Gelb bis zum Orange. Aber was sind Farben, sofern nicht das innerste Leben der Gegenstände in ihnen hervorbricht! Und dieses innerste Leben war da, Baum und Stein und Mauer und Hohlweg gaben ihr Innerstes von sich, gleichsam entgegen warfen sie es mir, aber nicht die Wollust und Harmonie ihres schönen stummen Lebens, wie sie mir vorzeiten manchmal aus alten Bildern, wie eine zauberische Atmosphäre entgegenfloß: nein, nur die Wucht ihres Daseins, das wütende, von Unglaublichkeit umstarrte Wunder ihres Daseins fiel meine Seele an. Wie kann ich es Dir nahebringen, daß hier jedes Wesen – *ein Wesen* jeder Baum, jeder Streif gelben oder grünlichen Feldes, jeder Zaun, jeder in den Steinhügel gerissene Hohlweg, ein Wesen der zinnerne Krug, die irdene Schüssel, der Tisch, der plumpe Sessel – sich mir wie neugeboren aus dem furchtbaren Chaos des Nichtlebens, aus dem Abgrund der Wesenlosigkeit entgegenhob, daß ich fühlte, nein, daß ich wußte, wie jedes dieser Dinge, die-

In einem Interview, das Holger Liebs für die *Süddeutsche Zeitung* geführt hat, sagt Neo Rauch über seine Malerei: »Unaufgeklärte Zonen sind notwendig, weil sonst das Bild austrocknet, weil es total desinfiziert wird. Ich muß immer wieder neu entscheiden, an welcher Stelle des Bildvortriebs ich eben jene Zäsur setze und Störfelder plaziere. Das geschieht immer, wenn das Gefühl aufkommt, die durchbuchstabierbaren Teile seien übergewichtig.«[22] Das klingt, als hätte Neo Rauch Wolfgang Isers Theorie der »Leerstelle«, in der nach Iser das »ästhetische Potential« des literarischen Textes liegt,[23] allzu wörtlich genommen: als Anweisung, ein paar unbestimmte, leere Stellen über das Bild zu verteilen. Rauch versteht die ästhetische Leer- oder Unbestimmtheitsstelle räumlich: als etwas, das es neben oder zwischen kompakten Flächen der Fülle, der Bestimmtheit gibt (jene Flächen, in denen wir etwas wiedererkennen können); daher auch als etwas, über dessen Hinzufügung zum bereits Gemalten er frei entscheiden kann – als eine handhabbare Strategie der Verrätselung.[24] Iser aber meinte eine Leere, eine Negativität, die eben darin ästhetisch ist, daß sie die Bestimmtheit jedes Bildelements *von innen her* aushöhlt.

Rauchs Bild scheint alles daran zu setzen, diese Kraft der Negati-

ser Geschöpfe aus einem fürchterlichen Zweifel an der Welt herausgeboren war und nun mit seinem Dasein einen gräßlichen Schlund, gähnendes Nichts, für immer verdeckte! Wie kann ich es Dir nur zur Hälfte nahebringen, wie mir diese Sprache in die Seele redete, die mir die gigantische Rechtfertigung der seltsamsten unauflösbarsten Zustände meines Innern hinwarf, mich mit eins begreifen machte, was ich in unerträglicher Dumpfheit zu fühlen kaum ertragen konnte, und was ich doch, wie sehr fühlte ich das, aus mir nicht mehr herausreißen konnte – und hier gab eine unbekannte Seele von unfaßbarer Stärke mir Antwort, mit einer Welt mir Antwort!« (Hugo von Hofmannsthal, »Die Briefe des Zurückgekehrten«, in: von Hofmannsthal, *Erzählungen. Erfundene Gespräche und Briefe. Reisen*, hg. v. Bernd Schoeller, Frankfurt/M.: Fischer 1979, S. 565 f.)

22 »Mir ist nichts mehr peinlich«, in: *Süddeutsche Zeitung*, 13. 9. 2006.

23 Siehe Wolfgang Iser, *Der Akt des Lesens. Theorie ästhetischer Wirkung*, München: Fink 1976, S. 280 ff., und die Fortentwicklung in: Wolfgang Iser, *Das Fiktive und das Imaginäre. Perspektiven literarischer Anthropologie*, Frankfurt/M.: Suhrkamp 1991, S. 377 ff.

24 Es gibt Bilder von Rauch, die buchstäblich versuchen, Leere zu malen, die also versuchen, nicht zu malen zu malen – Bilder wie *See* mit seinen weißen Flächen oder *Uhrenvergleich* mit seiner Schwärze oder *Waldbahn* mit seiner leeren Sprechblase. Das sind die produktivsten Varianten von Rauchs Mißverständnis der ästhetischen Leerstelle.

vität, die alle gegenständliche Bestimmtheit aushöhlt, um etwas zur Erscheinung zu bringen, das sich ihr prinzipiell entzieht, *nicht* entstehen zu lassen. Das erklärt vielleicht auch, weshalb es bei seinen Figurenarrangements, die bei objektiver Betrachtung schlichtweg albern sind, nichts zu lachen gibt. Sie haben keinen Witz; in ihnen wird keine manifeste Bedeutung durch eine latent lauernde blitzartig ersetzt. Und das ist vielleicht auch der Grund, aus dem sich vor seinen Bildern und Figuren jener Eindruck nicht einstellen will, auf den sie doch kalkuliert zu sein scheinen: der Eindruck eines Geheimnisses. So wie man vor Rauchs Bild nichts zu lachen hat, hat man vor seinem Bild auch nichts zu fragen. Ein Bild ohne Witz ist ein Bild ohne Geheimnis.

Ich habe das Bild beschrieben und es dadurch beurteilt; ich habe durch meine Beschreibung mein – negatives – Urteil begründet. Zwischen beidem, dem Urteil und der Beschreibung, besteht kein Unterschied. Die Beschreibung hat nicht über das Urteil hinausgeführt. Und das heißt, daß die Beschreibung des Bildes keine ästhetische Erfahrung ausdrückt. Die Erfahrung des Bildes ist keine ästhetische gewesen, denn sie hat nicht die Kraft gehabt, die Kräfte des Subjekts spielen und gegen die Selbstgewißheit seines Urteils reagieren zu lassen; die Erfahrung des Bildes hat im Urteilenden keinen »Widerwillen« (Adorno)[25] gegen sich selbst hervorbringen können. Das Bild ist mithin nur deshalb schlecht, weil das Urteil über es – das Urteil, daß es schlecht ist – wahr ist: weil dieses Bild beurteil*bar* ist; weil es nur ein Gegenstand ist, der ein Urteil, keine ästhetische Kritik, damit keine ästhetische Kritik des Urteils verlangt. Gerhard Richter sagt: »Ich finde die Bilder schlecht, die ich begreifen kann.«[26]

Wenn die Ablehnung dieses Bildes, das negative Urteil, das seine Beschreibung enthält, nicht darin gründet, daß es irgendwelchen ästhetischen Kriterien des Urteilens nicht entspricht, sondern daß es beurteilbar ist, dann ist der Widerwille gegen das Bild genau darin begründet, daß es keinen Widerwillen des Urteilenden gegen sich selbst, gegen das eigene Urteilen oder den eigenen Geschmack hervorzubringen vermag. Das heißt – immer vorausgesetzt, die skizzierte Beschreibung ist richtig –, daß dieses Bild »schlecht« ist:

25 Zu diesem Gedanken Adornos siehe in diesem Band, S. 148 f.

26 Ich verdanke dieses Zitat Philipp Stoellger, »Sichtbarkeit der Theorie«, in: *Einunddreissig*, Juni 2012, S. 103.

Es ist gar kein ästhetischer Gegenstand, denn »ästhetisch« zu sein heißt, kein Gegenstand, kein Objekt für ein erkennendes und beurteilendes Subjekt zu sein; sondern das Gegenüber, ja das Gegenteil des Subjekts zu sein, das dessen Widerwillen gegen sein Urteil hervorzurufen vermag; ein Gegenüber also, das sich ebenso seiner Konstitution zum Gegenstand entzieht, wie es die Selbstkonstitution des Subjekts im ästhetischen Spiel unterläuft. Rauchs Bild ist schlecht, weil es nicht die Kraft hat, das urteilende Subjekt sich selbst unerträglich werden zu lassen. Das ästhetisch Schlechte ist der bloße Gegenstand – dasjenige, in dem sich das Subjekt, im negativen *oder* positiven Urteil, spiegeln kann. (Also wäre auch der Gegenstand eines positiven Urteils ästhetisch schlecht; denn das – positive oder negative – Urteil, das einen Gegenstand hat, ist nicht ästhetisch.) Das ästhetisch Schlechte ist das Objekt des Urteils über gut oder schlecht, das, als bloßes Objekt, nicht die Kraft hat, das Subjekt gegen sich selbst reagieren zu lassen. Das ästhetisch Schlechte läßt das Subjekt in Übereinstimmung mit sich selbst.

*

Im Sommer 2010 hat die Zeitschrift *Texte zur Kunst* eine Konferenz zu ihrem zwanzigjährigen Bestehen unter den Titel »Wo stehst du, Kollege?« gestellt. In seinem Eröffnungsstatement zu der Konferenz hat Diedrich Diederichsen die »Nostalgie« dieser »inquisitorischen« Frage nach dem eigenen Standpunkt gewürdigt und »die Freuden kritischer Urteilskraft und des Dissenses gegen die international immer üblicher gewordene Betulichkeit« verteidigt. Zugleich erinnert er an die »Kultur selbstreflexiven Schreibens«, die gerade diese Zeitschrift geübt habe, und charakterisiert deshalb ihre Haltung ästhetischer Kritik – die er mit ihr teilt – als in sich gespalten und gegenwendig. Diese Haltung besteht darin

> zwischen den asozialen Freuden unfreundlicher Exklusion mittels apodiktischer Sprache und einer sozialen Inklusivität hin- und hergerissen zu sein, die in der selbstreflexiven Untersuchung der eigenen Sprache und ihrer sozialen Buchstäblichkeit um Freundlichkeit bemüht ist – und sich dabei auch das masochistisch-protestantische Baden im eigenen Schuldgefühl gönnt.[27]

27 Diedrich Diederichsen, o.T., in: *Texte zur Kunst*, 21. Jahrgang, Heft 81, März 2011, S. 45.

Die beiden Haltungen der ästhetischen Kritik, die hier nicht ohne Spott beschrieben werden, sind das energische und das reflexive Urteilen, denen Diederichsen auch den Gegensatz von asozialer Entschiedenheit, ja Rücksichtslosigkeit und sozialer Einbeziehung zuordnet. Und beide Haltungen, so gegenläufig sie auch sind, sind nach Diederichsen gleichermaßen notwendig: Die ästhetische Kritik muß beides zugleich sein können. Deshalb fordert er am Schluß seiner Überlegungen, »die antisoziale Energie des aggressiven Statements mit der prosozialen Vorsicht der Reflexivität positiv zu synthetisieren«.[28] Wie diese Synthese zu verstehen ist (und ob sie eine »positive« sein kann), hängt davon ab, wie man die beiden Haltungen des Urteilens in ihrem Verhältnis zueinander begreift.

Die erste Verhältnisbestimmung ist dialektisch. Sie versteht die beiden Haltungen so, daß sie aus zwei Aspekten des Urteilens hervorgehen, die ebenso in Spannung zueinander stehen, wie sie sich übereinstimmend auf das Urteil als Behauptung, als »Statement« (Diederichsen) beziehen. Etwas urteilend zu behaupten ist einerseits ein mit Freude ausgeführter »unfreundlicher« Akt, denn er richtet sich gegen andere, opponierende Urteile. Darin ist das Urteil nach Diederichsen »apodiktisch«, das heißt beweiskräftig, unwiderlegbar: Es ist die Grundlage weiterer Urteile und Handlungen. Das Urteil jedoch, das etwas begründen soll, muß selbst begründet werden. So lautet der Einwand der anderen, reflexiven Haltung des Urteilens: Sofern die urteilende Behauptung aus Gründen hervorgeht, ist sie kein apodiktischer Satz, der plötzlich hervorspringt, sondern eine allmählich sich ergebende Folgerung, deren Geltung nicht zuletzt davon abhängt, daß der Urteilende reflektiert: »[D]aß man sein Urteil an anderer, nicht sowohl wirkliche als vielmehr bloß mögliche Urteile hält, und sich in die Stelle jedes andern versetzt, indem man bloß von den Beschränkungen, die unserer eigenen Beurteilung zufälligerweise anhängen, abstrahiert.«[29] Die beiden Haltungen des Urteilens, die energische und die reflexive, machen jeweils eine der beiden Seiten geltend, die das Urteilen als eine Behauptung definieren: daß es Wahrheit beansprucht (und alles andere und alle anderen, die ihm entgegenstehen, für falsch

28 Ebd., S. 49.

29 Immanuel Kant, *Kritik der Urteilskraft*, in: Kant, *Werke*, hg. v. Wilhelm Weischedel, Darmstadt: Wissenschaftliche Buchgesellschaft 1956, Bd. V, § 40, B 157.

erklärt) und daß es durch Verfahren der Reflexion und Selbstreflexion begründet werden muß (und darin auf die Gesichtspunkte der anderen Rücksicht nehmen muß, denn sie könnten wichtige, übersehene Aspekte erschließen).

Die zweite Verhältnisbestimmung der beiden Haltungen des Urteilens, der energetischen und der reflexiven, ist nicht dialektisch, sondern aporetisch. Was die dialektische Verhältnisbestimmung einander gegenüberstellt, fällt aus dieser Perspektive auf dieselbe Seite: Es sind zwei Aspekte ein und derselben Auffassung des Urteilens als der selbstbewußten Handlung des Behauptens eines »wahren, eigentlichen Selbst« (Hegel), die von dem Urteilen als »noch nicht« bewußtem, ästhetisch-spielerischem Akt plötzlicher Empfindung unterlaufen wird. Denn ein selbstbewußtes Subjekt zu sein heißt eben dieses: in einer Behauptung über einen Gegenstand einen Geltungsanspruch gegen andere zu erheben – und diesen für andere (und mit anderen) zu begründen. Die Aporie, die das ästhetische Urteilen ausmacht, betrifft daher nicht die zwei Seiten des Urteilens als begründeten Behauptens, sondern das Urteilen als ein Behaupten *und* als ein Nicht-Behaupten – als Empfindung, Leidenschaft, Pathos im ästhetischen Spiel der Kräfte. Die aporetische Verhältnisbestimmung der beiden Haltungen des Urteilens, der reflexiven und der energetischen, sieht in ihnen den Ausdruck einer unauflöslichen Spannung im Inneren des ästhetischen Urteilens, das mit seiner einen Seite der Ordnung der Aussage, der Ordnung des Behauptens und Begründens zugehört und mit seiner anderen Seite der Nicht-Ordnung des Ausdrucks, des ästhetischen Spiels der Imagination und Empfindung. Diese beiden Haltungen des – dadurch aporetischen – Urteilens finden in dem Widerwillen des ästhetischen Geschmacks gegen sein eigenes Behaupten und Begründen ihre negative Synthese.

Diederichsen beschreibt die beiden Seiten des ästhetischen Geschmacks auch als »prosozial« und »antisozial«. »Antisozial« aber heißt nicht privat. Es ist vielmehr die aporetische Konfiguration dieser beiden Seiten, der prosozialen Haltung reflexiv begründenden Urteilens und der antisozialen Haltung expressiv-energischen Urteilens *zusammen*, durch die sie eine neue Figur der Gemeinschaft bilden. Das Urteilen als Behaupten und als Begründen dieses Behauptens stiftet Gemeinschaft durch den Bezug auf den Urteilsgehalt: Wir stimmen in dem überein, was wir urteilend behaupten, oder doch in der gemeinsamen Suche nach einem solchen Gehalt, der dem Für und Wider der unterschiedlichen Aspekte und Argumente standzuhalten vermag. Auch das ästhetisch-aporetische Urteilen will Übereinstimmung und dadurch Gemeinschaft. Aber das ist eine Übereinstimmung nicht im Was, sondern im *Wie* des Urteilens. Die ästhetische Gemeinschaft ist eine Gemeinschaft jenseits von Konsens und Dissens: Was wir miteinander teilen, ist die Entzweiung mit uns selbst – der Widerwille gegen uns selbst als Subjekte, die etwas und dadurch sich behaupten müssen.

4.
Das Experiment: zwischen Kunst und Leben

Jedes Kunstwerk ist ein Experiment: Es ist ein Experiment der Kunst; ein Versuch, ob man so Kunst machen kann: ob man sie *so* und ob man sie überhaupt *machen* kann. Jedes Kunstwerk ist ein Experiment, weil jedes Kunstwerk bei null beginnt – ein Kunstwerk, das nicht bei null beginnt, sondern die Kunst für gesichert und gegeben hält, ist gar keins. Denn der Nullzustand, bei oder in dem das Kunstwerk beginnt, ist der ästhetische Zustand, der Zustand ästhetischer Freiheit. Jedes Kunstwerk ist ein Experiment, weil es die Möglichkeit der Kunst erprobt. Es erprobt die Möglichkeit, *aus* dem Zustand ästhetischer Freiheit etwas, ein Werk, zu schaffen. Weil diese Möglichkeit ebensosehr eine Unmöglichkeit ist – denn der ästhetische Zustand ist ein Rauschzustand entfesselter Kräfte (Nietzsche), ein Zustand der Werklosigkeit, weil der Formlosigkeit, der »Entwerkung« (Foucault) –, ist die Existenz, also die Hervorbringung des Kunstwerks (denn die Existenz des Kunstwerks ist an seine Hervorbringung durch menschliche Tätigkeit gebunden) grundsätzlich ungewiß. Das Kunstwerk ist in seinem Wesen ein Experiment, weil nichts garantiert haben kann, daß es wirklich geworden ist.

Jedes Kunstwerk ist aber nicht nur ein Experiment der Kunst, es ist auch ein Experiment des Lebens. Wer ein Kunstwerk macht und wer ein Kunstwerk erfährt, wer zu komponieren, spielen, singen, dichten, malen anfängt und wer dabei zuhört, zusieht und folgt, ist darin ästhetisch tätig, aber er übt diese Tätigkeit in seinem Leben aus. Wer ein Kunstwerk macht und wer ein Kunstwerk erfährt, steht vor der Frage, wie er damit und danach leben will und kann. Er steht vor der Frage, welchen Ort er der ästhetischen Tätigkeit in seinem Leben geben will und kann – und ob diese Tätigkeit sich auf diesen Ort begrenzen läßt, was also die ästhetische Tätigkeit, die er tut, mit ihm tut. Jedes Kunstwerk ist ein Experiment, weil es nach der Möglichkeit der Kunst fragt, und jedes Kunstwerk ist ein Experiment, weil es, als ein Gegenstand ästhetischer Tätigkeiten, die von jemandem in seinem Leben vollzogen werden, nach der Möglichkeit des Lebens mit oder nach der Kunst fragt.

Ich werde im folgenden zuerst den experimentellen Charakter der Kunst bestimmen (1. und 2.) und dann nach dem des Lebens mit der Kunst fragen (3. und 4.). In beiden Schritten lasse ich mich, ohne sie eigens und im Detail auszulegen, durch Überlegungen Nietzsches leiten: im ersten Schritt durch seine Radikalisierung von Kants Ästhetik, im zweiten Schritt durch seine Interpretation von Wagners Musik. Ich schließe mit einem Ausblick auf das Verhältnis von Experiment und Institution – insbesondere, aber nicht nur im Feld der Kunst.

1. Das Experiment der Kunst

Der Begriff des Experiments ist ein kognitiver Begriff. Das Experiment ist eine Weise der Erfahrung, denn es zielt auf Erkenntnis: Man unternimmt ein Experiment, um herauszufinden, wie es sich mit einer Sache verhält. Zugleich ist der Begriff des Experiments ein praktischer Begriff. Das Experiment ist eine Weise des Handelns: Zu experimentieren heißt, Konstellationen, Situationen, Arrangements herzustellen, in denen sodann etwas geschieht. Der Experimentator stellt etwas her und setzt sich einem Geschehen aus. Das Experiment zeigt: Man muß etwas tun, um etwas zu erkennen. Das Experiment verbindet Rezeptivität mit Aktivität, ja es bindet Rezeptivität *an* Aktivität.

Um diese Bindung von Rezeptivität an Aktivität geht es der (Kurz-)Theorie des wissenschaftlichen Experiments, die Kant in der Vorrede zur zweiten Auflage der *Kritik der reinen Vernunft* skizziert hat.[1] Kants Ziel dabei ist es, einen Beleg für seine antiempiristische Theorie der empirischen (das heißt hier: der gegenstandserkennenden, -bestimmenden) Erfahrung zu geben: Am wissenschaftlichen Experiment soll sich zeigen, was empirische Erfahrung überhaupt ist. Genauer: Es soll evident werden – bevor es dann im folgenden ausführlich begründet wird –, daß der Wirklichkeitsbezug der empirischen Erfahrung *nicht* bedeuten kann – wie nach Kant der Empirismus meint –, daß man »sich von ihr [sc. der Realität oder Natur] allein gleichsam am Leitbande gängeln lassen müsse«. Die

1 Immanuel Kant, *Kritik der reinen Vernunft*, in: Kant, *Werke*, hg. v. Wilhelm Weischedel, Darmstadt: Wissenschaftliche Buchgesellschaft 1956, Bd. II, B XIII-XIV. Die folgenden Zitate finden sich in diesem Absatz.

Wirklichkeit zu erfassen heißt nicht, von Wirklichem beherrscht zu sein. Wäre es so, hätte also der Empirismus recht, so würden wir in unserer Erfahrung und ebenso auch in den Wissenschaften nur zu »zufällige[n], nach keinem vorher entworfenen Plane gemachte[n] Beobachtungen« gelangen, ohne ihren Zusammenhang »in einem notwendigen Gesetze [...], welches doch die Vernunft sucht und bedarf«, zu erfassen. Am Experiment soll sich zeigen, daß und warum es nicht so ist. Die Einsicht in die spezifische Weise, in der das wissenschaftliche Experiment die Erfahrung organisiert, soll mithin ein generelles Modell der Erfahrung liefern, das die Konsequenz des empiristischen Modells, der Zerstreuung der Erfahrung in zufällige und unverbundene Momente, zu vermeiden vermag.

Das zeigt sich am wissenschaftlichen Experiment, weil es die Erfahrung – so Kant – als einen subjektiv kontrollierten Prozeß organisiert:

Die Vernunft muß mit ihren Prinzipien, nach denen allein übereinkommende Erscheinungen für Gesetze gelten können, in einer Hand, und mit dem Experiment, das sie nach jenen ausdachte, in der anderen, an die Natur gehen, zwar um von ihr belehrt zu werden, aber nicht in der Qualität eines Schülers, der sich alles vorsagen läßt, was der Lehrer will, sondern eines bestallten Richters, der die Zeugen nötigt, auf die Fragen zu antworten, die er ihnen vorlegt.[2]

Es ist, hier wie so oft, eine juridische Metapher, die für Kant aufschlußgebend ist: Ein naturwissenschaftliches Experiment zu machen bedeutet, wie ein Richter mit dem Gesetz in der Hand die wiedergegebenen Geschehnisse in eine vorgegebene Form einzutragen. Das heißt nach Kant, eine Erfahrung zu machen: sinnliche Eindrücke wie die Aussagen von Zeugen aufzunehmen und sie dabei in eine Form zu bringen, die sie dem Gesetz subsumierbar macht. Die Rezeptivität der Erfahrung vollzieht sich mithin zu Bedingungen des Gesetzes – oder sie führt gar nicht zu einer Erfahrung, sondern produziert nur Zufälliges, Zusammenhangloses, Geräusch. Daß die empirische Erfahrung nach Maßgabe des Gesetzes erfolgt, heißt aber weiterhin nichts anderes, als daß sich im wissenschaftlichen Experiment zeigt, daß die Erfahrung, trotz oder in ihrer Rezeptivität, eine Aktivität des Subjekts ist; denn das

2 Ebd., B XIII-XIV.

Subjekt ist nichts anderes als die Instanz des Gesetzes, das sich im Experiment als Form, als inneres Prinzip der Erfahrung erweist. Das wissenschaftliche Experiment ist nach Kant mithin genau die Weise, sich rezeptiv einem Geschehen auszusetzen, die sicherzustellen vermag, daß die Gesetze des Subjekts leitend bleiben; Rezeptivität ist hier ein Zug in der, oder besser: eine *Vollzugsweise* der gesetzlichen Aktivität des Subjekts. Darin belegt das wissenschaftliche Experiment für die empirische Erfahrung die Wahrheit der Vicoschen Formel, »daß die Vernunft nur das einsieht, was sie selbst nach ihrem Entwurfe hervorbringt«.[3]

Nach Arnold Gehlen ist das Experiment der »seltene« Fall von Erfahrung, in dem »die *Erfahrung selber Motiv* wird«;[4] das Experiment ist als Erfahrung um der Erfahrung willen zugleich eine Erfahrung der Erfahrung. Oder: Das wissenschaftliche Experiment ist die *Technik* der empirischen Erfahrung: die Technik, die die empirische Erfahrung *verwirklicht*; das heißt eine Weise, die empirische Erfahrung durch die Wahl und Organisation geeigneter Mittel hervorzubringen, in der sich zugleich zeigt, was die Erfahrung in ihrem Wesen ist. »Die Technik ist also nicht bloß ein Mittel. Die Technik ist eine Weise des Entbergens. Achten wir darauf, dann öffnet sich uns ein ganz anderer Bereich für das Wesen der Technik. Es ist der Bereich der Entbergung, d.h. der Wahr-heit.«[5] Als Technik der Erfahrung hält das wissenschaftliche Experiment eine philosophische Einsicht bereit: daß die empirische Erkenntnis eine gesetzesförmige Hervorbringung des Subjekts ist.

Was auch immer von Kants Theorie des Experiments für die Praxis der Wissenschaften zu halten ist,[6] sie hilft zu verstehen, wel-

3 Ebd., B XIII.

4 Arnold Gehlen, *Der Mensch. Seine Natur und seine Stellung in der Welt*, Wiesbaden: Aula [13]1986, S. 219. (Den Hinweis auf diese Stelle verdanke ich David Wellbery.)

5 Martin Heidegger, »Die Frage nach der Technik«, in: Heidegger, *Vorträge und Aufsätze*, Pfullingen: Neske 1994, S. 16.

6 Diese Frage betrifft das Auftreten des Unerwarteten im Experiment: Das wissenschaftliche Experiment »besteht darin, irgendwelche Dinge unter bestimmten, ausgelesenen Gesichtspunkten unter wechselnde Umstände zu setzen und die dabei erscheinenden Gesetzmäßigkeiten zu untersuchen. [...] Ohne bestimmte, aus den schon vorhandenen Kenntnissen sich ergebende Erwartungen wird man ein Experiment gar nicht anstellen können. Aber erfahrungsgemäß trifft man dabei nicht nur auf die Bestätigung oder Widerlegung solcher Erwartungen (Hypothesen), die deshalb selbst variabel gehalten werden müssen, sondern auf neue und

chen Ort der Begriff des Experiments in der Theorie der Kunst einnimmt und welche Einsicht er zum Ausdruck bringt. Denn so wie das wissenschaftliche Experiment die Technik der empirischen Erfahrung ist, so kann das künstlerische Experiment die Technik der ästhetischen Erfahrung genannt werden: Im Experiment der Kunst wird die ästhetische Erfahrung so vollzogen, daß sie sich in ihrer Wahrheit zeigt – so wie im Experiment der Wissenschaft die empirische Erfahrung. Zugleich aber stehen in der ästhetischen Erfahrung die Rezeptivität der Sinnlichkeit und die gesetzliche Aktivität des Subjekts in einem ganz anderen, ja entgegengesetzten Verhältnis als nach Kant in der empirischen Erfahrung – so daß auch die Technik des Experiments in der Kunst einen ganz anderen Sinn haben muß als in der Wissenschaft: Das Experiment ist in der Kunst nicht eine Probe auf das Vermögen der Vernunft, selbst Einsichten »nach ihrem Entwurfe« hervorzubringen, sondern auf die ästhetische Fähigkeit der Selbstüberschreitung, der »Selbstentäusserung« (Nietzsche) des Subjekts.

Diese für den Begriff des künstlerischen Experiments entscheidende Differenz zwischen ästhetischer und empirischer Erfahrung hat Kant darin gesehen, daß in der ästhetischen Erfahrung die Gelingensbedingung der empirischen Erfahrung unterlaufen wird: In der ästhetischen Erfahrung ist das Subsumtionsverhältnis zwischen Gesetz und Rezeptivität oder Sinnlichkeit ausgesetzt. Das ist nach Kant die basale Bestimmung der ästhetischen *Freiheit* – der ästhetischen Erfahrung *als* Freiheit: Nichts in ihr zwingt dazu, der Form des Gesetzes zu genügen. Das Vermögen der Rezeptivität, also die Einbildungskraft, ist im Ästhetischen frei, weil sie hier nicht von außen geleitet ist von den Gesetzen oder Begriffen des Verstandes: »weil eben darin, daß die Einbildungskraft ohne Begriff schematisiert, die Freiheit derselben besteht«.[7] Die Grundbestimmung des Ästhetischen, die die Ästhetik nach Baumgarten entwickelt hat und

unerwartete Erscheinungen, die dann ohne theoretische Vorannahme einfach in sich selbst und nach den Gesetzen der Umstände ihres Auftretens erforscht werden.« (Gehlen, *Der Mensch*, S. 219) Diesen Gedanken hat Hans-Jörg Rheinberger zu der These radikalisiert, daß das Hervortreten des Neuen und Unerwarteten im Experiment nicht nur ein Nebeneffekt ist, sondern daß es im Experiment eben um deren Hervorbringung geht: Das Experiment ist ein System der »Erzeugung von Differenzen« (Hans-Jörg Rheinberger, *Experimentalsysteme und epistemische Dinge*, Frankfurt/M.: Suhrkamp 2006, S. 280 ff.).

7 Immanuel Kant, *Kritik der Urteilskraft*, in: Kant, *Werke*, Bd. V, B 146.

die Kant hier reformuliert, besagt: »ästhetisch« heißt die Freiheit der Einbildungskraft von der Gesetzgebungsmacht des Verstandes.

Auch im Verständnis der ästhetischen Freiheit der Einbildungskraft läßt Kant sich wieder von einer juridischen Metapher leiten. Sie lautet: »Gesetzmäßigkeit ohne Gesetz.«[8] Das heißt: Die Einbildungskraft folgt in ihrer ästhetischen Freiheit, ohne von außen genötigt zu sein – also: *von selbst* –, den Formvorgaben des Gesetzes. Das ist die zentrale These der Erläuterung ästhetischer Freiheit als Autonomie. Auf diese Illusion einer autonomen Gesetzmäßigkeit ohne Gesetz macht Kleists *Der zerbrochne Krug* die Gegenprobe: Wenn der Richter seine Macht über die Zeugen verliert, reden diese gesetz- und formlos durcheinander. Die ästhetische Freisetzung des Zeugen führt nach Kleists Einsicht nicht zu einer zwanglosen »Harmonie« des Subjekts mit der Gesetzesform, sondern zu der Zerstreuung, zur Auflösung des Gesetzes und damit des Subjekts, die Kant als Konsequenz des Empirismus bekämpft hatte. Denn der ästhetische Prozeß der Erfahrung – wenn man ihn noch so nennen kann (denn hier wird nichts erfahren) –, der in seiner Rezeptivität nicht durch das Gesetz geleitet ist, kann auch nicht mehr als die selbstbestimmte Aktivität des Subjekts, als Hervorbringung »nach [seinem] Entwurf« verstanden werden: ohne Gesetz keine Selbstbestimmung, keine Subjektivität, keine (selbst-)bewußte Aktivität. Im freien Spiel seiner Einbildungskraft ist nicht das Subjekt selber – weil eben nicht gesetzlich, nicht selbstbewußt – tätig. Die ästhetische Freiheit der Einbildungskraft ist vielmehr genau der Zustand, den Platon als Enthusiasmus oder Begeisterung und danach Nietzsche als Rausch beschrieben haben. Als freies Spiel der Einbildungskraft ist die ästhetische Erfahrung unbewußt. Das freie Spiel der Einbildungskraft ist die eigene Tätigkeit in einem Subjekt, die jedoch nicht *durch* das Subjekt, durch das Gesetz, das es sich gibt und das es befolgt, geleitet ist; eigene, aber nicht selbstbestimmte, selbstbewußte Tätigkeit; Verwirklichung nicht eines Vermögens, sondern die Entfaltung einer Kraft.

Das erklärt, weshalb die Kunst ein Experiment ist und wie sie das in einem dem Experiment in den Wissenschaften entgegengesetzten Sinn ist. So wie die Wissenschaft die Technik der empiri-

8 Ebd., B 69. – Zu der im folgenden erwähnten Kritik dieser Autonomieformel siehe ausführlicher in diesem Band, II.2: »*Ästhetische Freiheit*: Geschmack wider Willen«.

schen Erfahrung ist, so ist die Kunst die Technik der ästhetischen Erfahrung. Die Kunst ist eine Technik, weil auch die Kunst – oder weil die Kunst *auch* – eine Hervorbringung durch selbstbewußte, planvolle Tätigkeit ist: eine Tätigkeit, die aufgrund von Wissen ausgeführt wird. Das Ziel der Kunst als selbstbewußter Tätigkeit oder Technik ist die Hervorbringung von Werken – von Formen der Darstellung als Darstellung von Formen: der Formen des Lebens. Das ist die *poetische* Definition der Kunst als Technik.[9] Davon unterscheidet sich das ästhetische Verständnis der Kunst radikal. Denn ästhetisch verstanden geht die Tätigkeit der Kunst durch die Freiheit der Einbildungskraft hindurch: Sie ist ein Hervorbringen von Formen *aus* der und *durch* die Freiheit der Einbildungskraft. Diese Freiheit ist formlos. Die Freiheit der Einbildungskraft ist das in sich unendliche Spiel der Formbildung, der Formauflösung, der Formumbildung, der Formneubildung, das deshalb kein Werk hervorbringt – weil es nichts hervorbringt, das es nicht in eben demselben Zug wieder auflöst und verwandelt. Die ästhetische Technik der Kunst besteht daher darin, Formen aus Formlosigkeit hervorzubringen. Das ist das Experiment, das die Tätigkeit der Kunst, will sie gelingen, stets wieder neu durchführen muß: Sie muß sich im Prozeß der Formierung dem aussetzen, was ihr Telos, die Form, aussetzt und in Frage stellt. Wenn und solange die Kunst die Technik des Ästhetischen ist, ist das künstlerische Experiment immer ein Experiment mit dem Bruch der Form – nicht aber durch eine andere, neue Form, sondern durch keine Form, durch die Formlosigkeit oder Unform als den Grund der Form.

9 Die poetische Definition der Kunst drückt sich in solchen Sätzen aus: »Der wichtigste Teil ist die Zusammenfügung der Geschehnisse. Denn die Tragödie ist nicht Nachahmung von Menschen, sondern von Handlung und von Lebenswirklichkeit [oder der Lebensform].« – »Nachdem wir diese Dinge bestimmt haben, wollen wir nunmehr darlegen, welche Beschaffenheit die Zusammenfügung der Geschehnisse haben muß, da diese ja der erste und wichtigste Teil der Tragödie ist. Wir haben festgestellt, daß die Tragödie die Nachahmung einer in sich geschlossenen und ganzen Handlung ist, die eine bestimmte Größe hat; es gibt ja auch etwas Ganzes ohne nennenswerte Größe. Ein Ganzes ist, was Anfang, Mitte und Ende hat. […] Demzufolge dürfen Handlungen, wenn sie gut zusammengefügt sein sollen, nicht an beliebiger Stelle einsetzen noch an beliebiger Stelle enden, sondern sie müssen sich an die genannten Grundsätze halten.« (Aristoteles, *Poetik*, übers. v. Manfred Fuhrmann, Stuttgart: Reclam 1982, Kap. 6, 1450a, und Kap. 7, 1450b.)

Nach Kant soll das wissenschaftliche Experiment sicherstellen, zugleich (konstativ) erweisen und (performativ) gewährleisten, daß auch in der empirischen, gegenstandserkennenden Erfahrung, die wesentlich rezeptiv ist, »die Vernunft nur das einsieht, was sie selbst nach ihrem Entwurfe hervorbringt« – daß die Vernunft in der empirischen Erfahrung nach eigenem Gesetz hervorbringend ist und bleibt. Die Kunst dagegen erweist sich als das Experiment mit dem Zusammenbruch dieser Gewißheit, die das wissenschaftliche Experiment gerade verschaffen soll. Die Kunst ist ebendeshalb, in jedem Moment neu und wieder, ein Experiment, weil sie diese Gewißheit niemals, auch oder insbesondere nicht in ihrem Gelingen, erlangt. Das Kunstwerk ist ein Experiment, weil es keine Hervorbringung nach eigenem Entwurf ist. Das ist der radikal neue Sinn, den die ästhetisch verstandene Kunst, die Kunst als Technik der ästhetischen Erfahrung, dem Begriff des Experiments gibt. Das Experiment ist ein Hervorbringen, das sich dem Selbstverlust in der Ungesetzlichkeit der Einbildungskraft aussetzt: das Experiment der Formgebung aus der Freiheit der Formlosigkeit; das Experiment einer Handlung aus dem Verlust der Handlungsfähigkeit.

2. Zum Beispiel Schauspielen

Weil die Kunst in jedem ihrer Werke ein Experiment der Freiheit ist, sind es auch die Tätigkeiten, in denen sich, hervorbringend oder aufnehmend, das Werk realisiert. So hat Nietzsche den »Prozess des Schauspielers« beschrieben.[10] Er ist ein zweistufiger, ein dionysisch-apollinischer Doppelprozeß. Der erste Schritt im Schauspielen besteht in einer »Verwandlung« oder »Verzauberung«, in der die »Verwandelten [...] ihre bürgerliche Vergangenheit, ihre soziale Stellung völlig vergessen«. Das unterscheidet den Theaterschauspieler vom epischen Rhapsoden:

10 Friedrich Nietzsche, *Die Geburt der Tragödie*, in: Nietzsche, *Kritische Studienausgabe*, hg. v. Giorgio Colli/Mazzino Montinari, München/Berlin/New York: de Gruyter/dtv ²1988, Bd. 1, S. 60. – Nietzsches Verständnis des Schauspielens praktiziert das gegenwärtige Theater; vgl. Carl Hegemann, *Plädoyer für die unglückliche Liebe. Texte über Paradoxien des Theaters 1980-2005*, hg. v. Sandra Umathum, Berlin: Theater der Zeit 2005, v. a. S. 129 ff., 248 ff.; Hans-Thies Lehmann, *Postdramatisches Theater*, Frankfurt/M.: Verlag der Autoren 1999, S. 261 ff.

Dieser Prozess [...] ist das *dramatische* Urphänomen: sich selbst vor sich verwandelt zu sehen und jetzt zu handeln, als ob man wirklich in einen andern Leib, in einen andern Charakter eingegangen wäre. Dieser Prozess steht an dem Anfang der Entwickelung des Dramas. Hier ist etwas anderes als der Rhapsode, der mit seinen Bildern nicht verschmilzt, sondern sie, dem Maler ähnlich, mit betrachtendem Auge außer sich sieht; hier ist bereits ein Aufgeben des Individuums durch Einkehr in eine fremde Natur.[11]

»Aufgeben des Individuums durch Einkehr in eine fremde Natur« heißt *nicht*: psychologische Einfühlung in ein anderes Individuum. Die Einkehr des Schauspielers in eine fremde Natur – »in einen andern Leib, in einen andern Charakter« – ist nur ästhetisch möglich: indem der Schauspieler in seine eigene ästhetische Natur zurückkehrt; der Eindruck des anderen verlangt das Vergessen des Selbst, ein »Aufgeben des Individuums«. Die Verwandlung des Schauspielers in den anderen geht aus seiner Selbstverwandlung hervor: Die Schauspieler waren Teil des Satyrchors; »die zeitlosen, ausserhalb aller Gesellschaftssphären lebenden Diener ihres Gottes«.[12] Der erste und grundlegende Schritt im »Prozess des Schauspielers«, wie in jedem wahrhaft künstlerischen Prozeß, ist »Selbstentäusserung«.[13]

Dem *muß* aber, damit es zu Kunst, also zur Darstellung (von etwas) kommt, ein zweiter Schritt folgen: die »Erlösung« aus diesem Zustand – die Herauslösung, das Festhalten und Fixieren eines einzelnen Elements aus der rauschhaften »Gesammtentfesselung aller symbolischen Kräfte«.

Die Verzauberung ist die Voraussetzung aller dramatischen Kunst. In dieser Verzauberung sieht sich der dionysische Schwärmer als Satyr *und als Satyr wiederum schaut er den Gott*, d. h. er sieht in seiner Verwandlung eine neue Vision ausser sich, als apollinische Vollendung seines Zustandes. Mit dieser neuen Vision ist das Drama vollständig.[14]

Im zweiten Schritt hat der Schauspieler in seiner »Verzauberung« eine »Vision«; er bringt ein Bild hervor – etwas, das sich anschauen läßt, weil es außerhalb und unabhängig von seiner rauschhaften Verzauberung besteht. Wenn sich die rauschhafte »Gesammtentfesselung aller symbolischen Kräfte«, die der Schauspieler im er-

11 Nietzsche, *Die Geburt der Tragödie*, S. 61.

12 Ebd.

13 Ebd., S. 44.

14 Ebd., S. 61.

sten Schritt erfährt, als Spiel der Einbildungskraft verstehen läßt, in dem ein Bild im Moment seiner Bildung sich schon wieder in ein anderes, neues Bild um- und fortbildet, in dem also Werden und Vergehen in eins fallen – dann gehört es zur *Kunst* des Schauspielers, ein Bild aus diesem Rausch herauszulösen und es als Bild festzuhalten: sich selbst zu einem Bild zu machen, das vor anderen steht und für sie sichtbar ist.

Ebendarin besteht das Experiment des Schauspielers oder darin *ist* die Kunst des Schauspielers ein Experiment: Der Schauspieler macht sich, seinen Körper, sein Sprechen, seine Bewegungen zu einem Bild – von etwas, für andere. Aber das kann der Schauspieler nur auf der Grundlage einer Selbstentäußerung, einer Selbstpreisgabe an ein ihm weder bewußtes noch kontrollierbares Spiel der Kräfte. Das Bild entstammt dem Spiel der Einbildungskraft. Die Kunst des Schauspielers ist daher eine doppelte, ja widersprüchliche: die Selbstpreisgabe an das Spiel der Kräfte *und* das Sichherausreißen aus diesem Spiel. Die Kunst des Schauspielers ist ein Experiment, weil sie darin besteht, diesen Widerspruch auszuhalten. Es definiert die Kunst als Experiment, daß von *ihrem* Produkt, dem Bild oder der Form, nicht wie nach Kant von dem des wissenschaftlichen Experiments gesagt werden kann, daß »sie [es] selbst nach ihrem Entwurfe hervorbringt«. Die Kunst muß ein Experiment sein, weil ihre Hervorbringung nicht nach einem Entwurf, sondern aus der ästhetischen Selbstentäußerung und Selbstpreisgabe geschieht.

Exkurs: Experiment und Eindruck. – In seinem Essay über Marcel Proust zitiert Samuel Beckett eine Bemerkung aus *Auf der Suche nach der verlorenen Zeit*, in der Proust den Künstler vom Naturwissenschaftler dadurch unterscheidet, daß sich jener an genau der Stelle, an dem dieser experimentiere, dem »Eindruck« hingebe: »Ein Eindruck ist für den Schriftsteller, was ein Experiment für den Naturwissenschaftler ist – mit dem Unterschied, daß beim Naturwissenschaftler die Handlung des Verstandes dem Ergebnis vorangeht, sie beim Schriftsteller aber folgt.«[15] Das Experiment – so Proust

15 Samuel Beckett, *Proust*, übers. v. Marlis und Paul Pörtner/Werner Morlang, Zürich/Hamburg: Arche 2001, S. 76.

im Anschluß an Kant – ist Erfahrung *unter Bedingung* der »Handlung des Verstandes«. Samuel Beckett kommentiert: »Auch das erfolgreichste evokatorische Experiment kann nur das Echo einer vergangenen Empfindung wiedergeben, weil es als Akt des Verstehens den Vorurteilen des Verstandes unterworfen ist.«[16] Damit steht das Experiment im Gegensatz zur »Erfahrung«, wie der Dichter, der Künstler, sie versteht – der Erfahrung, die im Bruch mit der Gewohnheit aus der »Empfindung« hervorgeht, von der der Verstand im wissenschaftlichen Experiment gerade »abstrahiert«:

[Das] Wesen jeder neuen Erfahrung ist genau in jenem mysteriösen Element enthalten, das der wachsame Wille als einen Anachronismus zurückweist. Es ist die Achse, um die die Empfindung kreist, das Gravitationszentrum ihrer Kohärenz. So daß überhaupt keine willentliche Manipulation einen Eindruck in seiner Vollständigkeit wiederherstellen kann, den der Wille sozusagen zur Inkohärenz verbogen hat. Aber wenn *durch Zufall* und unter günstigen Umständen (eine Entspannung der Denkgewohnheiten des Subjekts und eine Reduktion seines Erinnerungsradius, eine allgemein verminderte Spannung des Bewußtseins, die auf eine Phase äußerster Entmutigung folgt), wenn durch ein Wunder der Analogie der zentrale Eindruck einer vergangenen Empfindung als unmittelbarer Stimulus wiederkehrt, der vom Subjekt instinktiv mit dem Urbild der Verdoppelung (*dessen integrale Reinheit bewahrt worden ist, weil es vergessen wurde*) identifiziert werden kann, dann bricht die ganze vergangene Empfindung, nicht ihr Echo oder ihre Kopie, sondern die Empfindung selbst, indem sie jede räumliche und zeitliche Beschränkung aufhebt, plötzlich herein, um das Subjekt in der ganzen Schönheit ihrer unfehlbaren Proportion zu verschlingen.[17]

Während das Experiment des Wissenschaftlers eine »Handlung des Verstandes« (Proust) ist, verdankt sich die Erfahrung des Schriftstellers der Wiederholung einer Empfindung, die nur unwillentlich, in Selbstvergessenheit und Selbstentäußerung geschehen kann. Die dichterische Erfahrung entsteht aus begriffsloser Empfänglichkeit: »In gewissem Sinne ist Proust ein Positivist.«[18]

16 Ebd., S. 64.

17 Ebd., S. 65.

18 Ebd., S. 77. Zu diesem Begriff des Positivismus siehe Manfred Sommer, *Evidenz*

Aber muß die »ästhetische Erfahrung«[19] des Dichters, auch wenn sie nicht durch eine Handlung und die Regeln des Verstandes organisiert ist, nicht zugleich ein Tun sein – ein Tun des Dichters, durch das er möglich macht, was er gleichwohl nicht willentlich hervorbringen kann? Muß der Nullzustand der Begriffslosigkeit, in dem der Dichter allein den Eindruck empfangen kann, nicht von ihm mithergestellt werden? Und ist dies nicht die Anstrengung zur Aussetzung des Willens, ein Sichüben an der Befreiung von der Gewohnheit, die Prousts Roman vorführt? Dann bestünde eben darin das Experiment, das der Künstler machen muß. Auch der Künstler muß experimentieren, aber ganz anders als der Wissenschaftler, dessen Experiment die »Handlung des Verstandes [...] vorangeht«. Die Kunst ist ein Experiment, weil sie die ästhetische Erfahrung als die aktive Ermöglichung einer Nicht-Handlung – des Eintretens des Zufälligen und Unwillkürlichen: der Empfindung – begreift.

3. Das Experiment des Lebens

Das Experiment der Kunst macht das Leben zum Experiment: Wenn es keine Kunst, kein Hervorbringen und Aufnehmen von Kunstwerken ohne »Aufgeben des Individuums durch Einkehr in eine fremde Natur« gibt; wenn wir zugleich aber nur als »Individuen«, als sich erhaltende und regierende Subjekte unser Leben führen können – wie können wir dann angesichts der Erfahrung der Kunst und ihres Experiments der ästhetischen Freiheit leben? Gar nicht, lautet Becketts Antwort, denn der »Wille zum Leben« ist »Gewohnheit« und damit das platte Gegenteil zur »Erfahrung« der Kunst.[20] Die Alternative ist, daß nach der Erfahrung der Kunst und ihres Experiments das Leben selbst zum Experiment wird. Das Leben wird zum Experiment, weil es sich vor einem unlösbaren Problem sieht: dem »Problem«, »die *Kultur zu unserer Musik zu*

im Augenblick. Eine Phänomenologie der reinen Empfindung, Frankfurt/M.: Suhrkamp 1987.

19 Beckett, *Proust*, S. 20.

20 Ebd., S. 38.

finden«;[21] dem Problem, eine Kultur, eine Form des Lebens zu finden oder zu erfinden, die der Erfahrung der Kunst genügt, daß die Form aus der Selbstaufgabe an die Freiheit der Formlosigkeit hervorgeht. Das ist das Problem Tannhäusers.

Das Problem, das Tannhäuser zu lösen versucht, ist das Problem, wie er *als* Sänger leben, wie er singen *und* leben kann. Für Tannhäuser gilt, was Nietzsche über Wagner gesagt hat: »Nur um seiner Kunst eine Stätte in dieser Welt zu bereiten, sehen wir ihn beschäftigt und activ.«[22] Nach Nietzsche scheitert Tannhäuser (wie später auch Wagner) an der Lösung dieses Problems. Viel wichtiger aber ist, daß er sich an dieses Problem wagt – und was er dabei tut und was er erfährt, indem er es tut. Tannhäuser erfährt, daß er zweimal, und zwar: beide Male auf je entgegengesetzte Weise, ansetzen muß, um das Problem zu lösen, wie er als Sänger leben kann. Und daß keine der beiden Lebensweisen, die er dabei ausprobiert, zu einer Lösung führen kann und deshalb jede ihn wieder an die andere, entgegengesetzte verweist. – Doch beginnen wir am Anfang der Oper.

Sie beginnt mittendrin, mit einem plötzlichen Akt: mit dem jähen *Abbruch* eines Experiments. Der Versuch, den Tannhäuser unternommen hat und dessen Vorgeschichte und Vorbedingungen sich erst allmählich, aus Andeutungen, zu erschließen beginnen, ist der radikalste, der denkbar ist (und damit der einzige, den zu unternehmen sich lohnt): Es ist der Versuch eines ganz anderen Lebens – eines Lebens, das so anders ist, daß nicht einmal mehr klar ist, ob es noch das Leben eines Menschen oder schon das eines Gottes ist. Die Oper beginnt damit, daß Tannhäuser dieses Experiment gewaltsam abbricht, weil er erkennt, daß er nur ein Mensch ist, daß er so nicht sein und leben kann.

Das Experiment, das Tannhäuser abbricht, besteht in dem Versuch, ganz in der Liebe der Venus zu leben. Später, im Sängerkrieg auf der Wartburg, mit dem Wagner das Platonische Symposium wiederholt und seinen Ausgang zurückzunehmen versucht, wird klarwerden, was Liebe hier heißt: Liebe ist die Kraft des Verlangens, das durch kein Ziel und Maß begrenzt ist; eines Verlangens, das

21 Friedrich Nietzsche, Nachgelassene Fragmente, Sommer 1872 - Anfang 1873, 19[30], in: Nietzsche, *Kritische Studienausgabe*, Bd. 7, S. 426.

22 Friedrich Nietzsche, Nachgelassene Fragmente, Anfang 1874 - Frühjahr 1874, 32 [44], in: Nietzsche, *Kritische Studienausgabe*, Bd. 7, S. 767.

nicht auf etwas geht, das es befriedigt, sondern das unendlich ist – unbestimmt. Die Liebe der Venus ist Übermaß: das Übermaß einer Liebe, die sich in keinem Werk, keiner Form, keiner Idee erfüllt, sondern alles, das sie hervorbringt – und sie bringt *alles* hervor –, wieder übersteigt und in sich zurücknimmt.

Die Liebe der Venus, in der er zu leben versucht, hat Tannhäuser durch seinen Gesang *von* der Liebe der Venus gewonnen; Tannhäusers Gesang hatte die Liebe der Venus zuerst zum Gegenstand und dadurch auch zur Wirkung. Vor allem aber war diese Liebe bereits die »Quelle«, der Grund seines Gesangs: »Dein süßer Reiz«, singt Tannhäuser zu Venus und wiederholt er später im Sängerkrieg, »ist Quelle alles Schönen, und jedes holde Wunder stammt von dir.«[23] Wann immer Tannhäuser singt, gleichgültig wovon, singt er *aus* Liebe – aus ihrer maßlosen Begeisterung und Kraft.

Das Leben im Venusberg hat Tannhäuser sich ersungen: Es ist die Lebensweise, die unmittelbar aus seinem Gesang folgt, denn es ist der – ästhetisch-erotische – Zustand, in dem er in seinem Gesang immer schon war. Zugleich aber ist dieser Zustand als Lebensweise »zu viel«. »Zu viel! Zu viel!« sind die ersten Worte, die Tannhäuser im Venusberg singt. Der Reiz der Venus ist »übergroß«, der »Genuß« ihrer Liebe unerträglich. In ihrem Reich zu bleiben hieße, »nur Sklave werden«, aus ihrem Reich zu fliehen, die »Freiheit« wiederzugewinnen. »Freiheit« versteht Tannhäuser hier als die Möglichkeit zu handeln, und »Handlung« versteht er als Streit und Kampf.[24] Handeln kann es nur geben, wo statt des Übermaßes des einen der »Wechsel« zwischen dem einen und dem anderen, von Lust und Schmerzen, Genuß und Erfahrung herrscht. Denn Wechsel bedeutet Unterschied, Abfolge und Maß. Im Wechsel sind die Extreme nicht mehr »übergroß«, sondern mittelgroß (oder -klein), nicht mehr unmäßig, sondern maßvoll – Elemente einer Welt, in der der Himmel klar und blau, die Auen frisch und grün, der Vogelgesang lieblich und der Glockenklang vertraut sind. Die menschliche Welt, in die Tannhäuser aus der übermäßigen der Liebe zurückfliehen will, ist die Welt einer überschaubaren Ordnung und gesunden, begrenzten Sinnlichkeit.

Die von Tannhäuser besungene wahrhaft menschliche Welt ist

23 Richard Wagner, *Tannhäuser und der Sängerkrieg auf der Wartburg*, hg. v. Kurt Pahlen/Rosmarie König, Mainz: Schott 2008, I.2 (S. 37) und II.4 (S. 87).

24 Ebd., I.2 (S. 37-39).

eine Gegenwelt, in der nur eines fehlt: derjenige, der von ihr singt, und damit das Singen, das sich diese Welt erträumt. Denn die ersten Worte Tannhäusers in der Oper – sein »Zu viel! Zu viel!« – beschreiben nicht nur, was er erfährt, sondern *wie* er singt: hastig, atemlos, am Rande der Überforderung. »Zu viel« ist für Tannhäuser sein eigenes Singen. Weil er nur aus Liebe singen kann; weil der »süße Reiz« der Venus die »Quelle« seines Singens ist, trägt Tannhäuser Venus, die er verlassen will – trägt der Sänger also das Übermaß *in sich*. Deshalb trägt ihn sein Gesang sogleich wieder aus der menschlich schönen Welt, in die er sich aus der der Venus geflüchtet hatte, um frei zu sein, heraus: Er *singt* sich aus ihr heraus. Er muß nur zu singen beginnen, um sie zu verlieren – um aus ihr herausgeschleudert zu werden. Tannhäusers Gesang im Sängerkrieg ist, wörtlich, eine Provokation: eine Hervorrufung seines Ausschlusses durch die anderen, die – nach Tannhäusers verächtlichem Urteil – Sänger nur in einem minderen, ja ganz anderen Sinn genannt werden können. Viel zutreffender als ihre Selbsteinschätzung als Sänger ist ihr Urteil über Tannhäuser: daß er ein Frevler oder Sünder ist.[25] Tannhäuser ist als Sänger Sünder, weil er die Grundlage der menschlichen Welt in Frage stellt. Er bestreitet ihre Grundunterscheidung in gut und böse. Denn im Gegensatz zu seinen Kontrahenten im Sängerkrieg ist die Liebe, die *er* preist, nicht die Liebe *zum* Guten. Tannhäusers Sünde ist die Sündlosigkeit; die Sünde, die Unschuld eines Liebens zu behaupten, das sich um den Gegensatz von gut und böse nicht schert.

Tannhäusers erstes Experiment besteht darin, in den Venusberg zu ziehen – den Versuch zu unternehmen, sich ganz der übermäßigen Kraft der Liebe hinzugeben. Dieser Versuch scheitert, sobald sich Tannhäuser in diesem »anderen Zustand« an den vorhergehenden seiner menschlichen Existenz im Traum erinnert: Gelingen könnte das Experiment der übermenschlichen Liebe des Venusbergs nur unter der – tierischen – Bedingung vollständigen, traumlosen Vergessens. Tannhäusers zweites Experiment besteht darin, aus diesem anderen Zustand in die menschliche Welt maßvoller Ordnung und normativer Unterscheidungen *zurückzukehren*. Das Experiment der Rückkehr scheitert, weil Tannhäuser Sänger bleibt und weiß, daß sein Gesang die übermäßige Begeisterung der Liebe

25 Ebd., II.4 (S. 89, 93).

zur Voraussetzung hat: Ohne dieses Übermaß keine Kunst. Deshalb ist Tannhäuser der menschlichen Welt unerträglich – so wie diese ihm. Es ist nichts anderes als sein Gesang, der Tannhäuser von der einen in die andere Welt und wieder aus dieser herausführt. Denn Tannhäusers Gesang hat seine »Quelle« in der Liebe der Venus; wenn er singt, *ist* er schon bei ihr. Aber wenn er singt, träumt er sich bereits wieder aus ihr heraus. Sein Singen geht über die Quelle, aus der es stammt, hinaus – es ist Form und Maß und damit das Gegenteil der Liebe.[26] In seinem Singen versucht Tannhäuser, von der einen in die andere Welt zu gelangen, nur um von dieser wieder in die erste zurückkehren zu wollen.

4. Selbstexperiment

Aber was rechtfertigt es, ja, was macht es sinnvoll und nötig, hier von Experimenten oder Versuchen zu sprechen? Ist das nicht gerade, was Tannhäuser, den Wagner durch eine »Reihe von ekstatischen Zuständen«[27] treibt, denen er hilflos ausgeliefert ist, *nicht* ist – die »Ausgeburt eines Jünglings« (Nietzsche), aber gerade deshalb kein Versuchender oder Experimentierender? Der einzige Grund dafür, von Tannhäusers Experimenten oder Versuchen zu sprechen, besteht nach der bisherigen Erläuterung darin, daß beide Lebensweisen, im Venusberg und in der Wartburg, sich für Tannhäuser als

26 Das gilt für den Venusberg überhaupt – soweit er eine künstlerische Praxis ist. In der Bühnenanweisung der Pariser Fassung heißt es: »Durch Gebärden begeisterter Trunkenheit reißen die Bacchantinnen die Liebenden zu wachsender Ausgelassenheit hin. Die Berauschten stürzen sich in brünstige Liebesumarmungen. Satyre und Faune sind aus den Klüften erschienen, und drängen sich zur höchsten Wut. Hier, beim Ausbruche der höchsten Raserei, erheben sich entsetzt die drei Grazien. Sie suchen den Wütenden Einhalt zu tun und sie zu entfernen. Machtlos fürchten sie selbst mit fortgerissen zu werden: sie wenden sich zu den schlafenden Amoretten, rütteln sie auf, und jagen sie in die Höhe. Diese flattern wie eine Schar Vögel aufwärts auseinander, nehmen in der Höhe, wie in Schlachtordnung, den ganzen Raum der Höhle ein, und schießen von da herab einen unaufhörlichen Hagel von Pfeilen auf das Getümmel in der Tiefe. Die Verwundeten, von mächtigem Liebessehnen ergriffen, lassen vom rasenden Tanze ab und sinken in Ermattung.« (Wagner, *Tannhäuser*, I.1, S. 23-25.) Die Doppelung in Raserei und Anmut ist dem Venusberg als Kunstwelt immanent.

27 Nietzsche, Nachgelassene Fragmente, Anfang 1874 - Frühjahr 1874, 32 [15], S. 759.

unrealisierbar erweisen – und daß *wir* dies beobachten. Wir sagen, daß Tannhäuser lediglich *versucht*, erst im Venusberg, dann in der Wartburg zu leben, weil wir bereits wissen, daß es ihm nicht gelingt. So wie wir von jemandem, der an der Ausführung einer Handlung gescheitert ist, sagen, daß er die Handlung bloß auszuführen versucht habe: versucht, also nicht gelungen. Es ist das Scheitern, das die Handlung rückwirkend zu einem – bloßen – Versuch macht. Aber sie ist genau deshalb ein Versuch auch nur für den Beobachter (oder den Handelnden, der sich rückblickend beobachtet). Der Handelnde selbst hingegen unternahm (und erst recht: begann) die Handlung nicht *als* einen Versuch. Die Handlung wird erst durch ihr Scheitern zu einem Versuch geworden sein. Es ist also gar nicht Tannhäuser, der damit experimentiert, wie er als Künstler leben kann, sondern es ist Wagners Oper, die *mit* Tannhäuser ein Experiment macht. Daran zeigt sich, woran die Rede von einem Experiment oder einem Versuch für gewöhnlich gebunden ist: Sie setzt die Differenz von Innen und Außen, zwischen dem Vollzug und der Beobachtung einer Handlung voraus. Der Handelnde handelt einfach. Ein Experiment, ein Versuch ist das nur für jemanden, der ihn beobachtet (selbst wenn er es selbst ist, der sich nachträglich beobachtet). Tannhäuser macht nicht den Versuch, im Venusberg zu leben. Er *lebt* erst in dem Venusberg, und dann verläßt er ihn. Und ebenso in der Wartburg. Es ist die Oper, Wagner, und wir mit ihm, die das als einen Versuch oder ein Experiment sehen. Das Experiment ist eine Kategorie, ja ein *Privileg* des Beobachters.

Oder gibt es einen radikaleren, einen performativen Begriff des Experiments – den Begriff eines Experiments, in dem Handeln und Beobachten, Handelnder und Beobachter zusammenfallen, den Begriff also eines *Selbst*experiments? Kann der Handelnde selbst sein Handeln als ein Experiment sehen, es experimentell vollziehen? Dann müßte für ihn gelten, was für den Beobachter eine Handlung zu einem Experiment macht: daß deren Gelingen eine offene Frage ist. Das ist es für den Handelnden gewöhnlich nicht und kann es gar nicht sein. Wir sprechen dort von einer Handlung, wo ein Können vorliegt, das Gelingen also nicht offen, sondern grundsätzlich gewährleistet ist (solange nichts dazwischen kommt). *Im* Handeln, *für* den Handelnden ist das Gelingen – aus begrifflichen, nicht aus empirischen Gründen – das Normale. Das Handeln kann also für den Handelnden nur dort zu einem Experiment werden, wo die Normalität des Gelingens zerbrochen ist. Weil die Normalität des Gelingens aber das Handeln definiert, steht im experimentierenden Handeln nicht nur dieses oder jenes Ziel auf dem Spiel, sondern das Handeln selbst. Die Frage, die der experimentell Handelnde sich stellt, die er sich zu stellen bereit sein muß, lautet nicht nur: Kann ich so erfolgreich handeln? Werden mich diese Schritte zum Ziel führen? Sondern: Kann ich – überhaupt – handeln? Bin ich – noch – ein Handelnder? Handeln im Modus des Experiments ist ein Experiment mit der Möglichkeit des Handelns.

Experimentell zu handeln, ein Experiment mit sich selbst zu machen bedeutet, zu handeln, ohne zu wissen, ob man handeln kann – Handeln im Dunkeln des Nichtwissens. Dieses Nichtwissen um das eigene Handelnkönnen und damit dessen Gelingen ist zugleich ein Wissen des Wissens, ein höheres Wissen: das Wissen oder genauer die *Erfahrung*, daß das Handeln, das dadurch zum Experiment wird, einer Gegenkraft ausgesetzt ist, die es unterminiert und in Frage stellt.[28] Handeln als Experiment ist Handeln im Bewußtsein des Gegenteils. Das Experiment, also das radikale Experiment mit sich selbst, ist nur dort möglich wie nötig, es *kann* das Experiment nur geben und es *bedarf* nur des Experiments, wo sich das Handelnkönnen einer Gegenkraft ausgesetzt sieht, die seine Ausübung, damit das Gelingen des Handelns, in Frage stellt – die sie zu einer offenen Frage macht, die nur durch den Vollzug, also faktisch, beantwortet werden kann.

Damit können wir sagen, wodurch Tannhäusers Doppelleben, im Venusberg und auf der Wartburg, zu einem Experiment im vollen Sinn des Wortes würde – zu einem Experiment mit einem Leben nach oder mit der Kunst, das nicht die Oper und damit wir mit ihm, sondern Tannhäuser selbst mit sich in seinem Leben unternimmt: Tannhäuser müßte ebenso den Einzug in den Venusberg wie die Rückkehr in die Wartburg *im Moment ihres Vollzugs* im

28 Damit dreht sich das Verhältnis von Versuch und Erfahrung gegenüber der Kantischen Bestimmung um: Nicht wir machen im Versuch eine Erfahrung, sondern die Erfahrung – weil die Erfahrung in ihrem Wesen negativ, die Erfahrung einer Gegenkraft ist – macht alles, was wir tun und wissen, zu einem Versuch. So versteht Montaigne den Zusammenhang, der zwischen seiner »Erfahrung« und den »*Versuche[n]* meines Lebens« besteht (Michel de Montaigne, »Über die Erfahrung«, in: Montaigne, *Essais*, übers. v. Hans Stilett, Frankfurt/M.: Eichborn 1998, S. 544): Seine Erfahrung ist die Erfahrung des Nichtwissenkönnens, und diese Erfahrung macht das Leben zum Versuch.

Bewußtsein des Gegenteils, der Gegenkraft und des Gegenrechts des je anderen – der Wartburg gegenüber dem Venusberg, des Venusbergs gegenüber der Wartburg – vollziehen. Sofern wir Tannhäuser ein solches Bewußtsein zusprechen könnten, wäre er mehr, als was Nietzsche in ihm sah: naiv und maßlos und darin, daß ihm »[a]lles rein persönliche *Noth*« wird, gelegentlich auch komisch.[29] Die Diagnose, die Nietzsche Tannhäuser stellt, besagt, daß ihm eine entscheidende Voraussetzung (oder Tugend) fehlt, und diese würde ihn erst dazu befähigen, sein Leben als ein Experiment zu sehen und zu führen. Worin besteht diese Tugend, deren Praxis das Selbstexperiment ist und die Tannhäuser nach Nietzsches Deutung fehlt?

Wir haben gesehen, daß es Tannhäuser selbst ist, der seine beiden Lebensweisen zum Scheitern bringt – er flieht aus dem Venusberg, und er provoziert seine Vertreibung aus der Wartburg. Und in beiden Fällen ist das kein Ausdruck von Mutwillen, sondern von Wahrhaftigkeit. Es ist ein Ausdruck von künstlerischer oder *ästhetischer* Wahrhaftigkeit; denn Tannhäuser gewinnt die Einsicht, daß er hier – im Venusberg oder in der Wartburg – nicht länger leben kann, aus der Erfahrung seines Singens: Daß er hier nicht länger leben kann, folgt für ihn daraus, daß er hier nicht *singen* kann. Das Maß, nach dem er die beiden Lebensweisen des Venusbergs und der Wartburg beurteilt, ist (mit Nietzsches Wort), ob sie einen »Platz« für sein Singen haben. Denn Tannhäuser erfährt in seinem Singen etwas über sich, das für sein Leben bedeutsam ist: Weil er nur aus maßloser Liebe singen kann, will er in dieser Liebe leben; weil er in seinem Singen eine Form hervorbringt, will er in einer menschlich geordneten Welt leben. Tannhäuser bricht mit den beiden Welten, in denen er lebt, indem er eine Wahrheit über sie ausspricht, die er in der ästhetischen Erfahrung seines Gesangs gewonnen hat: die

29 »Wo, in pöbelhafter Art, Eine Begierde die Oberherrschaft führt (oder überhaupt die Begierden), da giebt es keinen höheren Menschen. Es versteht sich, daß ein Solcher (wie z. B. Augustin oder Luther) auch gar nicht die *höheren Probleme* kennt, die alle eine viel kühlere Höhe voraussetzen. Das ist Alles rein persönliche *Noth* bei Augustin und Luther. Es ist die Frage eines Kranken nach einer Kur. Die Religionen mögen wesentlich solche Thierbändigungs-Anstalten oder Irren-Anstalten [sein] für solche, die sich nicht selber beherrschen können. – Es ist komisch, diese Noth um den Geschlechtstrieb z. B. auch in Wagner's Parcival und Tannhäuser.« (Friedrich Nietzsche, Nachgelassene Fragmente, Sommer - Herbst 1884, 26 [351], in: Nietzsche, *Kritische Studienausgabe*, Bd. 11, S. 242.)

Wahrheit über das Übermaß der Liebe, daß sie unlebbar ist und er nur ihr »Sklave« werden kann – weil er hier nicht handeln kann; die Wahrheit über die Ordnung der Gesellschaft, daß sie ebenso unlebbar ist und er in ihr nur ein »Knecht« ist – weil er in ihr nicht lieben kann. Die ästhetische Wahrheit über beide, den Venusberg wie die Wartburg, ist Knechtschaft. In dieser Wahrheit gründet sein Bruch mit beiden Welten.

Aber sein Singen läßt ihn nicht nur erfahren, was beiden Welten fehlt, sein Singen ist zugleich die Tat seiner Befreiung. In seinem Singen gelingt Tannhäuser die Befreiung – sein Singen ist eine gelingende Tat. Ja, sie ist die *einzige* Tat, die ihm, aber stets nur momenthaft, gelingt. Tannhäusers künstlerische Tat des Singens gelingt ihm, weil er sie als Experiment vollzieht: als Tun im Bewußtsein der Gegenkraft. In seinem Singen macht *er selbst* den Versuch (also: nicht Wagner und die Oper und wir mit ihm), aus der »Quelle« maßloser Liebe und Begeisterung eine neue Form zu schöpfen oder, umgekehrt, die »Ordnung« des menschlichen Sprechens aus der Erfahrung der Begeisterung neu hervorzubringen.

Auch für Tannhäusers Singen trifft daher zu, was Nietzsche, in der kurzen Phase seiner Bewunderung für ihn, als Wagners herausragende Leistung beschrieben hat. Nietzsche sieht sie darin, wie es Wagner gelungen ist, »das Drama seines Lebens« zu führen:

> Seine Natur erscheint in furchtbarer Weise vereinfacht, in zwei Triebe oder Sphären auseinandergerissen. Zuunterst wühlt ein heftiger Wille in jäher Strömung, der gleichsam auf allen Wegen, Höhlen und Schluchten ans Licht will und nach Macht verlangt. Nur eine ganz reine und freie Kraft konnte diesem Willen einen Weg ins Gute und Hilfreiche weisen; mit einem engen Geiste verbunden, hätte ein solcher Wille bei seinem schrankenlosen tyrannischen Begehren zum Verhängnis werden können; und jedenfalls mußte bald ein Weg ins Freie sich finden und helle Luft und Sonnenschein hinzukommen.[30]

30 Friedrich Nietzsche, *Richard Wagner in Bayreuth*, in: Nietzsche, *Kritische Studienausgabe*, Bd. 1, S. 437. – Baudelaire beschreibt dieselbe Doppelung am *Tannhäuser*; vgl. »Richard Wagner und der ›Tannhäuser‹ in Paris«, übers. v. Friedhelm Kemp, in: Baudelaire, *Sämtliche Werke*, hg. v. Friedhelm Kemp/Claude Pichois, München/Wien: Hanser 1989, Bd. 7, S. 108 ff. Siehe auch Carl Hegemann, »›Ein furchtbares Verbrechen ward begangen‹. Notizen zum Bayreuther Tannhäuser 2011«, in: *Tannhäuser und der Sängerkrieg auf der Wartburg. Programmheft der Bayreuther Festspiele, 2011*, S. 9-11.

Wagners Größe, so Nietzsche, liegt darin, *wie* er diesen Weg gefunden hat: nicht durch Selbstverneinung, sondern durch Selbstbejahung – so nämlich, »daß die eine Sphäre seines Wesens der anderen treu blieb, aus freier selbstlosester Liebe Treue wahrte, die schöpferische schuldlose lichtere Sphäre der dunklen unbändigen und tyrannischen«.[31] Die Treue zu sich selbst, von der Nietzsche hier spricht, ist nicht die zur eigenen Identität, keine Bestätigung des eigenen Soseins, der eigenen Natur oder Bestimmung, sondern Treue zur Gegenkraft in sich. Diese Selbsttreue ist die Bedingung des Selbstexperiments: Nur derjenige kann und nur derjenige braucht mit sich selbst zu experimentieren, der der Kraft treu ist, die in seinem Handeln gegen sein Können wirkt und damit dessen Gelingen zu einer radikal offenen Frage macht.

Tannhäuser übt diese Treue zur Gegenkraft in sich in seinem Singen aus; nur deshalb – und vor allem nur so – *kann* er singen: im Bewußtsein, es nicht zu können, daher im Nichtwissen des Gelingens, im Versuch. In seinem Leben kann er es nicht.[32] Er findet keinen Platz für sein Singen, er weiß keine Lebensweise, die seinem Singen entspricht. Der Treue zu sich in den Versuchen der Kunst

31 Nietzsche, *Richard Wagner in Bayreuth*, S. 439.

32 Susan Sontag beschreibt die Spaltung von Kunst und Leben in einer Tagebucheintragung so:

»As a writer, I tolerate error, poor performance, failure. So what if I fail some of the time, if a story or an essay is no good? Sometimes things *do* go well, the work *is* good. And that's enough.

It's just this attitude I don't have about sex. I don't tolerate error, failure – therefore I'm anxious from the start, and therefore I'm more likely to fail. Because I don't have the confidence that some of the time (without my forcing anything) it will be good.

*

If only I could feel about sex as I do about writing! That I'm the vehicle, the medium, the instrument of some force beyond myself.

I experience the writing as given to me – sometimes, almost, as dictated. I let it come, try not to interfere with it. I respect it, because it's me and yet more than me. It's personal and transpersonal, both.

I would like to feel that way about sex, too. As if ›nature‹ or ›life‹ used me. And I trust that, and let myself be used.

An attitude of surrender to oneself, to life. Prayer. Let it be, whatever it will be. I give myself to it.

Prayer: peace and voluptuousness.«

(Susan Sontag, *As Consciousness is Harnessed to Flesh. Journals & Notebooks 1964-1980*, hg. v. David Rieff, New York: Farrar, Straus and Giroux 2012, S. 37 f.)

entspricht keine Treue zu sich im Leben. Statt dessen spricht Tannhäuser von Anfang an von »Buß' und Sühne«, durch die er Ruhe und Frieden finden will. Die ästhetische Idee wird durch religiöse Hoffnung verdrängt: »Vom Bann werd' ich durch Buß' erlöst.« – »Mein Heil ruht in Maria.«[33]

Anhang: Experiment und Institution

»Nur um seiner Kunst eine Stätte in dieser Welt zu bereiten, sehen wir ihn beschäftigt und activ« – so Nietzsche über Wagner, und das gilt auch für Tannhäuser. Nun besteht aber ein entscheidender Unterschied darin, *wie* dies für Wagner und Tannhäuser gilt. Sie stehen für ganz andere, einander entgegengesetzte Weisen, der »Kunst eine Stätte in dieser Welt zu bereiten«. Wagner hat dies versucht, indem er eine *Institution* gegründet hat: Der Kunst eine Stätte in dieser Welt zu bereiten heißt, sie zu institutionalisieren, eine Einrichtung zu schaffen, die zu keinem anderen Zweck da ist, als die Kunst öffentlich zu präsentieren und dem ästhetischen Umgang mit ihr einen allein für ihn reservierten Ort zu geben. Die Stätte der Kunst in der Welt muß, so Wagners Überzeugung, ein Apparat sein, dessen auf Dauer gestellte Aufgabe sich in der Kontinuität eines Ortes, an dem er sich befindet, der Kontinuität der Verfassung, die ihn strukturiert, wie auch in einer gewissen Kontinuität des Personals, das in ihm tätig ist, definiert. Die Institution, die Wagners Kunst eine Stätte in dieser Welt bereiten sollte und dies bis heute auch höchst effektiv leistet, sind die Bayreuther Festspiele »auf dem Hügel«. Für diese Strategie, der Kunst eine Stätte in der Welt zu bereiten, waren die Institutionen im Bereich der bildenden Künste, die Museen und Akademien, ein Vorbild und sind sie bis heute ihr Äquivalent.

Tannhäusers Weise, der Kunst eine Stätte in dieser Welt zu bereiten, ist eine ganz andere: Für ihn heißt dies, nach einer Lebensweise zu suchen, die seiner ästhetischen Selbsterfahrung – der Erfahrung seiner ästhetischen Selbstentäußerung, der ästhetischen Freiheit – entspricht. Aus dem Scheitern dieser Suche zieht Tann-

33 So in der Dresdener Fassung: Wagner, *Tannhäuser*, I.2 (S. 43-45); die Pariser Fassung formuliert ähnlich (ebd.).

häuser (und vielleicht auch Wagners Oper?) die Konsequenz, auf Erlösung aus anderer Quelle zu hoffen. Nietzsches Gegenlektüre entwirft die Idee eines Lebens im Experiment: In dem Versuch, ein Leben nach und mit der Kunst zu führen, muß das Leben selbst zu einem Versuch werden – zu einem Handeln im Bewußtsein seiner Unmöglichkeit. Die Institution – das Festspielhaus, das Museum, die Akademie usw. – und das Experiment sind die beiden Weisen, die Kunst in der Welt zur Geltung zu bringen. In welchem Verhältnis stehen diese beiden Weisen, in welchem Verhältnis stehen die Institution und das Experiment zueinander?

In einem komplexen, sogar widersprüchlichen Verhältnis. Nur auf den ersten, zu schnellen Blick scheint ihr Verhältnis ein einfacher Gegensatz: Die Institution ist durch eine funktional definierte Struktur bestimmt, in der die Kunst ebenfalls Bestimmtheit gewinnt – die Bestimmtheiten des Ortes, der Zeit, der Beziehungen, der Wertigkeit usw., die die Institution den Kunstwerken zuspricht. Die Institution determiniert, und das heißt: sie entästhetisiert die Kunst; sie beraubt sie der ästhetischen Freiheit. Oder sie macht die ästhetische Freiheit zu etwas der Kunst Äußerlichem und damit zu etwas bloß Innerlichem: zur bloß inneren, wirkungslosen Freiheit derjenigen, die in der Institution die Erfahrung der Kunst machen. Die Kunstinstitution – das ist vielleicht nirgendwo deutlicher geworden als in Wagners Festspielhaus, das Nietzsche hellsichtig kritisiert hat[34] – *will* immer etwas mit der Kunst, die sie präsentiert; die Kunst wird ihr zu einer Rhetorik, zu einem Mittel ihrer Macht. Die Freiheit des ästhetischen Zustands gibt es hier nur noch auf der anderen Seite der Institution, im ihr entzogenen Inneren des Betrachters – während das Experiment die ästhetische Freiheit zu entfalten und dadurch zu verwirklichen, sie außen, im Leben sichtbar darzustellen versucht. Deshalb ist das Experiment der Institution entgegengesetzt.

Aber die Institution, die dem Experiment entgegengesetzt ist, ist zugleich im Experiment *vorausgesetzt.* Das Experiment unterläuft die Institution und die Bestimmtheit der Gestalt, die sie der Kunst gibt; und das Experiment braucht die Institution. Denn das Experiment *ist* nicht der ästhetische Zustand, sondern der Versuch,

34 Friedrich Nietzsche, *Der Fall Wagner. Ein Musikanten-Problem*, in Nietzsche, *Kritische Studienausgabe*, Bd. 6, S. 35 f.

dem ästhetischen Zustand der Freiheit treu zu bleiben. Die experimentierende Treue zum ästhetischen Zustand setzt die Differenz zu ihm voraus. Nur in Differenz zum ästhetischen Zustand kann man ihm treu sein (und nur so, als differenter, ist dieser Zustand ein ästhetischer, ein Zustand der Freiheit). Das totale Experiment ist gar keines, sondern Regression oder Barbarei. Deshalb braucht das Experiment eines Lebens mit der Kunst die Institution der Kunst: Das Experiment braucht die Institutionen der Präsentation und der Ausbildung, in denen die Kunst diejenige Bestimmtheit gewinnt, die es erst erlaubt, in Differenz zum ästhetischen Zustand zu stehen. Die institutionelle Unterbrechung des ästhetischen Zustands ist die Bedingung dafür, ihm treu sein zu können. Mit einem Leben mit der Kunst experimentieren zu wollen schließt paradoxerweise ein, die Institutionen der Kunst erhalten zu wollen.

Das gilt umgekehrt ebenso für die Institutionen der Kunst. So wie es das Experiment der Kunst mit dem Leben nur geben kann, wenn es Institutionen gibt, in denen die Kunst eine »Stätte in der Welt« und damit Bestimmtheit gewinnt, so sind diese nur darin Institutionen der *Kunst*, daß sie zu ermöglichen versuchen, was sie ihrem Wesen nach nicht sein können und wollen: die Entfaltung des ästhetischen Zustands der Freiheit. Die Institution der Kunst muß eine Institution der Freiheit, eine Institution der Experimente sein. Das heißt: Die Institutionen der Kunst müssen das Unmögliche wollen – die Realisierung eines Paradoxes.

II.
Ästhetisches Denken

Die Kraft der Kunst ist die Kunst als Kraft oder die Kraft als Kunst: die Kunst, die ihren Grund (und Abgrund) in dem ästhetischen Spiel sinnlicher Kraft hat. Die Kunst besteht nicht nur aus dem ästhetischen Spiel sinnlicher Kraft, aber ohne dieses Spiel gibt es keine Kunst. Das macht die Möglichkeit des Kunstwerks zu einem unlösbaren Problem (I.1) und die Kunst zu einem Experiment (I.4). Es spaltet die Schönheit des Werks in Anschauung und Rausch (I.2) und das Urteil über sein Gelingen in Ausdruck und Behauptung (I.3). Aber wie sich an der Dialektik von Schönheit und Glück (I.2) und an dem Experiment des Lebens zeigt, zu dem sich das Experiment der Kunst entfaltet (I.4), treibt die Kraft, die in der Kunst wirkt, die Kunst über sich selbst hinaus. Die Wirkung der Kraft in der Kunst ist die Veränderung der Nicht-Kunst.

I.
Ästhetisierung – des Denkens

Gehen wir davon aus: Die Kunst wirkt auf die Nicht-Kunst. Wie ist das zu verstehen – wenn wir es nicht bloß als empirische Kausalität, sondern als ein Wirken auf die Nicht-Kunst verstehen wollen, das mit dem *Begriff* der Kunst verbunden ist?

Die Wirkung der Kunst auf die Nicht-Kunst ist keine äußerliche Einwirkung getrennter, unabhängig voneinander bestehender Reiche, Sphären oder Systeme aufeinander. Die Kunst wirkt vielmehr nur so auf die Nicht-Kunst, daß sie die in der Kunst wirkende Kraft auch in der Nicht-Kunst zum Wirken bringt. Die Kraft, die in der Kunst wirkt, ist die ästhetische Kraft. Diese bringt die Kunst auch in der Nicht-Kunst zur Wirkung: Die Wirkung der Kunst auf die Nicht-Kunst besteht in ihrer Ästhetisierung. Diese Bewegung der Ästhetisierung beginnt in der Kunst und setzt sich von hier aus in der Nicht-Kunst fort. Die Frage nach der Wirkung der Kunst auf die Nicht-Kunst ist daher die Frage danach, was Ästhetisierung zunächst in der Kunst bedeutet und warum und wie sie dann in der Nicht-Kunst wirksam wird. Die These der folgenden Überlegungen lautet, daß sich dabei der Prozeß der Ästhetisierung in sich selbst spaltet und einen zweifachen, in sich selbst gegenläufigen Sinn gewinnt. In ihrem ersten Sinn ist die Ästhetisierung die bloße Auflösung alles Nichtästhetischen; die Ästhetisierung etabliert die Herrschaft des Ästhetischen, die Theatrokratie (1.). Dem antwortet der zweite Sinn der Ästhetisierung: die Ästhetisierung als Erneuerung von Kunst und Nicht-Kunst im ästhetischen Denken (2.).

1. Theatrokratie

In einer Notiz, die seine beginnende Abwendung von Wagner und die damit einhergehende Schärfung seines Kunstbegriffs anzeigt, schreibt Nietzsche Anfang 1874:

> Wagner versucht die Erneuerung der Kunst von der einzigen vorhandenen Basis aus, vom Theater aus: hier wird doch wirklich noch eine *Masse* aufge-

regt und macht sich nichts vor wie in Museen und Concerten. Freilich ist es eine sehr rohe Masse, und die Theatrokratie wieder zu beherrschen hat sich bis jetzt noch als unmöglich erwiesen.[1]

Später wird Nietzsche Wagner vorhalten, daß ihm dies – die Beherrschung der von ihm musikalisch erregten Masse – auch tatsächlich niemals wieder gelungen sei: Bayreuth, so wird Nietzsches Kritik lauten, *ist* vollendete Theatrokratie, Zeichen und Ort des siegreichen »Massen-Aufstands« in der Kunst. Denn Wagners Kunst ist, darin ist sie durch und durch theatral, im ganzen und ausschließlich auf die Erregung der Massen kalkuliert:

> Wagner ist ein großer Verderb für die Musik. Er hat in ihr das Mittel errathen, müde Nerven zu reizen, – er hat die Musik damit krank gemacht. Seine Erfindungsgabe ist keine kleine in der Kunst, die Erschöpftesten wieder aufzustacheln, die Halbtoten in's Leben zu rufen. Er ist der Meister hypnotischer Griffe, er wirft die Stärksten noch wie Stiere um.[2]

Daher Wagners Erfolg: »Den Erschöpften *lockt* das Schädliche: den Vegetarier das Gemüse.«[3] Bayreuth ist das Sinnbild für das Schicksal der Kunst in der bürgerlichen Gesellschaft. Hier herrscht der »ganze romantische Aufruhr und Sinnen-Wirrwarr, den der gebildete Pöbel liebt, sammt seinen Aspirationen nach dem Erhobenen, Gehobenen, Verschrobenen«.[4] Das heißt Theatrokratie im Feld der Kunst: daß die Kunst von ihrer Wirkung auf die »rohe Masse« her konzipiert und damit auf die Reizung der Nerven und Erregung der Sinne hin kalkuliert wird; daß die Kunst im Hinblick auf die Sinneseindrücke, Gefühle und Empfindungen bestimmt wird, die sie in ihrem Publikum hervorzubringen vermag.

Mit seiner Wagnerkritik hat Nietzsche der Kritik der Massenkultur das Modell geliefert: Horkheimers und Adornos Analyse der Kulturindustrie, Heideggers Diagnose vom Ende der großen Kunst

1 Friedrich Nietzsche, Nachgelassene Fragmente, Anfang 1874 - Frühjahr 1874, 32 [61], in: Nietzsche, *Kritische Studienausgabe*, hg. v. Giorgio Colli/Mazzino Montinari, München/Berlin/New York: de Gruyter/dtv ²1988, Bd. 7, S. 775.

2 Friedrich Nietzsche, *Der Fall Wagner. Ein Musikanten-Problem*, in: Nietzsche, *Kritische Studienausgabe*, Bd. 6, S. 23.

3 Ebd., S. 22.

4 Friedrich Nietzsche, *Die Fröhliche Wissenschaft*, in: Nietzsche, *Kritische Studienausgabe*, Bd. 3, S. 351.

durch ihre Subjektivierung, Debords Reflexionen über die Gesellschaft des Spektakels schreiben Nietzsches Kritik fort. Denn wie Nietzsches Kritik an Wagner verbinden sie zwei Ebenen miteinander: die Veränderung im Feld der Kunst, hin zu einem immer effektiveren Instrument sinnlicher Erregung, und die Veränderung der Kultur (und Gesellschaft), die durch die Veränderung der Kunst weit mehr mitbewirkt wird, als daß die Veränderung der Kunst die der Kultur lediglich ausdrückt und spiegelt. Der Name dieser zweifachen und einheitlichen Veränderung, von Kunst und Kultur zugleich, ist Ästhetisierung.

Deren Struktur läßt sich genauer fassen im Rückgang auf das Modell der Kritik, auf das Nietzsches forcierte Aufnahme des Theatrokratiebegriffs zurückgreift: das Modell der Kulturkritik, das so alt ist wie die Frage danach, warum Athen Sparta unterlag und zugrunde ging – nämlich, wie Rousseau zu wissen glaubte, an seiner »Theatermanie«.[5] Es geht also um ein Modell der Kulturkritik, das so alt ist wie die politische Geschichtsschreibung (Thukydides) und die politische Philosophie (Platon), die aus dieser Frage nach den Gründen für die Niederlage Athens geboren wurden. »Theatrokratie« heißt seit diesem Beginn des politischen Denkens – so übersetzt Schleiermacher Platon – die »schlimme Massenherrschaft [*theatrokratía*] des Publikums« in den Künsten, die die frühere »Herrschaft der Besten« verdrängt hat.[6] Ihr Kennzeichen ist die »Keckheit« des Publikums »im Urteil [...], gerade als ob [es] ein solches abzugeben fähig wäre«. Früher dagegen war es besser; die musische Kunst

> war nämlich damals bei uns in ihre besonderen Gattungen und Arten geteilt. [...] Alle diese und noch einige andere Arten hatten nun ihre fest-

5 Jean-Jacques Rousseau, *Brief an Herrn d'Alembert. Über seinen Artikel »Genf« im VII. Band der Enzyklopädie und insbesondere über den Plan, ein Schauspielhaus in dieser Stadt zu errichten*, übers. v. Dietrich Feldhausen, in: Rousseau, *Schriften*, Bd. 1, hg. v. Henning Ritter, München/Wien: Hanser 1987, S. 458. – Zum politischen Gehalt der Theatrokratiediagnose vgl. Christoph Menke, »Die Depotenzierung des Souveräns im Gesang. Claudio Monteverdis *Die Krönung der Poppea* und die Demokratie«, in: Eva Horn u. a. (Hg.), *Literatur als Philosophie – Philosophie als Literatur*, München: Fink 2005, S. 281-296; Juliane Rebentisch, *Die Kunst der Freiheit. Zur Dialektik demokratischer Existenz*, Berlin: Suhrkamp 2012, S. 65 ff., 287 ff., 366 ff.

6 Platon, *Nomoi*, 701a, übers. v. Friedrich Schleiermacher, in: Platon, *Sämtliche Werke*, hg. v. Karlheinz Hülser, Frankfurt/M./Leipzig: Insel 1991, Bd. IX.

> bestimmte Ordnung, und es war nicht gestattet, die eine Sangesgattung an Stelle einer andern zu gebrauchen. Auch traute man die richtige Einsicht hievon nicht der Menge zu und gab die Macht, nach dieser richtigen Einsicht zu urteilen und den Ungehorsamen zu bestrafen, nicht ihrem Zischen und rohen Geschrei, wie heutzutage, noch auch die Belobigung ihrem Beifallsklatschen anheim, sondern für die Gebildeten galt es als geziemend, ihrerseits schweigend bis zu Ende zuzuhören, die Knaben nebst ihren Aufsehern und die große Masse des Volkes aber wurden mittelst des Polizeistabes in Ordnung und Ruhe gehalten; und die ganze Bürgerschaft unterwarf sich in allen diesen Stücken willig solchen Anordnungen und begehrte nicht ihr Urteil durch Lärmen abzugeben.[7]

Wichtiger, als wer urteilt – die Masse oder die Wenigen und Besten –, ist, so machen diese Überlegungen Platons klar, *wie* geurteilt wird: Theatrokratie in den Künsten bedeutet, daß das Urteilen aufgrund von Einsicht und über die Form eines Werks ersetzt wird durch ein Urteil der Sinne, das sich nur auf Einzelnes und Oberflächliches, auf Reize richten kann; das Urteilen in Befolgung von Gesetzen wird ersetzt durch ein Urteil des Gefallens, des Geschmacks. In den Worten zweier sehr viel späterer und sehr verschiedener Platoniker: Theatrokratie in den Künsten ist (so König Claudius in *Hamlet*) die Herrschaft einer »verworrnen Menge, / Die mit dem Aug, nicht mit dem Urteil wählt«, oder die Ersetzung der »Stellungnahme verantwortlicher Kollektiva« durch »Reflexe und Sensationen«.[8] Das bildet den Kern des kritischen Modells der Theatrokratie: Theatrokratie ist die Herrschaft der Sinne, die nicht weniger als eine Auflösung der Gesetzlichkeit der Künste bedeutet – der Gesetzlichkeit ebenso der Hervorbringung wie der Beurteilung der Künste. Theatrokratie ist die Erosion oder Auflösung von Normativität.

Schon die Athener, die Platon in den *Nomoi* die Auflösung der normativen Ordnung der Künste durch ihre Unterwerfung unter

7 Ebd., 700a-d.

8 Das erste Zitat aus William Shakespeare, *Hamlet*, IV.iii, übers. v. August Wilhelm Schlegel, in: Shakespeare, *Tragödien*, Heidelberg: Lambert Schneider 2000; das zweite Zitat aus Walter Benjamin, »Was ist das epische Theater? <1>. Eine Studie zu Brecht«, in: Benjamin, *Gesammelte Schriften*, Bd. II.2, Frankfurt/M.: Suhrkamp 1977, S. 528. (Das erschöpft nicht, weshalb Benjamin das Motiv der Theatrokratie aufgreift und gegen ein verbreitetes Mißverständnis von Brecht wendet; vgl. Nikolaus Müller-Schöll, *Das Theater des »konstruktiven Defaitismus«. Lektüren zur Theorie eines Theaters der A-Identität bei Walter Benjamin, Bertolt Brecht und Heiner Müller*, Frankfurt/Basel: Stroemfeld 2002, S. 19-44.)

den Sinnengeschmack der Massen beklagen läßt, sahen darin nur den Anfang eines rasch um sich greifenden Verfalls, der von den Künsten aus die Gesetzlichkeit des Gemeinwesens im ganzen erfaßt:

[So] hat bei uns die allgemeine Einbildung, ein jeder verstehe sich auf alles, und die allgemeine Verachtung der Gesetze von der musischen Kunst her ihren Ursprung genommen, und an sie schloß sich erst die allgemeine und zügellose Freiheit. Denn im Vertrauen auf jene seine vermeintliche Einsicht verlor das Volk alle Furcht, und diese Furchtlosigkeit erzeugte Unverschämtheit; denn aus dreister Zuversicht vor dem Urteil der Besseren keine Scheu und Ehrfurcht zu haben, das ist bereits die schmähliche Unverschämtheit, welche die gewöhnliche Folge einer sich allzu viel herausnehmenden Freiheit ist.[9]

Dieser Exzeß, das Übergreifen der theatrokratischen Massenherrschaft von der Kunst auf die Polis, bildet die Logik, weil Dynamik, der Ästhetisierung. Zuerst bezeichnet »Ästhetisierung« eine Transformation im Feld der Künste: Die Künste werden ästhetisch, wenn sie nicht mehr als eine Form normativer Praxis verstanden werden, die ebenfalls, wie alle normativen Praktiken, durch Gesetze und daher Autoritäten der Auslegung und Anwendung dieser Gesetze regiert wird.[10] Wenn also die Künste so verstanden werden, daß in ihnen sinnliche, ästhetische Kräfte wirken, deren Spiel des Ausdrucks keiner Normativität gehorcht, dann können die Künste auch nicht mehr so beurteilt werden wie Züge in einer normativen Praxis: nach den Gesetzen, die diese Praktiken konstituieren (denn das ästhetische Spiel der sinnlichen Kräfte untersteht keinem Gesetz). Das Urteilen über die ästhetisch verstandenen und betriebenen Künste enthält ein wesentliches expressives Moment; es wird zum Ausdruck eben derjenigen sinnlichen Kräfte, die sich in der Kunst ausdrücken; das Urteilen wird zum Mitspielen im ästhetischen Spiel der sinnlichen Kräfte.[11]

9 Platon, *Nomoi*, 701a-b.

10 Die letzte und vielleicht stringenteste Gestalt, die der Prozeß der gesetzesauflösenden Ästhetisierung in der Gegenwart angenommen hat, ist die radikale »Verfransung« der Künste (Adorno): die Auflösung ihrer gattungs- und medienspezifischen Bestimmung, die festlegt, was die Essenz von Malerei, Dichtung, Musik, Theater, Photographie ist und was und wie daher gemalt, gedichtet, komponiert, inszeniert, photographiert werden kann – und darf.

11 Dazu in diesem Band, I.3: »*Das Urteil*: zwischen Ausdruck und Reflexion«.

Der Prozeß der Ästhetisierung bezeichnet im ersten Schritt das Ästhetischwerden der Künste. »Ästhetischwerden« heißt: die Transformation der normativen Praxis in ein ästhetisches Spiel. Diese Transformation geschieht in den Künsten aber nur so, daß sie *durch* die Künste vollzogen und vollstreckt wird. Die Verwandlung der normativen Praxis in ein ästhetisches Spiel ist die Tat des ästhetischen Spiels; Ästhetisierung ist die Seinsweise des Ästhetischen (zu dessen Entfaltung die Künste damit werden). Deshalb bedeutet die Ästhetisierung der Kunst zugleich die Ästhetisierung von Kultur und Politik. Denn wenn die Ästhetisierung, die sich in der Kunst vollzieht, in der – aktiven – Verwandlung der normativen Praxis in ein ästhetisches Spiel *besteht*, kann sie nicht auf die Kunst begrenzt werden. Die Ästhetisierung im Feld der Künste ist daher nur der Vorbote, mehr noch: die Vorhut einer allgemeinen Auflösung der Fähigkeit zur vernünftigen Einsicht in die Orientierung an den jeweiligen Gesetzen, Normen und Maßstäben, die die verschiedenen Felder der menschlichen Praxis regulieren. Was zuerst in den Künsten eingeübt wurde – die Freiheit, die Dinge nach ihrer sinnlichen Kraft, nicht durch Vernunft in ihrem Gehalt und Wesen zu beurteilen –, wird ubiquitär. Jetzt werden auch in den Feldern von Politik, Erkenntnis und Religion die Akteure zu ästhetischen Zuschauern, die sich der Schönheit der Reden und Bilder überlassen, anstatt verantwortliche Teilnehmer an der öffentlichen Debatte über die Richtigkeit einer politischen Maßnahme, am diskursiven Austausch von Argumenten für und wider die Gültigkeit einer theoretischen Erkenntnis oder am Glauben und Kult einer Gemeinde zu sein. Der Vorwurf Kleons an seine Athener Mitbürger lautet: »[d]er Hörlust preisgegeben tut ihr, als säßet ihr im Theater, um Redekünstler zu genießen, und hättet nicht das Heil des Staates zu bedenken«.[12]

Der klassische Diskurs der Theatrokratie entwirft mithin ein Modell der Kulturkritik, das in seiner Verknüpfung zweier zentraler Züge für die moderne Diskussion der Ästhetisierung bestimmend geworden ist. Der eine Zug besteht, wie gesehen, in der kritischen Diagnose, daß alle kulturellen und sozialen Praktiken durch eine Erosion oder Auflösung ihrer Normativität bedroht sind. Diese

12 Thukydides, *Die Geschichte des Peloponnesischen Krieges*, hg. u. übers. v. Georg Peter Landmann, Düsseldorf/Zürich: Artemis & Winkler 2002, 3.38, S. 180.

tritt dadurch ein, daß das Vermögen der Vernunft als Vermögen der Einsicht in Gesetze – die Gesetze des Darstellens, Erkennens und Handelns – durch Einstellungen der Sinnlichkeit ersetzt wird: Einstellungen bloß sinnlichen Urteilens durch Auge und Ohr – ohne Kenntnis der Sache; Einstellungen bloß unmittelbaren Reagierens auf Reize – durch Erregung; Haltungen also der negativen, grundlosen, anarchischen Freiheit von aller gesetzlichen Orientierung.

Der zweite zentrale Zug des klassischen Theatrokratiemodells, der für den modernen Ästhetisierungsdiskurs bestimmend geworden ist, betrifft die Rolle, die die Künste im Prozeß der Auflösung kultureller Normativität spielen: Von den Künsten, so sehen es Platons Athener, geht die Ästhetisierung der Kultur aus. Diese Diagnose formuliert die Einsicht, daß die Künste wesentlich ästhetisch sind: Sie sind nicht (oder nicht nur) eine weitere Gestalt normativer Praxis, sondern ein Spiel sinnlicher Kräfte. Und diese Diagnose formuliert weiterhin die Einsicht, daß das Ästhetische immer schon als Ästhetisierung verstanden werden muß. Das Ästhetische ist keine stabile, begrenzte Eigenschaft, schon gar kein stabiler, begrenzter Bereich, sondern ein Prozeß und daher eine Tendenz, ein Trieb, eine Kraft, die sich gegen die Grenzziehungen richtet, auf denen die normativen Ordnungen, in den Künsten wie außerhalb von ihnen, beruhen. Das Ästhetische gibt es nur als oder im Prozeß der Ästhetisierung – der Auflösung der normativen Ordnungen, die ihm begrenzend gegenübertreten.

Dieser Prozeß der Ästhetisierung, so die Theatrokratiediagnose, beginnt im Feld der Künste und wird hier bis zum zerstörerischen Ende durchgeführt; dann greift er auf die kulturellen Praktiken des Entscheidens, Erkennens und Glaubens über. Die Künste sind in diesem Bild also nicht nur das Feld, auf dem die Ästhetisierung beginnt und zuerst erfolgreich ist. Die Künste sind nicht nur das erste Opfer der Ästhetisierung (weil ihre Gesetze zuerst von den Kräften ästhetischer Freiheit zerrieben werden), sie sind auch die Quelle, ja die *Agenten* der Ästhetisierung. Von den Künsten geht die Ästhetisierung aus und wird von ihnen bis zur vollständigen Auflösung aller Normativität vorangetrieben. Zu verstehen, weshalb das so ist, weshalb die Künste nicht nur Opfer, sondern Täter der Ästhetisierung sind, heißt zugleich, ein komplexeres Verständnis des Problems der Ästhetisierung zu gewinnen.

In der eingangs zitierten Nachlaßnotiz zu Wagner hat Nietzsche die Theatrokratie, also die Ästhetisierung der Künste durch ihre strategische Ausrichtung auf die Erregung der »rohen Masse«, doppelt beschrieben: Über die Ästhetisierung der Künste sagt Nietzsche zum einen, daß sie »zu beherrschen [...] sich bis jetzt noch als unmöglich erwiesen« habe; die Ästhetisierung der Künste sei das Unbeherrschbare, weil in ihr eben alle gesetzliche Orientierung zuschanden werde. Zugleich aber sagt er, die Ausrichtung auf die sinnliche Erregung der rohen Masse sei die »einzige vorhandene Basis« für eine »Erneuerung der Kunst«. Das bedeutet: Im Feld der Künste ist die Ästhetisierung bedrohlich – eine Zerstörung ihrer Gesetze, ihrer Ordnung und Formen – *und* die Quelle ihrer Erneuerung, damit ihres Fortbestehens; denn die Kunst kann nur so fortbestehen, daß sie jedesmal wieder von neuem beginnt.[13] Ohne Ästhetisierung, die in ihrer Ordnungsfeindschaft die Künste aufzulösen droht, können keine neuen und damit überhaupt keine künstlerischen Formen und Gestalten hervorgebracht werden. Im Feld der Künste wirkt die Ästhetisierung zerstörerisch-auflösend *und* erneuernd-hervorbringend zugleich. Deshalb muß jeder Versuch, die kulturellen Praktiken des Entscheidens, Erkennens und Glaubens vor der Theatrokratie und damit vor ihrer Zerstörung durch die Ästhetisierung zu bewahren, indem die Ästhetisierung an ihrem Ursprungsort, im Feld der Künste, unterbunden wird, eine Zerstörung der Künste bedeuten. Die Künste können nicht gegen ihre Ästhetisierung geschützt werden, ohne damit von der Quelle ihrer Kraft abgeschnitten zu werden.

Von hier aus stellt sich die Frage, ob mit der Einsicht in die Zweideutigkeit der Ästhetisierung im Feld der Künste, ihre zugleich zerstörerisch-bedrohliche und ermöglichend-erneuernde Kraft, nicht auch der erste Zug der Theatrokratiediagnose, die These von der ästhetischen Erosion oder Auflösung der politischen, theoretischen und religiösen Normativität, der Revision bedarf. Die Theatrokratiediagnose besagt, daß die Ästhetisierung von Politik, Wissen und Religion eine Auflösung ihrer Normativität bewirkt und daher, weil es ihre Normativität ist, die die Politik, das Wissen

13 Erneuerung heißt dabei nicht: in Stoff und Form anders werden. Erneuerung heißt auf der grundlegenden Ebene, daß jeder Stoff und jede Form in der Kunst allein dann gültig sind, wenn sie nicht bloß übernommen und weitergeschrieben, sondern neu – *wie zum ersten Mal* hervorgebracht werden. Siehe dazu in diesem Band, S. 88 f.

und die Religion ausmacht, eine Zerstörung dieser Praktiken selbst herbeiführt. Es gibt Politik nur, wo Einsicht in das gemeinsame Gute gesucht, Wissen nur, wo Begründungen für Überzeugungen gegeben, Religion nur, wo etwas gemeinsam geglaubt und befolgt wird. Prozesse der Ästhetisierung zersetzen die Orientierung an Einsicht, Begründung, Glauben und damit am Ende die Praktiken von Politik, Wissen und Religion – so die Ästhetisierungsdiagnose. In ihr heißt die Ästhetisierung zu diagnostizieren, sie zu kritisieren. Nicht so in Nietzsches Notiz zu Wagner: Für die Künste soll gelten, daß ihre Ästhetisierung eine unbeherrschbare Bedrohung *und* die »einzige vorhandene Basis« ihrer Erneuerung ist. Sollte das nicht auch für Politik, Wissen und Religion gelten? Ist also die Ästhetisierung von Politik, Wissen und Religion gerade als Auflösung ihrer Normativität nicht bloß ihre Zerstörung, sondern die Quelle, noch einmal: die »einzige vorhandene Basis« ihrer Erneuerung? Bedürfen also Politik, Wissen und Religion vielleicht sogar *um ihrer selbst willen* der Ästhetisierung? Und bedeutete das nicht auch, daß der Begriff und die Diagnose der Ästhetisierung das Konzept der Kritik – als Kulturkritik, deren Urmodell der Theatrokratiediskurs ist – letztlich sprengen würde, weil zwischen der bedrohlichen und der ermöglichenden, der negativen und der positiven Seite der Ästhetisierung keine Entscheidung, weil keine Scheidung vollzogen werden kann?

2. Ästhetisches Denken

Es definiert die Logik und Energetik der Ästhetisierung, daß sie in der Kunst beginnt – indem sie deren normative Ordnung durch ihre sinnliche Kraft unterläuft –, aber nicht auf die Kunst begrenzt bleiben kann. Die Ästhetisierung greift von der Kunst auf die Nicht-Kunst, auf Politik, Wissen, Religion aus und über. Für Platon kann das nur bedeuten, daß Politik, Wissen und Religion selbst zu Kunst, genauer: so wie die durch *ihre* Ästhetisierung ihrer Normativität beraubte Kunst werden. Durch ihre Ästhetisierung verliert die Politik die Fähigkeit zur Entscheidung (und wird Spektakel, also Unterhaltung), das Wissen die Fähigkeit zur Erkenntnis (und wird Meinung oder ebenfalls Unterhaltung) und die Religion die Fähigkeit zum Glauben oder Ritual (und wird wiederum

Spektakel und Unterhaltung). Die Alternative dazu, die Nietzsche andeutet, wenn er einzig in der Ästhetisierung zugleich – das heißt, in unentscheidbarer Gleichzeitigkeit mit ihrem auflösenden Potential – die Kraft zur Erneuerung sieht, lautet: Die Ästhetisierung von Politik, Wissen und Religion besteht nicht – nicht *nur* – darin, die politische Entscheidung, die theoretische Erkenntnis und den religiösen Glauben aufzulösen, sondern sie in radikal anderer, neuer Weise zu verstehen und vollziehen. Die Ästhetisierung ist ein neues Denken von Entscheidung, Erkenntnis und Glauben. Genauer: Die Ästhetisierung erneuert sie, indem sie sie *zum Denken bringt.*

Die Ästhetisierung kann aber nur Erneuerung durch Denken sein, wenn umgekehrt das Denken ein wesentlich ästhetisches Moment in sich trägt: wenn es wesentlich ästhetisch ist. Weshalb das so ist (oder was Denken heißt, wenn es als wesentlich ästhetisches verstanden wird), läßt sich im Rückblick auf die Theoriegeschichte von »Theorie« erläutern. In diesem Rückblick wird auch klar, weshalb für das griechische Verständnis von Theorie die Abwehr der Ästhetisierung – die Platon in seiner Kritik der Theatrokratie vollzieht – so dringlich erscheint: Die Abwehr der Ästhetisierung ist gerade deshalb dringlich, weil das als Theorie verstandene Denken und die ästhetischen Praktiken nicht gänzlich voneinander geschieden werden können.

So hat Hans-Georg Gadamer das griechische Verständnis der Theorie beschrieben. Das als Theorie verstandene Denken ist eine Form des Zuschauens:

> Theoros heißt bekanntlich der Teilnehmer an einer Festgesandtschaft. Teilnehmer an einer Festgesandtschaft haben keine andere Qualifikation und Funktion als dabeizusein. Der Theoros ist also der Zuschauer im eigentlichen Sinne des Wortes, der an dem feierlichen Akte durch Dabeisein teilhat und dadurch seine sakralrechtliche Auszeichnung, z. B. seine Unverletzlichkeit, gewinnt.
>
> In gleicher Weise faßt noch die griechische Metaphysik das Wesen der Theorie und der Nous als das reine Dabeisein bei dem wahrhaft Seienden, und auch in unseren Augen ist die Fähigkeit, sich theoretisch verhalten zu können, dadurch definiert, daß man über einer Sache seine eigenen Zwecke vergessen kann. Theoria ist aber nicht primär als ein Verhalten der Subjektivität zu denken, als eine Selbstbestimmung des Subjekts, sondern von dem her, was es anschaut. Theoria ist wirkliche Teilnahme, kein Tun, sondern ein Erleiden (Pathos), nämlich das hingerissene Eingenommensein vom

Anblick. Von hier aus hat man in jüngster Zeit den religiösen Hintergrund des griechischen Vernunftbegriffs verständlich gemacht.[14]

Als Theorie ist Denken also nicht die selbstbewußte Aktivität eines Subjekts, gar eine Operation der Reflexion, die das Subjekt gemäß einer Methode ausführt. Vielmehr ist es ein Akt selbstvergessenen Zuschauens, in dem der Denkende sich von seinem Gegenstand ergreifen und hinreißen läßt.

Der letzte Satz in Gadamers Beschreibung zeigt an, weshalb das in seiner Sicht nach griechischer Auffassung so ist. Das theoretische Anschauen der Fest- und Kampfspiele ist gerichtet auf die Gegenwart des Gottes. In Joachim Ritters Formulierung: Die Theorie ist das »Feiern des Gottes im Anschauen des Göttlichen«, das Erfassen einer Ordnung, die, als göttliche, schlechthin vorgegeben und vorausgehend ist. Darin – so Ritter weiter – ist das theoretische Zuschauen strikt von jeder anderen Weise der Festteilnahme geschieden:

Während die Einen auf diesem Fest ihrem Vergnügen nachgehen und andere die Gelegenheit nutzen, ihre Waren feilzubieten und zu handeln, ist der Philosoph derjenige, der in der Theorie den Sinn des Festes begreift. Diese Verbindung der Theorie mit dem Feiern des Gottes und des göttlichen Festes wird ein fester Bestand der Überlieferung. Philon spricht von dem Kreislauf des Jahres, der sich für den Jünger der Weisheit in ein Fest verwandelt. Im Feiern des göttlichen Festes liegt der Sinn ihres freien Erkennens, das sie vom Markt und von der Versammlung der Vielen absondert.[15]

Gadamer und Ritter unterstreichen die Irreduzibilität des als Theorie verstandenen Denkens auf die selbstbewußte Aktivität des Subjekts; deshalb ist ihr Rückgriff auf das Denken als Theorie zugleich eine Kritik der neuzeitlichen Erkenntnis-›theorie‹. Diese Unauflösbarkeit des als Theorie verstandenen Denkens in Subjektivität erklären Gadamer und Ritter daraus, *was* das theoretische Denken erfaßt. Es richtet sich auf den »Sinn« des Festes, den sie als die göttliche Ordnung der Welt deuten. Gadamer und Ritter verstehen das

14 Hans-Georg Gadamer, *Wahrheit und Methode. Grundzüge einer philosophischen Hermeneutik*, Tübingen: Mohr (Siebeck) [4]1975, S. 118.

15 Joachim Ritter, »Die Lehre von Ursprung und Sinn der Theorie bei Aristoteles«, in: Ritter, *Metaphysik und Politik. Studien zu Aristoteles und Hegel*, Frankfurt/M.: Suhrkamp 1969, S. 16.

Zuschauen der Theorie religiös. Darin sehen sie das Besondere des Theoretikers. Der Theoretiker – so beschreibt ihn Joachim Ritter – ist von den vielen und *ihrem* Zuschauen abgetrennt. Dieses Zuschauen der vielen ist aber das ästhetische, genauer: das ästhetisierte Zuschauen, das Platon als Theatrokratie kritisiert. Mithin ist nicht nur *auch* die Theorie Zuschauen; mit der Theorie steht zugleich Zuschauen *gegen* Zuschauen: das theoretische Zuschauen, das den Sinn und die Ordnung erfaßt, gegen das ästhetisierte Zuschauen, das sich dem Sinnlichen und seinem Genuß hingibt.

Aber gerade weil die Unterscheidung des theoretischen vom ästhetischen Zuschauen nötig, ja grundlegend ist, ist sie viel schwieriger zu vollziehen und folgt einer anderen Logik als der der Absonderung und Entgegensetzung: Seine Unterscheidung vom ästhetischen Zuschauen ist keine *Tatsache* über das Denken als Theorie; die Unterscheidung der Theorie vom ästhetischen Zuschauen ist die eigene Tat der Theorie. Die Theorie muß sich *selbst* vom ästhetischen Zuschauen unterscheiden. Denn das ästhetische, sinnliche Zuschauen steht der Theorie nicht äußerlich gegenüber, sondern ist deren eigene Vorbedingung und ihr damit immanent. Das Sichunterscheiden der Theorie vom ästhetischen Zuschauen ist ein Unterscheiden der Theorie von sich.

Darauf weist ein Aspekt des griechischen Theoriebegriffs hin, den Gadamer und Ritter nur erwähnen, der jedoch von grundlegender Bedeutung ist: daß der Theoretiker der »Teilnehmer an einer Festgesandtschaft« ist. Ein solcher Teilnehmer ist offensichtlich nicht *bloß* oder ausschließlich ein »Zuschauer im eigentlichen Sinne des Wortes, der an dem feierlichen Akte durch Dabeisein teilhat« (Gadamer). Der Theoretiker ist als Gesandter ein Reisender: Zur Theorie gehört »die Reise nach draußen, das Zuschauen bei einer Vorführung und die nachfolgende Rückkehr nach Hause«, um dort zu berichten.[16] Der Theoretiker ist alles drei in einem: Reisender, Zuschauender, Berichtender. Theorie, Denken, ist also nicht nur (wie Gadamer und Ritter sagen) das Zuschauen bei den Festspielen, sondern das Ganze dieses Prozesses: das Sichaussetzen ans Zuschauen und das Zurückkehren und Berichten über das Zuschauen.

16 Andrea Wilson Nightingale, *Spectacles of Truth in Classical Greek Philosophy:* Theoria *in its Cultural Context*, Cambridge: Cambridge University Press 2004, S. 4f.

Wenn das Zuschauen in der Theorie aber nicht das Ganze der Theorie ist, läßt es sich auch anders verstehen als in Gadamers und Ritters religiöser Deutung. Weil Gadamer und Ritter die Theorie mit dem Zuschauen identifizieren, müssen sie auch bereits im Zuschauen selbst (und das heißt: *allein schon* im Zuschauen, in der Phase des Zuschauens) die Differenz verorten, die den Theoretiker vom ästhetisierten, theatrokratischen Zuschauen trennt. Wenn aber die Theorie ebenso in der Bewegung zum Zuschauen hin und aus dem Zuschauen heraus besteht, dann erlaubt dies die Einsicht, daß auch die Phase des Zuschauens in der Theorie *wesentlich ästhetischer Natur* ist. Es gilt daher weder (a), daß der theoretische Zuschauer ein ganz anderer ist als der dem sinnlichen Genuß hingegebene ästhetische Zuschauer (wie Gadamer und Ritter meinen, die das Zuschauen in der Theorie als die Erfahrung von Ordnung und Sinn deuten). Noch gar gilt (b), daß der ästhetische Zuschauer eigentlich auch bereits ein sinn- und ordnungsliebender Theoretiker ist (wie der Rehabilitierungsversuch des gewöhnlichen Zuschauers durch wohlmeinende Kritiker lautet).[17] Vielmehr gilt (c), daß auch der Theoretiker ein ästhetischer Zuschauer war. Oder: Der *theoros* war ein *theates* – das ist ein Zuschauer, der dem Spiel des Festes *ästhetisch, sinnlich* hingegeben ist.

Was den theoretischen vom ästhetischem Zuschauer, den *theoros* vom *theates* unterscheidet, liegt also nicht im Zuschauen *selbst*, sondern in der Bewegung, die in das ästhetische Zuschauen hinein- und wieder aus ihm herausführt. Die Theorie ist nicht ein anderes Zuschauen, sondern das woandershin gebrachte Zuschauen – Zuschauen *displaced*.[18] Die Theorie ist Zuschauen, passives, sinnliches Hingerissensein, *und* Berichten von diesem Zuschauen, aktive, diskursive Artikulation für andere, die nicht Zuschauer sind, sondern Teilnehmer an einem Austausch von Einsichten und Argumenten. Die Theorie ist in sich gespalten – in ästhetisches Zuschauen und diskursives Berichten oder Artikulieren. Deshalb existiert die Theorie auch nicht als ein fertiges Resultat, sondern besteht nur in dem Prozeß ihres Werdens durch und aus dem – *ästhetischen* – Zuschauen. Die Theorie ist wesentlich prozessual, oder sie ist wesentlich

17 Ebd., S. 51 f.; zur Differenz zwischen *theates* und *theoros*: ebd., S. 49-52.

18 James Clifford, »Notes on Theory and Travel«, in: *Inscriptions*, Bd. 5 (1989); ⟨http://culturalstudies.ucsc.edu/PUBS/Inscriptions/vol_5/v5_top.html⟩; letzter Zugriff 11. 11. 2012.

zeitlich. Und das gilt ebenso für den Theoretiker: Der *theoros* ist gespalten in *theoros* und *theates*. Der *theoros* ist der *theates*, der zum *theoros* werden wird. Er ist die Szene seines Werdens, die Instanz seines Sichmachens.

Zum Modell kann diese Idee der Theorie nur werden, wenn sie zwei Fragen zu beantworten vermag: (i.) Weshalb *verändert* das Berichten das Zuschauen? Weshalb ist das Berichten nicht Zuschauen in anderer Gestalt, so daß zwischen dem Zuschauen und dem Berichten kein Abstand, kein Bruch, sondern eine Kontinuität besteht? Was versteht die Theorie unter Zuschauen, wenn sie annimmt, daß es durch sein Versetzen an einen anderen Ort und in ein anderes Medium grundlegend verändert, zu *etwas anderem als Zuschauen* wird? (ii.) Und wenn die Artikulation des Zuschauens das Zuschauen immer schon zu etwas anderem macht – wenn das *artikulierte* Zuschauen also schon nicht mehr das artikulierte *Zuschauen* ist –, weshalb ist es dann überhaupt notwendig zu versuchen, das Zuschauen zu artikulieren? Weshalb muß sich der *theates*, indem er (über sich) zu reden beginnt, zum *theoros* machen? Warum können wir nicht in der Unschuld des Zuschauens verbleiben? Weshalb Theorie?

(i.) Das Zuschauen wird in der theoretischen Artikulation deshalb notwendig verändert, weil es ästhetisch ist. Ästhetisches Zuschauen ist ein Zuschauen, das keinen Gehalt hat – es ist nicht das Begreifen von etwas –, und deshalb gibt es über das ästhetische Zuschauen auch nichts zu berichten. Über das Zuschauen zu berichten heißt, es seines ästhetischen Charakters zu berauben: ihm einen Gehalt zuzusprechen und es damit zu entästhetisieren. Denn der ästhetische Zuschauer ist nur das (vor-)letzte Glied in einer Kette, die die Kraft der Begeisterung von den Musen über den Dichter und den Rhapsoden bis zum Zuschauer überträgt. An den letzten in dieser Reihe, den Redner über den Dichter, gerichtet sagt Sokrates:

Nämlich dies wohnt dir nicht als Kunst bei, gut über den Homeros zu reden wie ich eben sagte, sondern als eine göttliche Kraft, welche dich bewegt, wie in dem Steine der vom Euripides der Magnet gewöhnlich aber der Herakleiische genannt wird. Denn auch dieser Stein zieht nicht nur selbst die eisernen Ringe, sondern er teilt auch den Ringen die Kraft mit, daß sie eben dies tun können wie der Stein selbst, nämlich andere Ringe ziehn, so daß bisweilen eine ganze lange Reihe von Eisen und Ringen an einander hängt; allen diesen aber ist ihre Kraft von jenem Steine angehängt. Eben so auch macht zuerst die Muse selbst Begeisterte, und an diesen hängt eine ganze Reihe Anderer durch sie sich begeisternder.[19]

Der ästhetische Zuschauer teilt mit dem Dichter dessen Zustand rauschhafter Begeisterung, denn dieser Zustand ist die Kraft, die ihm mitgeteilt wird, so wie ein magnetisiertes Stück Eisen zum magnetisierenden wird (oder einem, der infiziert ist, zu einem, der andere infiziert – wenn Artaud recht hat, daß die Wirkung der Kunst einer Infektion gleicht[20]). Der ästhetische Zuschauer ist daher passiv, aber nicht unbewegt. Er ist vielmehr im höchsten Maße bewegt – durch die Kraft, die ihn antreibt. Das ist sein Pathos: Bewegtsein.

Wenn mithin ein ästhetischer Zuschauer zu sein heißt, Empfänger einer bewegenden Kraft zu sein, dann kann der Zuschauer seinen Platz nicht verlassen. Er ist an seinen Platz gekettet. Ein ästhetischer Zuschauer zu sein bedeutet, sich nicht entfernen und an einen anderen Ort gelangen zu können; denn das löst ihn heraus aus der Kette von Kraftübertragungen, deren weiteres Glied er *ist*. Der ästhetische Zuschauer, der sich von seinem Platz in der Kette wegbewegt, würde dadurch unbewegt werden – sein Pathos ver-

19 Platon, *Ion*, 533d-e, übers. v. Friedrich Schleiermacher, in: Platon, *Sämtliche Werke*, Bd. I.

20 »Wichtig vor allem ist das Zugeständnis, daß das theatralische Spiel wie die Pest eine Raserei ist und daß es ansteckend wirkt.«
»Läßt man dieses geistige Bild der Pest nun einmal gelten, so wird man in den aufgewühlten Gemütszuständen des Pestkranken gleichsam die fest gewordene, stoffliche Seite einer Unordnung sehen, die, auf andren Ebenen, den Konflikten, den Kämpfen, Katastrophen und Niederlagen entspricht, die die Begebenheiten für uns mit sich bringen. Und wie es nicht unmöglich ist, daß die ungenutzte Verzweiflung und die Schreie eines Geistesgestörten in einem Irrenhaus infolge einer Art von Umkehrbarkeit der Gefühle und Bilder schuld sind an der Pest, so kann man wohl auch gelten lassen, daß die äußeren Begebenheiten, die politischen Konflikte, die Naturkatastrophen, die Ordnung der Revolutionen und die Unordnung des Krieges, beim Übergang auf die Ebene des Theaters sich in der Sensibilität dessen, der ihnen zuschaut, mit der Gewalt einer Epidemie entladen. Im *Gottesstaat* bestätigt Augustinus diese Ähnlichkeit der Wirkung bei der Pest, die tötet, ohne die Organe zu zerstören, und dem Theater, das, ohne zu töten, im Geiste nicht nur eines Individuums, sondern eines ganzen Volkes die geheimnisvollsten Veränderungen hervorruft.«
(Antonin Artaud, »Das Theater und die Pest«, in: Artaud, *Das Theater und sein Double*, übers. v. Gerd Henniger, Frankfurt/M.: Fischer 1969, S. 29 und 28.)

lieren, unästhetisch werden. Da der ästhetische Zuschauer nichts als dieses Pathos, diese Kraft empfangen hat, besitzt er nichts, was er woandershin mitnehmen könnte. Er hat nichts erfahren oder gelernt, das er aufbewahren und mitteilen könnte. Deshalb muß das Berichten das Zuschauen verfehlen und auflösen, über das es sprechen wollte. Wenn Theorie nicht bloßes Zuschauen, sondern Zuschauen *und* Berichten – Berichten des Zuschauens – sein soll, ist Theorie unmöglich.

(ii.) Das ist das Problem der Theorie. Und es wird zum Paradox, weil eben das Unmögliche – das Hinausgehen über das Zuschauen im Berichten – notwendig ist. Der ästhetische Zustand ist unerträglich. Der ästhetische Zustand ist »zu viel« (Wagner), das »ewig Leidende und Widerspruchsvolle« (Nietzsche), von dem es der »Erlösung« bedarf, damit es überhaupt *etwas*, eine Form gibt, die sich erhalten kann.[21] Deshalb ist der Austritt aus dem ästhetischen Zuschauen und seinem Pathos auch die Bedingung von Subjektivität. Es gibt Subjektivität nur im Bruch mit dem ästhetischen Zustand. Wenn Theorie – im zweiten Schritt – das Hinausgehen über das ästhetische Zuschauen ist, das sie – im ersten Schritt – war, dann ist mithin Theorie die Bedingung von Subjektivität. Der theoretische Bruch mit dem ästhetischen Zuschauen ist der Akt der Selbstkonstitution des Subjekts. Jedes Subjekt ist theoretisch: Es war ein *theates*, ein ästhetischer Zuschauer, der sich selbst aus diesem Zustand herausgesetzt hat, indem er über ihn zu sprechen beginnt.

Aber die Theorie ist nicht nur deshalb notwendig, weil sie, indem sie dem ersten Schritt ins Zuschauen den zweiten aus dem Zuschauen heraus folgen läßt, Subjektivität konstituiert. Theorie ist nicht nur der Bruch mit dem ästhetischen Zuschauen, sondern sie wendet sich berichtend zu jenem ästhetischen Zustand zurück, den sie verläßt. Theorie ist das Gedächtnis des ästhetischen Zustands, aus dem sie heraustritt. Dabei berichtet die Theorie nicht über den, sondern *von* dem ästhetischen Zustand: Sie berichtet nicht über den Gehalt des im ästhetischen Zustand Erfahrenen – denn einen solchen gibt es nicht; wenn (oder da) Sokrates recht hat, kann der Bericht der Theorie nicht das Explizitmachen des im ästhetischen Zuschauen implizit Erfaßten sein – denn das ästhetische Zuschauen ist kein Erfassen (von etwas), sondern ein Bewegtwerden. Der

21 Siehe in diesem Band, S. 36 f. und S. 69.

Bericht der Theorie spricht nicht darüber, was sich in dem ästhetischen Zustand zugetragen hat, sondern *davon*, daß es das ästhetische Zuschauen gegeben hat. Die Theorie berichtet von dem ästhetischen Zuschauen, über das sich nicht sprechen läßt.

Theorie ist Zuschauen und Berichten vom Zuschauen. Dabei bewegt sich die Theorie zwischen zwei Bedingungen: Es ist notwendig, vom Zuschauen zu berichten, denn im rein ästhetischen Zuschauen gibt es gar nichts – nichts, das Bestand hat. Zugleich ist es unmöglich, über das Zuschauen zu sprechen, das heißt: es in Behauptungen zu erfassen, denn das Zuschauen hat keinen aussagbaren Gehalt. Das ist das Paradox der Theorie. Dieses Paradox gerät in Bewegung, wenn man die Theorie als den Prozeß *zwischen* Zuschauen und Behaupten begreift: zwischen der ästhetischen Aufnahme einer übertragenen Kraft und dem diskursiven Artikulieren und Sprechen über diese Erfahrung. Dieser Prozeß hat zwei einander gegenläufige Richtungen.

- Die Theorie ist der Prozeß *vom* Zuschauen *zum* Berichten: der Bruch mit dem zuschauenden Zustand des passiv pathetischen Bewegtwerdens durch den des selbstbewußten Selbstredens, der Selbstbewegung.
- Die Theorie ist der Prozeß *im* Berichten *zum* Zuschauen: die Bewegung der Rückwendung, des Gedenkens des ästhetischen Zustands des Bewegtwerdens in der Selbsttätigkeit des Berichtens.

Der Theoretiker – *theoros* – ist die Szene dieser Prozesse. Genauer: Der Theoretiker ist die Instanz dieser Prozesse, der Theoretiker vollzieht diese Prozesse. Oder: Der Theoretiker *denkt*. Denken ist der doppelt gerichtete Prozeß zwischen dem Bewegtwerden im Zuschauen und der Selbsttätigkeit im Berichten, im diskursiven Sprechen. Denken ist die Versetzung des Zuschauens in die diskursive Rede und der Rückbezug der diskursiven Rede auf das Zuschauen, aus dem es durch Versetzung hervorgegangen ist; Denken ist Selbstreflexion der Rede als Faltung in ihren Grund. Oder: Denken ist Nachdenken: ein Nachdenken über unsere diskursiven Praktiken auf dem Grund des ästhetischen Zuschauens – ein Nachdenken über uns. Die Frage des Denkens ist: Wer sind wir? Was sagt es über uns, daß wir ästhetische Zuschauer waren und unser Sagen nur der Endpunkt einer Bewegung ist, die durch das ästhetische Zuschauen hindurch geführt hat?

Anstatt zu sagen, daß das Denken darin besteht, den doppelt gerichteten Prozeß zwischen Zuschauen und Berichten zu vollziehen, kann man auch genauer sagen, daß dies das *ästhetische Denken* ist. Der Begriff »ästhetisches Denken« wird häufig als Versöhnung von Sinnlichkeit und Verstand, von Zuschauen und diskursiver Rede verstanden. Aber das verkennt das Paradox, das die Bewegung des Denkens antreibt und allererst nötig macht. Ästhetisches Denken ist das in Bewegung gesetzte Paradox, daß wir über das ästhetische Zuschauen nicht reden können, aber von ihm reden müssen, um uns selbst zu verstehen. Daß ästhetisches Denken Nachdenken ist, heißt: Das ästhetische Denken versteht und vollzieht das diskursive Reden als ein Berichten vom Zuschauen. Es versteht und vollzieht *alles* diskursive Reden so, daß es den unmöglichen Versuch unternimmt, vom ästhetischen Zuschauen zu berichten. Das ästhetische Nachdenken spürt den ästhetischen Zustand auf, den das diskursive Reden antreibt und den es zugleich verdeckt. Das ästhetische Denken *erneuert* die Rede, indem es sie auf das ästhetische Zuschauen zurückbezieht, aus dem die diskursive Rede hervorgegangen ist und von dem sie berichtet.

Exkurs: Kunst und Philosophie. – Das Denken ist ästhetisch, so lautete das Argument der vorstehenden Überlegung, weil oder wenn das Denken seinen Antrieb im ästhetischen Zuschauen hat; weil oder wenn das Denken in dem paradoxen, dem ebenso unmöglichen wie notwendigen Versuch besteht, von dem ästhetischen Zuschauen zu berichten: es zu artikulieren, auszusprechen, zu übermitteln. Alles Denken, das sich so versteht und vollzieht, ist ästhetisches Denken.

Im philosophischen Nachdenken über die Kunst nimmt dieses Problem, das das ästhetische Denken ausmacht, eine besondere Gestalt an. Denn anders als Sokrates es Ion erklärt, ist die Kunst nicht bloß, wie das ästhetische Zuschauen, Ausdruck einer Kraft, Effekt des Bewegtwerdens. Auch und erst recht ist die Kunst nicht bloß ein Mittel der Hervorbringung des ästhetischen Zustands (oder, wie Sokrates sagt, ein weiterer Ring in der Kette magnetischer Kraftübertragungen), sondern der Versuch einer *Darstellung* des ästhetischen Zustands – durch die Rede, in der Rede. Deshalb ist auch und insbesondere die Kunst selbst eine Gestalt ästhetischen Denkens. *Die Kunst denkt* – in dem erläuterten Sinn, daß die Kunst uns erst in den ästhetischen Zustand und dann den ästhetischen Zustand in die Rede versetzt und darin die Rede erneuert. Das Denken »innerhalb der Kunst vollzieht [sich] im Bereich zwischen Sichtbarkeit und Diskurs«.[22]

In ihrem Denken ist die Kunst wie die Philosophie, die über sie nachdenkt. Die Kunst und die Philosophie sind beide Weisen des (ästhetischen) Denkens, weil beide die Doppelbewegung zwischen Zuschauen und Berichten vollziehen. Sie unterscheiden sich darin, *wozu* und daher auch wie sie denken. Die Kunst denkt das ästhetische Zuschauen – ihre Rede tritt aus ihm heraus –, um es wiederherzustellen. »Das führt auf eine subjektive Paradoxie von Kunst: Blindes – den Ausdruck – aus Reflexion – durch Form – zu produzieren; das Blinde nicht zu rationalisieren, sondern ästhetisch überhaupt erst herzustellen; ›Dinge machen, von denen wir nicht wissen, was sie sind‹.«[23] Die Philosophie dagegen denkt das ästhetische Zuschauen, um die Rede zu verändern: um ein anderes Verständnis von der diskursiven Rede und daher andere Weisen des Vollzugs der diskursiven Rede zu gewinnen. Die Kunst will durch die Versetzung in die Rede das Zuschauen wiederherstellen, die Philosophie durch die Einsicht in die Herkunft aus dem Zuschauen die Rede verändern.

Deshalb sind sie beide aufeinander angewiesen:

> Die Werke sprechen wie Feen in Märchen: du willst das Unbedingte, es soll dir werden, doch unkenntlich. Unverhüllt ist das Wahre der diskursiven Erkenntnis, aber dafür hat sie es nicht; die Erkenntnis, welche Kunst ist, hat es, aber als ein ihr Inkommensurables.[24]
>
> Deshalb bedarf Kunst der Philosophie, die sie interpretiert, um zu sagen, was sie nicht sagen kann, während es doch nur von der Kunst gesagt werden kann, indem sie es nicht sagt.[25]

22 Chus Martínez, »Das Ausdrückbare nicht ausdrücken«, in: dOCUMENTA (13), *Das Buch der Bücher. Katalog 1/3*, Ostfildern: Hatje Cantz 2012, S. 529. Dazu, wie im und vom Bild »begriffen« wird, siehe Anselm Haverkamp, *Begreifen im Bild. Methodische Annäherung an die Aktualität der Kunst*, Berlin: August 2009.

23 Theodor W. Adorno, *Ästhetische Theorie*, Frankfurt/M.: Suhrkamp ²1974, S. 174. Zu dieser zentralen Stelle von Adornos Ästhetik siehe in diesem Band, S. 66.

24 Ebd., S. 191.

25 Ebd., S. 113.

Die Philosophie ist diskursive Rede von der diskursiven Rede: Sagen des Hervorgehens des Sagens aus dem Zuschauen, mit dem alles Sagen ebenso anfängt wie bricht. Die Philosophie weiß, was sie sagt. Aber weil das Zuschauen, von dessen Überschreitung in das Sagen die Philosophie weiß, nicht gesagt und daher nicht gewußt werden kann, »hat« die Philosophie nicht, wovon sie redet und weiß. Es ist in der Philosophie nur als vergangenes, abwesendes da – als das, was es nicht ist: als Gegenstand ihrer Rede. Das Denken der Kunst dagegen stellt das ästhetische Zuschauen, aus dem es hervorgeht, wieder her. Durch die paradoxe Form ihrer Rede – eine Form aus Unform – kehrt die Kunst zum ästhetischen Zuschauen zurück. Das kann die Kunst jedoch nur tun (oder sagen), »indem sie es nicht sagt«. Sie kann nicht sagen, weil sie nicht wissen (wollen) kann, was sie tut; sobald sie es sagte und wüßte, täte sie es nicht mehr. Das Gelingen der Kunst ist an ihre Blindheit gebunden, während das Wissen der Philosophie den Verlust dessen bedeutet, von dem sie weiß.

Daß nach Albrecht Wellmers Einsicht das Verhältnis zwischen Philosophie und Kunst damit einen »aporetischen Verweisungszusammenhang«[26] bildet, hat seinen Grund aber nicht allein darin, daß die Philosophie sagt, was sie nicht selbst haben kann, und daß dafür die Kunst es tut, ohne es aber wissen zu können, sondern weil damit ihr Verhältnis auf eine unauflösbar gegenläufige Weise bestimmt ist. Philosophie und Kunst verweisen aufeinander und streiten gegeneinander. Sie sind füreinander die Hälfte, die sie verloren haben – die sie ebenso wiederzugewinnen versuchen, wie sie sie zurückweisen müssen. Das, wonach sie sich im jeweils anderen sehnen, ist zugleich das, was sie nicht ertragen können. Ihr Verhältnis schwankt unaufhörlich zwischen dem Versuch, selbst zum jeweils anderen zu werden, und dem, endlich über es hinwegzukommen. Aber allein dieses Hinundher zwischen Sehnsucht – nach dem anderen – und Stolz – auf sich selbst – ist es, was sie lebendig hält.

*

26 Albrecht Wellmer, »Adorno, die Moderne und das Erhabene«, in: Wellmer, *Endspiele: Die unversöhnliche Moderne*, Frankfurt/M.: Suhrkamp 1993, S. 179.

»Ästhetisierung« bedeutet, so Nietzsches Begriffsbestimmung, den ästhetischen Zuschauer zur Herrschaft zu bringen – Theatrokratie. Dessen Herrschen wieder »zu beherrschen«, so Nietzsches kritische Diagnose, hat »sich bis jetzt noch als unmöglich erwiesen«. In der Herrschaft des ästhetischen Zuschauers löst sich alle Ordnung, alle Form und Norm, auf. Zugleich aber ist die Herrschaft des ästhetischen Zuschauers, so Nietzsches dialektische Wendung, die »einzige vorhandene Basis« für eine »Erneuerung der Kunst« – für eine Erneuerung der Ordnung der Formen und Normen.

Ästhetisierung ist der Prozeß, in dem das ästhetische Zuschauen sich in dem (und gegen das), was sich ihm gegenüber als unabhängig behauptet, zur Geltung bringt – sei es als Ordnung in den Künsten, sei es als politische, epistemische, religiöse Ordnung jenseits der Künste. Dieser Prozeß ist genau deshalb entgrenzend, weil es ihm gegenüber kein Außen gibt: Das Andere des ästhetischen Zuschauens, das Formieren, Normieren, kurz: das Begreifen oder diskursive Reden (denn alles Formieren und Normieren ist diskursiv oder begrifflich), ist nur deshalb ästhetisierbar, der Macht des ästhetischen Zuschauers ausgeliefert, weil es das ästhetische Zuschauen als seinen Grund und Anfang bereits in sich trägt. Die Ordnung der Formen und Normen ist nur ästhetisierbar, weil sie ästhetisch *gewesen* ist.[27] Genau deshalb *kann* der Ästhetisierung von außen eine Ästhetisierung von innen antworten: Der auflösenden Ästhetisierung der Ordnung, der Formen und Normen durch die Herrschaft des ästhetischen Zuschauers kann ihre *Selbst*ästhetisierung antworten – die Ästhetisierung der Ordnung durch sich selbst. Ästhetisierung gegen Ästhetisierung: die Selbstästhetisierung der diskursiven Ordnung gegen ihre theatrokratische Auflösung. Die diskursive Ordnung kann der Ästhetisierung nur begegnen, indem sie sie nicht zu beherrschen, sondern selbst und damit anders zu vollziehen versucht.

Die Selbstästhetisierung der Ordnung, der Formen und Normen heißt Denken. Dieses Denken ist ästhetisches Denken, ist Nachdenken über die Ästhetisierbarkeit der Ordnung, Gedenken ihres Anfangs im ästhetischen Zustand. Der Theatrokratie tritt das Denken gegenüber, das sich als ästhetisches weiß.

27 »Was besagt es über das Praktische, daß es ästhetisierbar ist? Das Praktische kann ästhetisch werden, weil es ästhetisch gewesen ist.« (Christoph Menke, *Kraft. Ein Grundbegriff ästhetischer Anthropologie*, Frankfurt/M.: Suhrkamp 2008, S. 81)

2.
Ästhetische Freiheit: Geschmack wider Willen

Die Versuche gegenwärtiger Theorien und Diagnosen der Gesellschaft, durch Rückgriff auf die Figur des Ästhetischen Aufschluß über zentrale Mechanismen der gegenwärtigen Gesellschaft zu erlangen, beruhen auf der Annahme, daß das Ästhetische eine Figur der Subjektivität, genauer: eine Figur der Freiheit ist. Diese Annahme ist richtig: »Das letzte Wort der Ästhetik ist die menschliche Freiheit.«[1] Um so dringlicher muß geklärt werden, was die Ästhetik unter Freiheit versteht. Denn nur wenn dies klar ist, kann darüber entschieden werden, ob der Versuch aussichtsreich ist, die sich gegenwärtig herausbildende nachmoderne Gesellschaft durch Gedankenfiguren beschreiben oder gar erklären und bewerten zu wollen,[2] die die Ästhetiken der Moderne vom 18. bis zum 20. Jahrhundert ausgebildet haben. Damit wird den modernen Ästhetiken die Rolle des Modells, sogar des Motors der gegenwärtigen, nachmodernen sozialen Entwicklungen zugesprochen: Das Konzept der Freiheit, das die Ästhetik seit dem 18. Jahrhundert formuliert hat, soll die Blaupause der sozialen Gestalt der Freiheit bilden, die die gegenwärtige, postfordistische oder nachdisziplinäre Gesellschaft zu verwirklichen im Begriff ist.

Ich werde im folgenden die These vertreten, daß diese gesellschaftstheoretische Inanspruchnahme ästhetischer Grundbegriffe beide – die gegenwärtige Gesellschaft wie die moderne Ästhetik – verfehlt: Die sich gegenwärtig herausbildenden Formen einer nachmodernen Subjektivität können nicht als die soziale Verwirk-

1 Christoph Menke, *Kraft. Ein Grundbegriff ästhetischer Anthropologie*, Frankfurt/M.: Suhrkamp 2008, S. 129.

2 Zu einer beschreibenden Verwendung der Kategorie des Ästhetischen siehe Axel Honneth, »Organisierte Selbstverwirklichung. Paradoxien der Individualisierung«, in: Honneth, *Das Ich im Wir. Studien zur Anerkennungstheorie*, Berlin: Suhrkamp 2010, S. 202-221. Zu einer erklärenden Verwendung: Luc Boltanski/Ève Chiapello, »Die Arbeit der Kritik und der normative Wandel«; in: Marion v. Osten (Hg.), *Norm der Abweichung*, Zürich/New York: Springer 2003, S. 57-80. Zum bewertenden Gebrauch des Ästhetischen und der Ästhetisierung siehe die breitangelegte Untersuchung von Juliane Rebentisch, *Die Kunst der Freiheit. Zur Dialektik demokratischer Existenz*, Berlin: Suhrkamp 2012.

lichung der modern entworfenen Idee ästhetischer Freiheit verstanden werden. Das ist nicht eine Frage der Filiation und auch nicht nur eine historischer Differenz. Sondern die Frage, wie die Freiheit zu verstehen ist: ebenso die Freiheit, die die gegenwärtige nachdisziplinäre Gesellschaft verwirklicht, wie die Freiheit, die die moderne Ästhetik denkt. Meine beiden Thesen dazu lauten (in negativer Formulierung): Man begreift die nachdisziplinäre Gesellschaft nur richtig, wenn man begreift, worin sie *nicht* der modernen Bestimmung der ästhetischen Freiheit als Autonomie entspricht, sondern im Gegenteil mit ihr bricht; das nachdisziplinäre Subjekt ist *nicht* die soziale Verwirklichung der ästhetischen Freiheit der Autonomie, sondern ein Ausdruck und Resultat ihrer Krise. Und man begreift die Freiheitsidee der ästhetischen Moderne nur richtig, wenn man versteht, worin sie *nicht* der Alternative von bürgerlicher Autonomie und nachdisziplinärer Subjektivität entspricht, sondern diese Alternative, und mit ihr beide Seiten zugleich, überschreitet; die Freiheitsidee der modernen Ästhetik ist weder das Modell der Autonomie noch das der nachdisziplinären Subjektform.

Diese doppelte These werde ich im folgenden durch Überlegungen zum Begriff des Geschmacks erläutern. Denn »Geschmack« ist zugleich eine ästhetische und eine soziale Kategorie. Der Geschmack ist eine *ästhetische Kategorie*, weil er die exemplarische Figur ästhetischer Freiheit bildet: Der Geschmack ist ein Vermögen der Freiheit, denn er ist ein Vermögen des Auffassens und Bewertens, in dem das Subjekt im radikalen Sinn »ohne Leitung eines anderen«[3] verfährt: ohne Leitung der Tradition, aber auch ohne Leitung einer allgemein definierten Methode, selbst ohne Leitung eines bereits gegebenen, also vorgegebenen Begriffs. Diese Möglichkeit kommt allen zu: Während Genie, die Freiheit ästhetischer Hervorbringung, nur einige wenige besitzen, ist Geschmack dasjenige Vermögen ästhetischer Freiheit, das alle ausbilden können. Und der Geschmack ist eine *soziale Kategorie*, weil der Geschmack für die soziale Verfassung und das soziale Funktionieren des Subjekts von grundlegender Bedeutung ist. Das gilt nicht deshalb

3 Diese Formel aus seinem Text zur »Beantwortung der Frage: Was ist Aufklärung?« erläutert Kant in der *Kritik der Urteilskraft* (in: Kant, *Werke*, hg. v. Wilhelm Weischedel, Darmstadt: Wissenschaftliche Buchgesellschaft 1956, Bd. V, § 40, B 158 f.) als Überwindung der »Passivität« der Vernunft. Sich selbst zu leiten macht die Aktivität der Vernunft aus oder das Selbst zum Subjekt.

(oder nicht nur deshalb), weil der Begriff des »guten« Geschmacks ein weiteres Feld bezeichnet, in dem sich soziale Distinktionen ausbilden und konvertierbare Kapitalien akkumulieren lassen.[4] Es gilt vielmehr vor allem deshalb, weil die moderne ebenso wie die sich gegenwärtig herausbildende nachmoderne oder nachdisziplinäre Gesellschaft in entscheidender Hinsicht, zugleich aber auf ganz unterschiedliche Weise des Geschmacksvermögens bedürfen.

1. Autonomie

Wie kaum eine andere ist die Kategorie des Geschmacks an die Herausbildung der Ästhetik im 18. Jahrhundert gebunden.[5] Hier erfährt der Begriff seine entscheidende Prägung: »Geschmack«, so definiert die Ästhetik, ist ein Erkenntnis- und Beurteilungsvermögen, das dem Sinnlichen zugehört, das heißt: ohne vorgegebene Regeln und Begriffe verfährt; Geschmack ist das Vermögen, ohne methodische Überprüfung und argumentative Rechtfertigung in einem Akt sinnlichen Erfassens zu erkennen und zu beurteilen, wie es um einen Gegenstand bestellt ist. Das richtet sich gegen die traditionellen Kunstlehren und die rationalistische Philosophie zugleich. Gegen die traditionellen Kunstlehren werden die ästhetischen Dinge des Geschmacks als unregulierbare, der Theorie und ihrem begrifflich-diskursiven Wissen prinzipiell entzogene bestimmt. Es reicht nicht, so ein Lieblingszitat der Ästhetiker von Horaz, daß die Gedichte schön (gemäß den Regeln) sind; »süß und zu Herzen gehend sollen sie den Hörer ergreifen und unwiderstehlich mitreißen«. Geschmack zu haben heißt, verstanden zu haben, daß ein »Werk, das voller Regelverstöße ist, hervorragend sein kann«: Der Geschmack genießt die »glücklichen [oder gelungenen: *heureuses*]

4 So (in äußerster Verkürzung) Pierre Bourdieus These, durch die er die »Verleugnung des Sozialen«, die den Geschmack definiert, rückgängig zu machen und seine verborgene soziale Funktion aufzudecken versucht (*Die feinen Unterschiede. Kritik der gesellschaftlichen Urteilskraft*, übers. v. Bernd Schwibs und Achim Russer, Frankfurt/M.: Suhrkamp 1982, S. 31). Vielleicht liegt aber das Soziale des Geschmacks gerade *in* seiner Verleugnung des Sozialen.

5 Zum folgenden siehe ausführlicher und mit Nachweisen: Christoph Menke, Art. »Subjekt, Subjektivität«, in: Karlheinz Barck u. a. (Hg.), *Ästhetische Grundbegriffe*, Bd. 5, Stuttgart u. Weimar: Metzler 2003, v. a. S. 743-751, und *Kraft*, Kap. II.

Regellosigkeiten«.[6] Aber zugleich richtet sich die ästhetische Kategorie des Geschmacks gegen die rationalistische Philosophie, die die Idee eines sinnlichen Beurteilungsvermögens für Widersinn erklärt hatte, weil wir im Sinnlichen, ohne klar definierte Begriffe, nicht Gegenstände erfassen, sondern unsere Eindrücke und Vorlieben projizieren (und sofort wieder vergessen, daß wir bloß projiziert haben). Man kann, so lautet eine gegen die rationalistische Reduktion des Urteils des Geschmacks auf eine bloße Projektion von Vorlieben gerichtete Maxime von La Rochefoucauld, zwischen gutem und schlechtem Geschmack unterscheiden, und guter Geschmack ist ebender, der »den Wert jeder Sache anzugeben weiß«: Der gute Geschmack »lehrt uns, wie etwas ist«; er erschließt die Dinge, wie sie in Wahrheit sind.[7]

Die Ästhetik definiert den Geschmack mithin als Verbindung zweier gegeneinander gespannter Elemente: der Form der Subjektivität und des Anspruchs auf Objektivität. Der Geschmack ist ein subjektives Vermögen: eine durch Übungen erworbene, aber ebendeshalb nicht auf Regeln zu bringende Fähigkeit, die das Subjekt in eigener Verantwortung, ungeleitet durch eingelebte Tradition oder rationale Methode, anzuwenden vermag. Im Geschmack urteilt *das Subjekt selbst.* Zugleich ist der Geschmack eine objektive Instanz: die Fähigkeit, die Dinge zu sehen, wie sie in sich selbst sind, unverhüllt durch Vorurteile und Naivität. Der Geschmack urteilt über *die Sache selbst.* Es ist nicht die Vernunft der wissenschaftlichen Methode, sondern die Vernunft als ästhetischer Geschmack, worin das Autonomieideal der bürgerlichen Gesellschaft seinen deutlichsten Ausdruck findet. Denn autonom zu sein heißt, die Freiheit der Selbsttätigkeit mit der Normativität (oder Gesetzlichkeit) der Sachanforderung in sich zu vereinen. Indem der ästhetische Geschmack ohne Orientierung an äußeren Vorgaben den normativen Anspruch zu erfüllen vermag, die Sache in ihrer eigenen Verfassung und Wertigkeit zu ergreifen, ist er die exemplarische Instanz der Autonomie.[8]

6 Jean-Baptiste Dubos, *Réflexions critiques sur la poésie et sur la peinture*, Reprint Genf 1967, Bd. II, S. 368.

7 La Rochefoucauld, »Réflexions diverses«, X, in: La Rochefoucauld, *Œuvres complètes*, Paris: Gallimard 1964, S. 517; Dubos, *Réflexions critiques*, S. 343 f.

8 Der Geschmack ist ohne Gesetze, aber nicht ohne Gesetz. Der Geschmack erfüllt gesetzlos, das heißt: ohne sich Gesetzen zu unterwerfen, das Gesetz des Gesetzes – das Gesetz der Objektivität.

Zur ästhetischen Idee des Geschmacks gehört das Wissen, daß Subjektivitätsform und Objektivitätsanspruch nicht von Natur aus da sind und zusammenstimmen. Geschmack ist Sache der Bildung: Geschmack, so die Ästhetik, ist ein Kunstprodukt. Nur in einer Kultur gibt es Geschmack. Denn nur wer vom Naturwesen zum kompetenten Teilnehmer einer Kultur gebildet worden ist, hat diejenige Subjektivitätsform erworben, die objektivitätsfähig ist. Das ist die Stelle, an der sich der innere Zusammenhang von moderner Ästhetik und Disziplinargesellschaft zeigt. Dieser Zusammenhang liegt in ihrem gemeinsamen Begriff des Subjekts. In den Disziplinarprozeduren, die »im Laufe des 17. und 18. Jahrhunderts [...] zu allgemeinen Herrschaftsformen« werden, geht es um »die subjektivierende Unterwerfung jener, die als Objekte wahrgenommen werden, und die objektivierende Vergegenständlichung jener, die zu Subjekten unterworfen werden«.[9] Disziplinäre Prozeduren üben soziale Herrschaft aus, indem sie die Unterworfenen zu Subjekten machen, die selbst fähig und willens sind, die von ihnen verlangten Leistungen zu erbringen. Die Adressaten der Disziplin befolgen also nicht Befehle, deren normativen Gehalt sie nicht beurteilen können. (Das war die traditionelle Bestimmung des Knechts oder Sklaven: Der Knecht versteht, was ihm vom Herrn befohlen wird, kann aber nicht dessen Gültigkeit beurteilen.) Sie können sich vielmehr *selbst* nach den Normen ausrichten, deren Verwirklichung von ihnen verlangt wird; darin eben sind sie Subjekte. Deshalb stehen im Zentrum der Disziplinargesellschaft Prozeduren der Übung und Prüfung, durch die Individuen zu Subjekten *werden*. Zuständig dafür sind die Erziehungsinstitutionen, die in der Disziplinargesellschaft eine schlechthin grundlegende Bedeutung gewinnen; die Erziehung wird in der Disziplinargesellschaft zur Institution der Institution, zur Metainstitution.

Indem die Ästhetik das Subjekt als gewordenes oder genauer: als gemachtes beschreibt, wiederholt sie also nur die neue soziale Realität disziplinärer Herrschaft.[10] Die Ästhetik ist eine Theorie und

9 Michel Foucault, *Überwachen und Strafen. Die Geburt des Gefängnisses*, übers. v. Walter Seitter, Frankfurt/M.: Suhrkamp 1977, S. 176 u. 238. (Mit der Formel »subjektivierende Unterwerfung« gibt die deutsche Übersetzung die Zweideutigkeit von Foucaults Begriff »assujettissement« wieder.)

10 Zum Zusammenhang von Ästhetik und Disziplinargesellschaft siehe Christoph Menke, »Die Disziplin der Ästhetik. Eine Lektüre von *Überwachen und Strafen*«,

Praxis der Prozeduren der Subjektivierung – der Übung, der Kraftsteigerung und Koordination, der Prüfung –, die im Zentrum der sozialen Disziplinierung stehen. Ohne genau die sozialen Prozeduren, die durch Internalisierung der Normen das Subjekt hervorbringen, gibt es auch keinen ästhetischen Geschmack. Und doch ist der Geschmack der Ästhetik, damit das ästhetische Subjekt, in einer entscheidenden Hinsicht den Vermögen der Selbstkontrolle entgegengesetzt, die das Subjekt der Disziplinierung ausmachen. Dem Disziplinarsubjekt bleibt nämlich die Vorgeschichte seiner Abrichtung ständig sichtbar eingeschrieben. Zwar richtet es sich als Disziplinar*subjekt* selbst an den Normen aus, die die Institutionen definieren, an denen es teilnimmt. Diese Selbststeuerung verliert aber nie die Erinnerung an die heteronome Szene der Disziplinierung, in der dieses Vermögen allererst erworben wurde. Im ästhetischen Subjekt dagegen ist die Vorgeschichte seiner Abrichtung zurückgelassen – vergessen oder verdrängt. Das ästhetische Subjekt, so wie es die Ästhetik in ihrem Geschmacksbegriff beschreibt, richtet sich nicht nur selbst an den sozialen Normen aus. Es tut dies so, daß jegliche Differenz zwischen dem, was es von sich aus ist, und dem, was die soziale Norm von ihm will, restlos getilgt scheint. Das ästhetische Subjekt hat seine sinnlichen Kräfte ganz in eigene Vermögen verwandelt: Indem sich seine sinnlichen Kräfte in völliger Freiheit entfalten, stimmen sie von selbst mit der Gesetzmäßigkeit der sozialen Normen zusammen, denen sie in der Szene der Disziplinierung von außen unterworfen waren. Das ästhetische Subjekt ist das anstrengungslose Subjekt, dem sein Subjektsein natürlich ist; das Subjekt, das nicht durch Disziplinierung erst zum Subjekt gemacht werden mußte, sondern, auch wenn es geübt und gebildet wurde, so erscheint – das heißt: so *scheint* –, als sei es Subjekt »von selbst«. Das ästhetische Subjekt ist der Schein des Subjekts; es ist Ideologie, und die ästhetische Ideologie ist die Ideologie des Subjekts.[11]

in: Gertrud Koch / Sylvia Sasse / Ludger Schwarte (Hg.), *Kunst als Strafe. Zur Ästhetik der Disziplinierung*, München: Fink 2003, S. 109-121; »Zweierlei Übung. Zum Verhältnis von sozialer Disziplinierung und ästhetischer Existenz«, in: Axel Honneth / Martin Saar (Hg.), *Michel Foucault. Zwischenbilanz einer Rezeption*, Frankfurt/M.: Suhrkamp 2003, S. 283-299.

11 Siehe Terry Eagleton, *The Ideology of the Aesthetic*, Oxford/Cambridge, Mass.: Blackwell 1990, Kap. I; Paul de Man, *Die Ideologie des Ästhetischen*, hg. v. Christoph Menke, Frankfurt/M.: Suhrkamp 1993, Teil I.

Ästhetik, als Theorie und Praxis, heißt: *Ästhetisierung* der Disziplin. Erst und nur im ästhetischen Subjekt des Geschmacks erfüllt sich die Teleologie der Disziplinargesellschaft, die Heteronomie der Bildung in der Autonomie der Subjekte zum Verschwinden zu bringen. Das ästhetische Geschmackssubjekt ist der Inbegriff der bürgerlichen Idee der Autonomie, weil es Autonomie nur im ästhetischen Schein gibt.

Das macht das Schöne, in seiner »glücklichen Regellosigkeit« (Dubos), zum exemplarischen Gegenstand des Geschmacks. Zwar ist das Feld des Geschmacks sehr viel weiter als das der schönen (oder erhabenen) Dinge: Es umfaßt alles, für dessen Erkenntnis es noch keinen Begriff, für dessen Beurteilung es noch keine Regel gibt. Das Feld des Geschmacks ist das in der bürgerlichen Gesellschaft sich beschleunigt erweiternde Feld des Unbekannten. Dafür braucht die bürgerliche Gesellschaft den Geschmack: um all die unbekannten Verhaltensweisen und Gegenstände zu erfassen, mit denen die bürgerliche Gesellschaft den einzelnen konfrontiert. In diesem Feld ist nun das Schöne nicht nur ein extremer Fall – denn der schöne Gegenstand entzieht sich jeder begrifflichen Bestimmung und funktionalen Erklärung –, sondern gerade darin auch ein beruhigender, versichernder. Das Schöne ist als Gegenstand des Geschmacks zugleich das Medium, in dem das ästhetische Subjekt sich seiner Möglichkeit vergewissert. Im Schönen wird der Geschmack seiner selbst inne: Der Geschmack fürs Schöne versichert das ästhetische Subjekt, daß die Arbeit der Bildung gelingen kann, daß Subjektivitätsform und Objektivitätsanspruch sich bruchlos verbinden lassen. Der ästhetische Geschmack am Schönen ist nicht nur eine besonders kultivierte und raffinierte Art von Geschmack. Er ist der Geschmack des Geschmacks. Im Genuß am Schönen genießt sich das Subjekt in der Vollkommenheit seiner Selbstbildung: einer Bildung, in deren Verlauf alle Heteronomie, die die soziale Existenz des Disziplinarsubjekts prägt, sich aufgehoben hat. Nach Kant zeigen die schönen Dinge an, »dass der Mensch in die Welt passe und selbst seine Anschauung der Dinge mit den Gesetzen seiner Anschauung stimme«.[12]

12 Immanuel Kant, Reflexion 1820a, in: *Kant's Gesammelte Schriften*, hg. v. der Preußischen Akademie der Wissenschaften zu Berlin, Berlin: de Gruyter 1902-1956, Bd. XVI, S. 127.

Die Ästhetik des Geschmacks ist gebunden an die sich gleichzeitig formierende bürgerliche Gesellschaft, deren disziplinärer Subjektivierung die Ästhetik das Ideal der Autonomie bereitstellt: einer Subjektivität, die sich rein selbst regieren, weil sie sich vollständig aus sich heraus bilden kann. Dieses Ideal der Autonomie verwirklicht sich nur im ästhetischen Schein, aber gerade so konstituiert es die gesellschaftliche Wirklichkeit, in der das Disziplinarsubjekt als »Bürger« auftritt. Die Subjektivität des Bürgers ist durch soziale Disziplinierung gemacht, aber der objektiven Erfassung der Eigenschaften und Wertigkeiten der Gegenstände fähig. Im Geschmack des Bürgers schlägt soziale Disziplinierung in frei verbürgte Objektivität um. Es bedarf des ästhetischen Geschmacks, des Geschmacks als ästhetischer Ideologie, damit das Disziplinarsubjekt sich als Bürger die (objektive) Erschließung der Welt bloß durch sein eigenes (subjektives) Urteil zutrauen kann.

Im gegenwärtigen nachdisziplinären Kapitalismus[13] hat der Geschmack jedoch eine ganz andere Gestalt und Funktion: Der Geschmack wird nun zur entscheidenden Voraussetzung für den Massenkonsum. Massenkonsum bedeutet nicht nur eine quantitative Steigerung der konsumierten Waren und konsumierenden Gruppen. Massenkonsum bedeutet vielmehr, daß die Ökonomie wesentlich darauf ausgerichtet und dadurch in Gang gehalten wird, daß massenhaft Waren produziert werden, die nur der Befriedigung solcher Bedürfnisse dienen, die allein für und *durch* diese Waren selbst erst hervorgebracht wurden. Die Bedürfnisse, für die im System des Massenkonsums die Waren einen Gebrauchswert haben sollen, sind daher im eminenten Sinne kulturell: nicht nur artifiziell generiert, sondern ihrerseits gerichtet auf die Bedeutung, die der Ware und ihrem Besitzen zukommt.[14] Massenkonsum setzt

13 Zu dieser Charakterisierung siehe Gilles Deleuze, »Postskriptum über die Kontrollgesellschaften«; in: Deleuze, *Unterhandlungen. 1972-1990*, übers. v. Gustav Roßler, Frankfurt/M.: Suhrkamp 1993, S. 254-262.

14 Daß damit die Unterscheidung von Gebrauchs- und Tauschwert selbst problematisch wird, ist bereits die These in Theodor W. Adorno, »Über den Fetischcharakter der Musik und die Regression des Hörens«, in: Adorno, *Dissonanzen. Musik in der verwalteten Welt*, Göttingen: Vandenhoeck & Ruprecht [4]1969, S. 9-45. Das macht nach Zygmunt Bauman den Unterschied von Konsum und

daher Massenkultur nicht nur voraus, sondern das System des Massenkonsums und das der Massenkultur sind identisch.[15] Der ökonomische Konsument ist hier wesentlich kultureller Teilnehmer: Er braucht Geschmack. Gehört zur massenkonsumistischen Ökonomie eine unerhört beschleunigte Produktion immer neuer Waren, dann verlangt deren Aufnahme eine ebenso flexibilisierte wie innovationsfreudige Beurteilungsfähigkeit der Konsumenten.

Die Leistung des konsumistischen Geschmacks besteht in einer neuen Verknüpfung von Kreation und Adaption. Der konsumistische Geschmack ist ebenso kreativ wie adaptiv: Er ist *durch* seine Kreativität adaptiv. Die durch Massenkonsum definierte Ökonomie produziert beständig Waren, für die es noch gar kein Bedürfnis geben kann. Das heißt hier Innovation: Hinausgehen über das als benötigt Geltende. Produziert wird daher, was nach den bisherigen Standards sinnlos, unbrauchbar ist: Was soll man als Mensch des Jahres 2006 mit einem Gerät namens iPhone, das *Time* zu Recht zu »*der* Erfindung des Jahres 2007« erklärt hat, anfangen können? Man kann es erst dann, wenn man sich zu einem anderen gemacht hat: zu einem, der der Gegenwart dieses Geräts gewachsen ist. Gesetzt wird bei dessen Produktion auf die kreative Leistung der Konsumenten, die, geführt durch Werbung und Kulturindustrie, diejenigen Standards und auf ihre Erfüllung gerichteten Bedürfnisse überhaupt erst hervorbringen, die diesem Gerät entsprechen. Weil diese kreative Leistung des Geschmacks im massenkonsumistischen Kapitalismus zur essentiellen Bedingung seines Funktionierens geworden ist, hat der Geschmack hier jeden Charakter des sozialen Privilegs verloren, der mit dem ästhetisch-guten Geschmack, trotz seines Anspruchs auf Universalisierbarkeit, verbunden war.[16] Geschmack ist im System des Massenkonsums so

Konsumismus aus; vgl. *Leben als Konsum*, übers. v. Richard Barth, Hamburg: Hamburger Edition 2009, S. 37 ff.

15 Ich folge hier Michael Makropoulos, *Theorie der Massenkultur*, München: Fink 2008, v. a. Kap. I und V. Auf diesen Zusammenhang bezieht sich die Konzeption der »Warenästhetik«. Zum gegenwärtigen Stand der Diskussion siehe die Einleitung zu Heinz Drügh/Christian Metz/Björn Weyand (Hg.), *Warenästhetik. Neue Perspektiven auf Konsum, Kultur und Kunst*, Berlin: Suhrkamp 2011, S. 9-44.

16 Wenn der ästhetische Geschmack zum sozialen Regime wird, gibt er seinen universalen Anspruch preis, und »[die] so überzeugend vorgetragene Theorie rekurriert schließlich doch wieder auf Schichtung« (Niklas Luhmann, »Individuum, Individualität, Individualismus«, in: Luhmann, *Gesellschaftsstruktur und Seman-*

weit verbreitet, wie es die Position des Konsumenten ist, und Konsument zu sein – also nicht etwa Staatsbürger oder Rechtssubjekt – ist hier die einzige Bestimmung, die alle teilen. Der Geschmack hat sich im Massenkonsum radikal veralltäglicht. Er betrifft nicht mehr nur die schönen Seiten des Lebens, sondern das ganze Leben. Denn jetzt ist das ganze Leben schön: Keine Ware, die nicht eine schöne (oder weniger schöne) Seite hätte und also geschmacklich beurteilt werden müßte, um konsumiert zu werden. Auf Geschmack kann man sich daher im gegenwärtigen Kapitalismus auch nichts mehr zugute halten: Jeder hat ihn (oder muß ihn haben). Ja, entgegen dem neubürgerlichen Stolz auf den eigenen, meist mühsam der kleinbürgerlichen Herkunft abgerungenen »guten Geschmack« sind es gerade die Avantgarden des Massenkonsums, die nach dem jeweils neuesten Produkt gieren, deren Geschmacksvermögen am weitesten entwickelt ist. Sie arbeiten an der beständigen Sinngebung des Sinnlosen durch Erfindung von Gesichtspunkten, nach denen sich das neue Produkt beurteilen läßt.

Zugleich steht all diese Kreativitätssteigerung, die den konsumistischen Geschmack vor dem bürgerlichen auszeichnet, im Dienst des Prinzips der Anpassung. Geschmack ist das Vermögen der Wahl: Der Geschmack beurteilt und zieht damit das eine dem anderen vor, setzt das andere gegenüber dem einen herab. Wie schon der ästhetische, so kann sich erst recht nicht der konsumistische Geschmack bei seinen Produktbeurteilungen auf bereits vorhandene Kriterien verlassen. Er muß die Kriterien, die für sie passen, allererst entwickeln – kreativ erfinden. Diese Kriterien jedoch sucht der konsumistische Geschmack nicht, wie der bürgerlich-ästhetische, in der jeweiligen Sache, sondern in den Lebensvollzügen und Lebensstilen, in die die Sache sich einpassen soll. Es sind nicht die Sachen, sondern es sind solche Passensverhältnisse, die den konsumistischen Geschmack umtreiben: Paßt die Sache in mein Leben? Oder vielmehr: Welches Leben paßt zu dieser Sache? Und wie paßt das Leben, das zu dieser neuen Sache paßt, zu meinem alten Leben? Wie muß ich mein Leben ändern, mein Leben neu bestimmen und erfinden, damit diese neue Sache hineinpaßt oder ich mich dieser neuen Sache anpassen kann? »Du mußt dein Leben ändern« ist

tik, Bd. 3, Frankfurt/M.: Suhrkamp 1993, S. 205). Der gute Geschmack beginnt egalitär und endet elitär: als »unser« Geschmack.

der Imperativ des massenkonsumistischen Geschmacks. Aus dem harmonischen Zueinanderpassen von Mensch und Sache, dessen sich der ästhetische Geschmack im Genuß am Schönen versicherte, wird die beständige Anstrengung zur Anpassung an die sich erneuernden Produkte. Bei all seiner Kreativität geht es dem konsumistischen Geschmacksvermögen nur mehr darum, sicherzustellen, daß man durchkommt: um bloße Selbsterhaltung.

Daß Selbsterhaltung dabei nicht die Verwirklichung eines Selbst heißen kann, das sich durch die sinnvolle Kontinuität seiner Urteile als für sich und andere identisches darstellt (und daß daher von Selbstverwirklichung in der konsumistischen Massenkultur nur deshalb so viel die Rede ist, weil sie im anspruchsvollen Sinn gerade nicht stattfindet), ist häufig festgestellt und beklagt worden: Der konsumistische Geschmack ist die Kreativität der Anpassung, die sich um solche Fragen nach Sinn und Kontinuität nicht mehr kümmern kann – der Ausdruck unbegrenzter Flexibilität.[17] Entscheidend ist dabei jedoch, daß das konsumistische Subjekt diese »Korrosion des Charakters« (Richard Sennett) nicht erleidet, sondern selbst vollzieht. Das »Herunterspielen und die Infragestellung der *Bedürfnisse von gestern*, das Verspotten und die Entstellung ihrer Objekte, die nunmehr *passé* sind, und vor allem die Diskreditierung der bloßen Vorstellung, daß das Konsumleben von der *Befriedigung von Bedürfnissen* geleitet sein sollte« – all dies, das »die Konsumwirtschaft und den Konsumismus am Leben erhält«,[18] wird vom konsumistischen Subjekt eben durch sein Geschmacksvermögen selbst getan. Flexibilität ist die Leistung, die es erbringt. Und zwar aus dem einzigen Grund, aus dem im Kapitalismus Leistungen erbracht werden: um sie zu verkaufen. Der Grund zu konsumieren ist allein, konsumiert werden zu können – konsumierbar zu sein:

17 Vgl. Richard Sennett, *Der flexible Mensch. Die Kultur des neuen Kapitalismus*, übers. v. Martin Richter, Berlin: Berliner Taschenbuchverlag 2006, Kap. 5. – Zu einer präziseren Bestimmung ebenso der gegenwärtigen sozioökonomischen Gestalt der Kreativität wie seiner ökonomisch-ästhetischen Vorgeschichte siehe Ulrich Bröckling, »Über Kreativität. Ein Brainstorming« und Dieter Thomä, »Ästhetische Freiheit zwischen Kreativität und Exstase. Überlegungen zum Spannungsfeld zwischen Ästhetik und Ökonomik«, beide in: Christoph Menke/Juliane Rebentisch (Hg.), *Kreation und Depression. Freiheit im gegenwärtigen Kapitalismus*, Berlin: Kadmos 2010, S. 89-97 und 149-171.

18 Bauman, *Leben als Konsum*, S. 130.

In der Konsumgesellschaft ist das wichtigste, vielleicht entscheidende Ziel des Konsums [...] nicht die Befriedigung von Bedürfnissen, Sehnsüchten und Wünschen, sondern die Kommodifizierung oder Rekommodifizierung des Konsumenten: *Der Konsument wird in den Status einer verkäuflichen Ware gehoben.* [...] *Die Mitglieder der Konsumgesellschaft sind selbst Konsumgüter,* und es ist die Eigenschaft, ein Konsumgut zu sein, die sie zu vollwertigen Mitgliedern jener Gesellschaft macht. Eine verkäufliche Ware zu werden und zu bleiben, ist das stärkste Motiv eines Konsumenten.[19]

Der soziale Sinn des konsumistischen Geschmacks liegt mithin nicht mehr, wie der des ästhetischen, in der ideologischen Verklärung der Disziplin zur Autonomie. Sein sozialer Sinn ist vielmehr unmittelbar ökonomisch: Er dient der »Rekommodifizierung« (Bauman) des Subjekts, seiner Selbstdarstellung und Selbstanpreisung als einer Ware, die von anderen gekauft und gebraucht werden soll. Diese Ware, als die das Subjekt sich selbst anbietet, ist die Ware Arbeitskraft: In der kompetenten Teilnahme am Massenkonsum als Massenkultur erwirbt und zeigt das Subjekt, daß es über genau die Fähigkeiten, nämlich die Kreativität der Anpassung verfügt, die es zu einer nachgefragten Arbeitskraft machen.[20] Darin erweist sich das konsumistische Subjekt als nachdisziplinäres: Waren in der Disziplinargesellschaft die verwertbaren Fähigkeiten institutionenspezifisch definiert (so daß mit dem Erwerb der jeweiligen Fähigkeit zugleich die Sicherheit einherging, in der jeweiligen Institution seinen – lebenslangen – Platz zu finden), so bestehen sie nun in der unspezifischen oder Metafähigkeit der flexiblen Anpassung. Wer das kann, wer also alles Beliebige kann, ist als Ware »Arbeitskraft« markttauglich. Das übt und zeigt man im Urteil des Geschmacks.

19 Ebd. S. 77.

20 Sofern Würde die Qualität ist, die das (bürgerlich-autonome) Subjekt erlangt, indem es seine individuelle Identität *jenseits* seiner disziplinär verbürgten institutionellen Rollen zur Darstellung bringt (vgl. Niklas Luhmann, *Grundrechte als Institution*, Berlin: Duncker & Humblot [4]1999, S. 53-83), wird nun, in der nachdisziplinären Gesellschaft, die außersoziale Leistung der Würde zur eigentlichen Bestimmung der Ware »Arbeitskraft«: Das Außersoziale wird sozialisiert, zur Produktivkraft. Aber das heißt auch umgekehrt, daß die Herstellung und Aufrechterhaltung der Arbeitskraft nun zu einer außersozialen, »privaten« Leistung wird, die das Individuum selbst zu erbringen hat.

3. Geschmack wider Willen

Die Transformation des bürgerlich-ästhetischen in den konsumistischen Geschmack hat sozioökonomische Ursachen, aber auch kulturelle, geistige Gründe. Das haben die Debatten um die Postmoderne gezeigt. Denn die Theorien der Postmoderne haben zum ersten Mal wieder nach der bürgerlichen Ästhetik des 18. Jahrhunderts den Geschmacksbegriff ins Zentrum gestellt: Die Theorien der Postmoderne – der Postmoderne der »Erschlaffung«, nicht der des Erhabenen[21] – sind Apologien des konsumistischen Geschmacks. Diese Apologie geschieht im Namen der ästhetischen Freiheit. In postmoderner Deutung ist die Transformation des bürgerlichen in den konsumistischen Geschmack eine Freisetzung seines eigentlich ästhetischen Potentials – ein Akt der Ästhetisierung: Indem der Geschmack von einem bürgerlichen Privileg zu einem egalitären Besitz der Masse wird, wird er auch erst wahrhaft kreativ und damit, wie es sein ästhetischer Begriff versprach, tatsächlich frei von allen vorgegebenen Regeln und Standards.

Zwar widerspricht dem postmodernen Lob der ästhetischen Freiheit im Massenkonsum dessen kulturindustrielle Lenkung und funktionale Verortung in der Kapitalverwertung. Die Postmoderne behält aber recht gegen die nostalgische Apologie des bürgerlichen Geschmacks als Vermögen der Autonomie. Denn für den Untergang des bürgerlichen Geschmacks im Massenkonsum gibt es einen guten Grund, der die Rückkehr zu ihm verstellt: Der bürgerliche Geschmack ist unwahr; die Identität von Subjektivitätsform und Objektivitätsanspruch, die er behauptet, ist ideologisch erschlichen. Daß er die Dinge trifft, wie sie objektiv sind, verbucht der bürgerliche Geschmack als seine eigene subjektive Leistung, durch deren Anstrengung er sein Gelingen zu garantieren vermag. Diese Leistung erbringt das bürgerliche Subjekt durch seine »Operation der Reflexion« (Kant), die es als Wiederholung der Bildungsarbeit versteht, durch die es zuerst hervorgebracht wurde. »Dieses geschieht nun dadurch, daß man sein Urteil an anderer, nicht sowohl wirkliche, als vielmehr bloß mögliche Urteile hält, und sich in die Stelle jedes andern versetzt, indem man bloß von

21 Jean-François Lyotard, »Beantwortung der Frage: Was ist postmodern?«, in: Lyotard, *Postmoderne für Kinder. Briefe aus den Jahren 1982 bis 1985*, übers. v. Dorothea Schmidt, Wien: Passagen 1987, S. 11-31.

den Beschränkungen, die unserer eigenen Beurteilung zufälliger Weise anhängen, abstrahiert.«[22] Was in der Subjektivierungsarbeit der Disziplinierung durch andere und von außen geschah: daß das eigene Urteilen an das des anderen gehalten und seine Rohheit weggearbeitet wurde, bis es wie das des anderen und damit, vermeintlich, objektiv geworden war – das soll der Geschmack in seiner Reflexionsoperation nun aus eigenem Antrieb und Vermögen selbst tun. In dieser freien Wiederholung der Disziplinierungsarbeit durch Selbstreflexion liegt die Autonomie des Geschmacks: Er verfährt jetzt nur mehr nach seinem eigenem Gesetz, das ihn die Dinge selbst erschließen läßt.[23]

Dem Einwand gegen diese optimistische Ideologie der Kultivierung, die den bürgerlichen Geschmack definierte, verdankt der konsumistische Geschmack seine Legitimität – jedoch nicht, wie es die Postmoderne wollte, als Fortschritt zur wahren ästhetischen

22 Kant, *Kritik der Urteilskraft*, § 40, B 157.

23 Auch für den konsumistischen Geschmack gilt, daß er »letztlich auf individuellen Leistungen [basiert]«. Die Ausübung von Geschmack ist eine »Aufgabe, die *individuell* in Angriff genommen und gelöst werden muss, mit Hilfe von *individuell* erworbenen Konsumfertigkeiten und Handlungsmustern« (Bauman, *Leben als Konsum*, S. 75). Der Unterschied zum bürgerlichen Geschmack liegt aber darin, daß dessen Eigenleistung in der freien *Wiederholung* der sozialen Disziplinierung bestand, während die konsumistische Gesellschaft das Subjekt der paradoxen Forderung unterstellt, *sich selbst* zu subjektivieren, sich zum Ursprung seiner eigenen Subjektivität und damit seiner selbst zu machen. Das macht den *nach*disziplinären Charakter des konsumistischen Geschmacks aus: Die Befähigung zur sozialen Teilnahme, also grundlegend die marktfähige Arbeitskraft, wird nicht mehr, wie in der Disziplinargesellschaft, durch diejenigen Institutionen hergestellt, die sie dann auch gebrauchen; in der massenkonsumistischen Gesellschaft wird die Leistung der Subjektivierung-durch-Sozialisierung privatisiert. Es ist dieses Paradox – mit dessen Lösung jeder überfordert ist, da es unlösbar ist –, durch das die massenkonsumistische Gesellschaft ebenso massenhaft Depressionen produziert (siehe Alain Ehrenberg, *Das erschöpfte Selbst. Depression und Gesellschaft in der Gegenwart*, übers. v. Manuela Lenzen und Martin Klaus, Frankfurt/M.: Campus 2004, v. a. S. 229 ff., und die Zusammenfassung: »Depression: Unbehagen in der Kultur oder neue Formen der Sozialität«; in: Menke/Rebentisch [Hg.], *Kreation und Depression*, S. 52-62). An die Stelle des nie zu beantwortenden Zweifels des bürgerlichen Geschmackssubjekts, ob es sich die disziplinären Vorgaben schon vollständig genug zu eigen gemacht hat, um »allgemein« und damit objektivitätsfähig zu werden, tritt die Verzweiflung des massenkonsumistischen Subjekts vor der unlösbaren Aufgabe, sich selbst als konsumierbare Ware Arbeitskraft hervorzubringen.

Freiheit, sondern als Ausdruck einer nur allzugut begründeten Desillusionierung. Der konsumistische Geschmack hat erkannt, daß das Versprechen des bürgerlichen Geschmackmodells, das Subjekt allein durch seine eigene Reflexionsleistung zur Instanz der Objektivität ausbilden zu können, immer schon unglaubwürdig gewesen ist. Am Grunde des konsumistischen Geschmacks liegt die Einsicht in das Scheitern objektivitätskonstituierender Subjektivität, die Walter Benjamin bereits für das neuzeitliche Erkenntnisprogramm formuliert hat: die Einsicht, daß dem »Sinnen«, »wenn es nicht sowohl geduldig auf Wahrheit, denn unbedingt und zwanghaft mit unmittelbarem Tiefsinn aufs absolute Wissen geht, Dinge nach ihrem schlichten Wesen sich entziehen«, und sie, die Dinge und mit ihnen das »sinnende«, reflektierende Subjekt, in den »Abgrund des bodenlosen Tiefsinns« stürzen.[24] Aber die trostlose Konsequenz, die der konsumistische Geschmack aus dieser illusionslosen Einsicht zieht, besteht bloß in der Ersetzung des Anspruchs auf subjektverbürgte Objektivität durch den Erfolg flexibler Adaption, den das konsumistische Subjekt gemäß der postmodernen Programmatik zur ästhetisch-kreativen Selbstverwirklichung verklärt: Es geht auch dem konsumistischen Geschmack nicht darum, die Dinge als sie selbst, »nach ihrem schlichten Wesen« zu erfassen, sondern die immer anspruchsvolleren Adaptionsleistungen, die nachgerade paradoxen Selbsterschaffungsleistungen zu vollziehen, deren es unter sich beschleunigt verändernden Verhältnissen bedarf, um den Status eines brauchbaren Subjekts, also einer konsumierbaren Ware zu erlangen und sich zugleich die Illusion einer sich selbst verwirklichenden Identität zu erhalten. Diese Doppelsorge um die eigene Kommodifizierung durch flexible Selbstverwirklichung verdrängt die Idee der Wahrheit, um deren ungeregelt-subjektive Erfassung es dem ästhetischen Geschmack gegangen war.

*

Gibt es eine andere Konsequenz aus dem Zerfall des bürgerlichen Geschmacks als den konsumistischen Geschmack (und seine postmoderne Theorie)? Gibt es einen anderen Geschmack? Ein anderer Geschmack kann nur aus der Kraft entstehen, mit der sich der Geschmack gegen sich selbst wendet.

24 Walter Benjamin, *Ursprung des deutschen Trauerspiels*, in: Benjamin, *Gesammelte Schriften*, Bd. I, Frankfurt/M.: Suhrkamp 1974, S. 403 und 404.

In dem Stück »Dämpfer und Trommel« der *Minima Moralia* schreibt Adorno über den Geschmack, das Vermögen des ästhetischen Urteilens:

Geschmack ist der treueste Seismograph der historischen Erfahrung. Wie kaum ein anderes Vermögen ist er fähig, sogar das eigene Verhalten aufzuzeichnen. Er reagiert gegen sich selbst und erkennt sich als geschmacklos. Künstler, die abstoßen, chokieren, Sprecher der ungemilderten Grausamkeit lassen in ihrer Idiosynkrasie vom Geschmack sich leiten: das Genre Still und Fein jedoch, die Domäne der neuromantisch Nervösen und Sensiblen liegt selbst bei ihren Protagonisten als so derb und ahnungslos zutage wie der Rilkevers »Denn Armut ist ein großer Glanz aus Innen ...«. Der zarte Schauder, das Pathos des Verschiedenseins sind nur noch genormte Masken im Kult der Unterdrückung. Gerade den ästhetisch avancierten Nerven ist das selbstgerecht Ästhetische unerträglich geworden.[25]

Der Geschmack, gegen den Adorno sich hier richtet, ist die Sensibilität für Nuancen, das Auskosten von Raffinement, das Aufspüren und Entfalten feinster Differenzen, das sich in seinem Vollzug selbst gefällt und genießt. Vor allem aber ist es nicht er, Adorno, der sich gegen diesen selbstgefälligen Geschmack richtet. Vielmehr stellt er fest, daß es der Geschmack *selbst* ist, der sich gegen sich, sein selbstgefälliges Schmecken, sein selbstgerechtes Urteilen richtet. Nur wenn er dies tut, ist der Geschmack nach Adorno das Vermögen des ästhetischen Urteilens, oder darin, daß er »gegen sich selbst« reagiert, ist der Geschmack ein ästhetisches Vermögen. Das ist die Neubestimmung des ästhetischen Geschmacks, die Adorno gegen die moderne Autonomieidee und das postmodern-konsumistische Ideal kreativer Adaption zugleich richtet: Ästhetisch ist derjenige Geschmack, der sich selbst unerträglich ist. In der Wendung des ästhetischen Geschmacks gegen sich selbst – in derjenigen Wendung also, die ihn zum ästhetischen *macht* – regiert nicht die Toleranz für das andere, sondern die Intoleranz gegen sich selbst. Der ästhetische Geschmack kann sich selbst nicht leiden. Er geht sich in der Selbstgerechtigkeit seines Urteilens auf die Nerven: Es sind die »ästhetisch avancierten Nerven«, denen »das selbstgerecht Ästhetische unerträglich« ist.

In ihrer Erläuterung von Adornos Figur des gegen sich selbst

25 Theodor W. Adorno, *Minima Moralia. Reflexionen aus dem beschädigten Leben*, Frankfurt/M.: Suhrkamp 1978, Nr. 95, S. 191.

reagierenden ästhetischen Geschmacks hat Silvia Bovenschen diesen entscheidenden Gedanken durch den Begriff der Idiosynkrasie näher bestimmt:

> Der Geschmack [...] kann so im Vollzug der idiosynkratischen Reaktion gegen sich selbst zu einer Art ästhetischen Gewissens werden. Wenn der Geschmack die Idiosynkrasien leitet, so konstituieren Idiosynkrasien gleichzeitig den Geschmack; sie sind – in einem Prozeß unendlicher Überbietungen – die andere Seite des Geschmacks, die dafür sorgt, daß er nicht zur Regel oder zum Diktat verkommt.[26]

Die Wendung des Geschmacks gegen sich selbst ist deshalb ein Akt des »ästhetischen Gewissens«, weil sie aus dem Wissen des Geschmacks von sich folgt; Gewissen ist Selbstwissen: das Eingedenken dessen, was der Geschmack in Wahrheit ist (so wie nach Nietzsche die Tugend des Gewissens die »Redlichkeit« ist). Der Geschmack wendet sich gegen sich selbst, gegen die Selbstgerechtigkeit seines Urteilens, weil – oder wenn – er von sich weiß, daß er kein Vermögen selbstbewußter Subjektivität ist: wenn er sich als ästhetisches Vermögen erkennt. Das Vermögen ästhetischen Urteilens zu sein heißt, ein Vermögen desjenigen Urteilens zu sein, zu dem es wesentlich gehört, ein Reagieren der Nerven zu sein: der Ausdruck einer Empfindung, Leidenschaft oder Energie; nicht ein wertendes Behaupten über einen Gegenstand, sondern ein Mitvollzug des ästhetischen Spiels sinnlicher Kräfte, das sich in ihm entfaltet.[27] *Deshalb* wenden sich die Nerven des Geschmacks gegen die Selbstgerechtigkeit seines Urteilens: weil das Urteilen in seiner Selbstgerechtigkeit, indem es sich aus dem Vermögen selbstbewußter Subjektivität begründet, verdrängt, worin es selbst eine Reaktion der Nerven ist. In der Wendung des Geschmacks gegen die Selbstgerechtigkeit seines Urteilens kommt der ästhetische »Widerwille gegen allen künstlerischen Subjektivismus«[28] zum Ausdruck – der Widerwille gegen den Geschmack als ein Vermögen, durch das das Subjekt über Kriterien und Prozeduren verfügt, die die Richtigkeit seines Urteilens verbürgen. Ästhetisches Urteilen ist widerwilliges Urteilen: Urteilen im Bewußtsein der Aporie des Urteilens.

26 Silvia Bovenschen, *Über-Empfindlichkeit. Spielformen der Idiosynkrasie*, Frankfurt/M.: Suhrkamp 2000, S. 89.

27 Das erläutere ich ausführlicher in diesem Band, I.3: »*Das Urteil*: zwischen Ausdruck und Reflexion«.

28 Adorno, *Minima Moralia*, S. 191.

Adornos Bestimmung des ästhetischen Geschmacks als aporetischen Geschmack, als ein Geschmack wider Willen, steht im Gegensatz sowohl zur subjektivitätsverbürgten Objektivität des autonomen Geschmacks der modernen Ästhetik als auch der kreativen Adaptivität des konsumistischen Geschmacks der Postmoderne. Gegen das Versprechen der Autonomie, durch die reflexive Wiederholung seiner disziplinären Sozialisierung frei werden und die Sache selbst erschließen zu können, wendet der widerwillige Geschmack ein, daß die Sache so gerade verfehlt wird. Denn in seinem reflexiven Verfahren macht das Subjekt die Sache zu seinem Gegenstand, während allein die idiosynkratische Reaktion seiner »Nerven«, der Ausdruck seiner Empfindung, die Sache als das zu erschließen vermag, was sie, als ästhetische, ist: der Ausdruck, das Spiel sinnlicher Kraft. Das ist zugleich der Einwand des widerwilligen Geschmacks gegen den konsumistischen. Das Falsche an diesem ist nicht, daß er auf Flexibilität statt auf Identität setzt. Sondern daß er dies *nicht* tut – nicht im radikalen Sinn; denn seine Flexibilität soll kreativ sein, also eine produktive Leistung erbringen, und sei es die Leistung der Selbstproduktion als Ware »Arbeitskraft«. Dagegen ist das ästhetische Spiel, in dem der ästhetische Geschmack mitspielt, unproduktiv: Es erschafft nichts, denn es verspielt alles, was es erspielt hat.

Die These des widerwilligen Geschmacks besagt, daß gerade seine ästhetische Unproduktivität wahrheits- und freiheitsermöglichend ist. Das ästhetische Spiel des Geschmacks bringt weder einen Gegenstand hervor, der dann durch das Subjekt in reflexiven Verfahren beurteilt werden kann, noch ein Selbst, das dann im gesellschaftlichen Verwertungsprozeß kreativ, also produktiv werden kann. Eben darin ist das ästhetische Spiel des Geschmacks die Bedingung ebenso von Wahrheit, dem offenen Verhältnis zur Sache, wie von Freiheit, dem offenen Verhältnis zu sich selbst. In der Reaktion der ästhetischen Nerven des Subjekts gegen sich selbst, gegen seine gesellschaftliche Gestalt, sei es die moderne der Autonomie oder die postmoderne der Kreativität, im Widerwillen des Geschmacks gegen seinen »Subjektivismus« erschließt sich, was das Subjekt in seinem Innersten ist: ästhetisches Spiel sinnlicher Kräfte. Und genau deshalb ist es auch allein der ästhetische Widerwille des Geschmacks, der uns die Sachen »nach ihrem schlichten Wesen« (Benjamin) erschließt. Am Beginn eines anderen Geschmacks steht die Einsicht, daß die Unbedingtheit der Wahrheit sich der ästhetischen Freiheit verdankt.

Anhang: Sechs Sätze zur Begriffsstruktur ästhetischer Freiheit

(1) Die ästhetische Freiheit ist eine Kategorie der Differenz. – Ästhetische Freiheit ist Freiheit in Differenz zu sich selbst. Ästhetische Freiheit ist nicht die höchste Form oder die versöhnte Gestalt der Freiheit – nicht Freiheit in ihrer vollkommenen Verwirklichung, sondern *Freiheit im Unterschied* zu ihrer sozialen, kulturellen, politischen, rechtlichen usw. Verwirklichung. Ästhetische Freiheit ist Freiheit im Unterschied zu sich selbst: Freiheit, die sich von sich selbst geschieden, die sich in sich selbst unterschieden hat. Ästhetische Freiheit ist die Differenz der Freiheit gegenüber sich selbst – als praktischer Freiheit. Ästhetische Freiheit ist Freiheit von praktischer Freiheit; genauer: die Differenz der Freiheit *von sich als* praktischer Freiheit.

(2) Die praktische Freiheit ist Freiheit im Vollzug sozialer Praktiken. – Alle geistigen Vollzüge des Menschen, alle Vollzüge also, die der Mensch durch Lernen und Gewöhnung auszuüben vermag, sind Praktiken: Praktiken des Handelns, Erkennens, Sprechens, Fühlens usf. Praktiken sind ein jeweiliges Ensemble von Vollzügen, die aufgrund erlernter, insofern geistiger, nicht natürlicher Vermögen ausgeübt werden. Geistige Vermögen sind normative Vermögen: Vermögen zur Orientierung an normativen Maßstäben, die das Gelingen und Mißlingen einer Praxis definieren. Die praktische Freiheit besteht deshalb darin, sich selbst, das eigene Verhalten und damit den eigenen Körper (gänzlich körperloses Verhalten gibt es beim Menschen nicht), in Orientierung an solchen Maßstäben des Gelingens und Mißlingens einer Praxis führen zu können. Praktische Freiheit ist die Freiheit normativer Selbstführung.

Die praktische Freiheit der Selbstführung verwirklicht sich in Vollzügen, die Züge in einer Praxis sind. Praktiken sind sozial definierte Felder, die normativ verfaßt sind: Sie werden konstituiert durch Güter, Maßstäbe und Regeln. Diese Normativität von Praktiken bildet die elementare Struktur des Sozialen. Die Selbstführung, in der die praktische Freiheit besteht, ist daher stets zugleich die

Ausführung sozial definierter Praktiken, die Verwirklichung derjenigen Güter, Maßstäbe und Regeln, die jeweils eine soziale Praxis konstituieren. Das bedeutet nichts anderes, als daß die praktische Freiheit unter der Voraussetzung sozial (vor-)gegebener Normativität steht: Im praktischen Sinn frei zu sein heißt, sich selbständig an denjenigen sozialen Normen orientieren zu können, die unsere Praktiken definieren. So ist jemand im praktischen Sinn frei, wenn er oder sie gelernt hat, wie man – zum Beispiel – eine bestimmte Sprache richtig spricht und deshalb nun nicht mehr angeleitet werden muß, sondern deren Regeln selbst anwenden kann.

(3) Die praktische Freiheit verstrickt sich in das Paradox von Fähigkeit und Macht. – Daß die praktische Freiheit unter der Voraussetzung sozialer Normativität steht, bedeutet für das Subjekt der Freiheit, daß es in seiner Selbstführung Vermögen oder Fähigkeiten aktualisiert, die es nur in seiner Abrichtung (Wittgenstein) oder seiner Disziplinierung (Foucault) zu einem kompetenten Teilnehmer sozialer Praktiken erworben haben kann. Disziplinierung ist die Voraussetzung praktischer Freiheit. Denn Disziplinierung ist derjenige Prozeß der Sozialisierung, in dem ein Individuum zum Subjekt, das heißt zu einer Instanz gemacht wird, die etwas vermag: die eine soziale Praxis erfolgreich auszuüben vermag; Disziplinierung ist der Grundprozeß der Befähigung. In dieser Bedingtheit durch sozial erworbene und definierte Fähigkeiten liegt die Begrenztheit der praktischen Freiheit.

Dieser Zusammenhang von praktischer Freiheit und sozialen Fähigkeiten – die die Freiheit zugleich ermöglichen *und* begrenzen – beschreibt »das Paradox (der Verhältnisse) zwischen Fähigkeit und Macht«:

Man weiß, dass die große Verheißung oder die große Hoffnung des 18. Jahrhunderts oder eines Teils des 18. Jahrhunderts im gleichzeitigen und proportionalen Anwachsen der technischen Fähigkeit, auf die Dinge einzuwirken, und der Freiheit der Individuen im Verhältnis zueinander bestand. Im Übrigen kann man sehen, dass durch die gesamte Geschichte der abendländischen Gesellschaften (darin findet sich vielleicht die Wurzel ihres einzigartigen – so besonderen, in ihrem Verlaufsweg so verschiedenen und so universalisierenden, im Verhältnis zu anderen so dominierenden – historischen Geschicks) der Erwerb der Fähigkeiten und der Kampf um die Freiheit die durchgängigen Elemente dargestellt haben. *Nun sind aber die Beziehungen zwischen dem Anwachsen der Fähigkeiten und dem Anwach-*

sen der Autonomie nicht so einfach, wie das 18. Jahrhundert dies glauben konnte. Man hat sehen können, welche Formen von Machtbeziehungen durch verschiedenartige Technologien (ob nun Produktionen zu ökonomischen Zwecken, Einrichtungen zum Zweck sozialer Regulierungen oder Kommunikationstechniken) befördert wurden: Die sowohl kollektiven als auch individuellen Disziplinen und die Normierungsverfahren, ausgeübt im Namen der Macht des Staates, der Erfordernisse der Gesellschaft oder der Regionen der Bevölkerung, sind Beispiele dafür.[29]

Das Paradox der praktischen Freiheit ist das Paradox der Fähigkeit, des Könnens oder Vermögens: Ohne Fähigkeit keine Freiheit – denn praktische Freiheit ist Selbstführung, die nur in der Ausführung sozialer Praktiken verwirklicht werden kann. Zugleich aber gilt: Ohne Disziplinierung keine Fähigkeit – denn soziale Praktiken ausführen zu können ist das Resultat eines Prozesses der Abrichtung zum sozial kompetenten Teilnehmer. Praktische Freiheit und soziale Disziplinierung sind paradoxal verklammert: Sie bedingen einander, und sie widersprechen einander.

Dieses Paradox der praktischen Freiheit ist der Einsatzpunkt der Selbstreflexion der Aufklärung. Wenn im Zentrum der Aufklärung eben das »Könnensbewußtsein« (Christian Meier) steht, in dem auch Foucault noch einmal die »einzigartige« Signatur der »abendländischen Gesellschaften« sieht, dann tritt die Aufklärung in die Phase ihrer Selbstreflexion ein, wenn sie erkennt, wie ihr Programm, das »Befreiung durch Befähigung« verspricht, dialektisch (oder paradoxal oder ironisch) mit der Steigerung sozialer Disziplinierung verbunden ist. Die entscheidende Frage, die sich die Aufklärung stellt, wenn sie sich über sich selbst aufzuklären beginnt, lautet: »Wie lassen sich das Anwachsen der Fähigkeiten und die Intensivierung der Machtbeziehungen entkoppeln?«[30] Wie kann das Paradox der praktischen Freiheit aufgelöst werden – wie kann es Freiheit unter sozialen Bedingungen geben?

(4) Der Begriff der (ästhetischen) Autonomie ist die falsche Antwort auf das Paradox der praktischen Freiheit. – Das Denken der Ästhetik bildet von Anfang an die radikalste Version der Selbstreflexion der Aufklärung. Die Ästhetik setzt damit ein, das Paradox der Freiheit

29 Michel Foucault, »Was ist Aufklärung?«, übers. v. Hans-Dieter Gondek, in: Foucault, *Dits et Ecrits. Schriften*, Bd. IV, Frankfurt/M.: Suhrkamp 2005, S. 704 f.; meine Hervorhebung, C.M.

30 Ebd., S. 705.

zu denken, denn die Ästhetik ist – seitdem Baumgarten die Ästhetik als Theorie der Kultur, das heißt als Theorie der Übung, der Bildung oder der Disziplinierung etabliert hat – eine Theorie der Differenz von Natur und Gesellschaft. Diese Differenz wird von der Ästhetik als Entfremdung beschrieben. Ästhetik ist Ausdruck und Theorie der Erfahrung der Fremdheit der sozial fabrizierten Subjekt- und Praxisformen. »Ästhetik« heißt Problematisierung der sozialen Disziplinierung, durch die die Subjekte und ihr Vermögen praktischer Freiheit gemacht worden sind.

Die Ästhetik ist aber zugleich von Anfang an durch den Versuch bestimmt, die ästhetische Lust (am Schönen) als einen Zustand zu beschreiben, in dem das in seiner sozialen Gestalt sich fremd gewordene Subjekt seine Versöhnung mit sich selbst erfährt. Sie ist eine Selbstreflexion der Aufklärung, als Theorie der Erfahrung der Entfremdung, und zugleich eine Theorie der Erfahrung der Versöhnung: die Theorie der ästhetischen Erfahrung *als* Erfahrung der Versöhnung. Darin ist die Ästhetik Ideologie (oder die Ideologie ist Ästhetik). Als den Zentralbegriff ästhetischer Ideologie führt die Kantische Ästhetik den der ästhetischen Autonomie ein: Im ästhetischen Geschmack »sieht sich die Urteilskraft nicht, wie sonst in empirischer Beurteilung, einer Heteronomie der Erfahrungsgesetze unterworfen; sie gibt in Ansehung der Gegenstände eines so reinen Wohlgefallens *ihr selbst das Gesetz*, so wie die Vernunft es in Ansehung des Begehrungsvermögens tut«.[31] In demjenigen Beurteilen, das im Vollzug von sozialen Praktiken des Erkennens stattfindet, besteht zwischen den beiden Kräften, die darin zusammentreten müssen, stets eine Äußerlichkeit, gar Fremdheit, die unüberwindlich scheint. Das ist die Fremdheit zwischen Verstand und Sinnlichkeit, Kultur und Natur. Die sozial definierte Normativität des Verstandes ist der sinnlichen Natur der Einbildungskraft fremd: Im

31 Kant, *Kritik der Urteilskraft*, § 59, B 258; meine Hervorhebung, C.M. – Meine Darstellung verdankt entscheidende Hinweise der Kantdeutung von Andrea Kern, die gezeigt hat, daß sich die ästhetische Lust nur verstehen läßt, wenn die ästhetische Reflexion als ein spezifischer Typ von Selbstreflexion begriffen wird; vgl. Andrea Kern, *Schöne Lust. Eine Theorie der ästhetischen Erfahrung nach Kant*, Frankfurt/M.: Suhrkamp 2000, S. 55 ff., sowie die subjektivitätstheoretischen Schlußfolgerungen ebd., S. 92 ff., 302 ff. Zu einer Weiterentwicklung dieses Arguments siehe Kern, »Die Anschauung des Schönen«, unv. Ms. 2011, §§ 5 ff.

erkennenden Urteilen gibt der Verstand der Sinnlichkeit Gesetze – aber diese bleiben ihr äußerlich. Jedenfalls erscheint es uns so, bis wir, so Kant, die Erfahrung ästhetischer Lust machen. Denn hier ist es ganz anders: Das Gesetz, dem das ästhetische Urteilen (in dem sich die ästhetische Lust ausdrückt) folgt, ist dessen eigenes – das ästhetische Urteilen ist *sich selbst das Gesetz* –, denn dieses Gesetz ist kein anderes als das der inneren Übereinstimmung von Verstand und Sinnlichkeit. Die ästhetische Lust ist der Zustand, in dem »wir uns einer wechselseitigen subjektiven Übereinstimmung der Erkenntniskräfte untereinander [...] bewußt werden«;[32] derjenige Zustand also, in dem wir uns so erfahren, daß die soziale Normativität des Verstandes und die sinnliche Natur der Einbildungskraft einander nicht fremd, sondern miteinander zusammenstimmend, in Harmonie zusammenspielend sind. Ästhetische Autonomie heißt, daß der Mensch sich im Ästhetischen als autonom erfährt, und sich als autonom zu erfahren heißt, sich so zu erfahren, daß diejenigen sozialen Gesetze oder Normen, in deren Meisterung die praktische Freiheit des Subjekts besteht, dessen eigene Gesetze sind: nichts Fremdes oder Äußerliches, das dem Subjekt erst durch Disziplinierung zu eigen gemacht werden muß, sondern das dem, wie es als sinnliches oder natürliches ist, immer schon entspricht. Die ästhetische (Ideologie der) Autonomie bringt das Paradox der Freiheit zum Verschwinden: Was uns – praktisch – als soziale Disziplinierung erscheinen mag, soll sich – ästhetisch – als gewaltfrei-harmonische »Zivilisierung« (Kant) erweisen.

(5) Die ästhetische Freiheit ist die Freiheit des Spiels der Einbildungskraft. – Seit ihrem (zweiten[33]) Beginn hat die Ästhetik nicht nur die ästhetische Ideologie der Autonomie, sondern ein radikales Gegenmodell ästhetischer Freiheit entwickelt; die Ästhetik ist seit ihrem Beginn zugleich eine Kritik der ästhetischen Ideologie. Diese Kritik setzt mit der Erkenntnis ein, daß die ästhetische Freiheit, als die »Freiheit der Einbildungskraft (also der Sinnlichkeit unseres Vermögens)«,[34] nicht gesetzlich sein kann. Ästhetische Freiheit

32 Ebd., § 9, B 30.

33 Zur These des zweifachen Beginns und daher des internen Widerstreits der Ästhetik siehe Menke, *Kraft*, Kap. II und III. Dort datiere ich den zweiten Beginn der Ästhetik auf Herders Kritik an Baumgartens Idee der ästhetischen Kultur im Namen der »ästhetischen Natur«.

34 Kant, *Kritik der Urteilskraft*, § 59, B 259.

ist nicht Autonomie: Die Einbildungskraft ist nicht frei, wenn sie einem Gesetz folgt, daß sie sich selbst gegeben hat, denn die Einbildungskraft folgt *gar keinem* Gesetz – weder einem eigenen noch einem fremden; sie ist weder autonom noch heteronom. Die Freiheit der Einbildungskraft ist die Freiheit des Spiels. Und das Spiel ist diejenige Hervorbringungsweise von Bildern (und genereller: Formen), in der sich unablässig Bild in Bild, Form in Form verwandelt. Das Spiel der Einbildungskraft ist das metamorphotische Spiel unendlicher Umbildungen oder Fortbildungen. Die Einbildungskraft ist *Kraft* – nicht ein sozial definiertes und disziplinierend erworbenes Vermögen –, weil sie in einem Hervorbringen wirkt, in dem dieselbe Energie, die ein Bild hervorgebracht hat, dieses Bild wieder auflöst und in ein anderes verwandelt. Oder die Hervorbringungsweise der Einbildungskraft ist deshalb Spiel, weil sie, als Kraft und daher im Gegensatz zu sozial definierten Vermögen, ohne inneres Maß – weil sie maßlos ist. Es gibt daher im Spiel der Einbildungskraft kein Gelingen, kein richtiges und falsches Bild, keine richtige und falsche Umbildung. Das Spiel der Einbildungskraft steht jenseits oder diesseits der sozialen Sphäre der Normativität, in der wir als fähige Subjekte praktisch frei sein können.

Das ist die Grunddefinition der ästhetischen Freiheit: Sie ist als Freiheit des Spiels (der ein- und umbildenden Kräfte) Freiheit vom Gesetz, von der Normativität. Wenn die rauschhafte Erfahrung solcher Freiheit eine wesentliche Bestimmung ästhetischer Lust ist, *kann* sie daher nicht, gemäß der ästhetischen Ideologie der Autonomie, die Erfahrung der Entsprechung von Verstand und Sinnlichkeit, Gesetz und Freiheit, Kultur und Natur sein. Im Gegenteil: Jede Erfahrung ästhetischer Lust reißt wieder die Kluft zwischen ihnen auf, die wir in der disziplinierten Teilnahme an sozialen Praktiken vergessen. Die ästhetische Freiheit ist als die Freiheit eines maßlosen Spiels die Freiheit der Negativität.

(6) Die ästhetische und die praktische Freiheit bilden eine Einheit im Widerspruch. – Die ästhetische Freiheit ist als das andere zugleich der Grund der praktischen Freiheit: Die ästhetische Freiheit unterbricht die Freiheit der Selbstführung in der Ausführung sozial definierter normativer Praktiken; die ästhetische Freiheit ist Freiheit *von* sozialer Abrichtung und Disziplin. Zugleich aber ist die ästhetische Freiheit die Voraussetzung dafür, daß Subjekte diejenigen Fähigkeiten erwerben und ausüben können, die sie zu kompe-

tenten Teilnehmern an sozialen Praktiken machen. Die ästhetische Freiheit ist nur die Freiheit von der sozialen Abrichtung und Disziplin, weil sie paradoxerweise zugleich auch die Freiheit *zur* sozialen Abrichtung und Disziplin ist. Nur ein Individuum, das immer schon – in der Sprache der Ästhetik: »von Natur aus« – ästhetisch frei ist oder Einbildungskraft hat, kann zu einem Subjekt abgerichtet werden, das die Fähigkeit hat, sich in Orientierung an den Normen der sozialen Praktiken selbst zu führen. Die ästhetische Freiheit der Einbildungskraft ist nicht bildend erworben – denn alles bildend Erworbene ist sozial definiert und normativ verfaßt –, sondern ist die Möglichkeitsbedingung dafür, daß überhaupt irgendein Vermögen bildend erworben werden kann.

Weil die ästhetische Freiheit der Grund der praktischen Freiheit ist, stehen sie sich, als ihr jeweils anderes, nicht äußerlich indifferent gegenüber. Die praktische Freiheit unterbricht das ästhetisch-freie Spiel der Einbildungskraft – das sie zugleich voraussetzt –, um an dessen Stelle die Normativität sozialer Praktiken zu setzen. In ihrem Verhältnis zur ästhetischen Freiheit widerspricht die praktische Freiheit sich selbst: Ihr Verhalten gegenüber der ästhetischen Freiheit ist ein *double bind* aus Voraussetzung und Bekämpfung. Aus demselben Grund bildet auch die ästhetische Freiheit kein »Reich« – zum Beispiel der Kunst – neben der Praxis. Denn die ästhetische Freiheit existiert in jedem Moment nur in widersprüchlicher Einheit mit der praktischen Freiheit; die ästhetische, zumal die künstlerische Sphäre ist niemals *rein* ästhetisch, sondern die jeweils prekäre, ungesicherte und vorübergehende Einheit von Spiel und Praxis, von ästhetischer und praktischer Freiheit. Es gibt keine Kunst ohne, aber auch keine Kunst nur aus ästhetischer Freiheit; die Kunst bedarf des sozial normierten Könnens (das sie außer Kraft setzt). Ebenso wie die praktische Freiheit die ästhetische voraussetzt und bekämpft, suspendiert die ästhetische Freiheit die praktische und bedarf ihrer.

Was geschieht, wenn die ästhetische Freiheit, die Freiheit des Spiels der Einbildungskraft, in die Vollzüge sozialer Praktiken interveniert? Wie verändern sich diese Vollzüge? Auf den ersten Blick scheint es so, als lasse die ästhetische Intervention die sozialen Praktiken scheitern: Der Einbruch des Spiels in die Praxis läßt diese mißlingen. Wenn die Vermögen zu spielen beginnen (und zu Kräften werden), löst sich ihre immanente Normativität auf. Wer ästhetisch frei ist, ist nicht mehr praktisch frei: Er kann nichts mehr, er vermag nichts mehr gelingen zu lassen.

Oder ist es genau umgekehrt? Ist der Einbruch des Spiels in die Praxis die *Bedingung* ihres Gelingens? Gibt es Gelingen im emphatischen Sinn nur dort, wo die Freiheit im Tun nicht nur praktisch, nicht nur ausführende Selbstführung, sondern zugleich ästhetisch, spielerische Selbstüberschreitung ist? Gelingen – wie das Erkennen der Wahrheit und das Tun des Guten – ist kein Produkt bloß praktischer Freiheit; es kann durch die freie Ausführung sozialer Praktiken nicht her- und sichergestellt werden. Rein praktische Freiheit erschöpft sich in einem Wiederholen sozial definierter Maßstäbe, das Normativität in Normalität, Gelingen in Gewohnheit umkippen läßt. Die Unbedingtheit normativen Gelingens – die Idee der Wahrheit oder die Idee des Guten – geht über alle sozial definierten Güter, Maßstäbe und Regeln hinaus. Dieser Überstieg über die soziale Praxis, der das praktische Gelingen seinem eigenen Anspruch nach ausmacht, bedarf der Intervention ästhetischer Freiheit. Praktisches Gelingen verlangt die Befreiung von der Normalität und Gewohnheit der sozialen Praxis. Und die Kraft dieser Befreiung ist die ästhetische Kraft: die Intervention ästhetischer Freiheit.

3.
Ästhetische Gleichheit: die Ermöglichung der Politik

Das ästhetische Denken ist das Denken des Ästhetischen: das Nachdenken darüber, wie das Denken durch den ästhetischen Zustand, aus dem es hervorgeht und mit dem es als diskursives, als Rede, brechen muß, ermöglicht ist.[1] Das ästhetische Denken ist die »Erneuerung« (Nietzsche) des Denkens aus der Erinnerung an den ästhetischen Zustand, aus dem das Denken hervorgeht, indem es von ihm redet. Wenn zugleich alles Denken das Denken von Gesetzlichem (oder Normativem) ist, dann denkt mithin das ästhetische Denken das Gesetzliche als durch den ästhetischen Zustand ermöglicht. Und dadurch, daß es so denkt, erneuert es das Gesetzliche oder Normative.

Wie sich diese These verstehen und durchführen läßt, soll im folgenden für das Gesetz der Gleichheit skizziert werden. Mein Verfahren ist dabei das eines Rearrangements einiger klassischer, wohlbekannter Aussagen zur Gleichheit, um sie dadurch in einem anderen Licht erscheinen zu lassen.

1. Keiner oder Alle

In einem Gespräch, das Alexander Kluge mit Heiner Müller für das Fernsehen geführt hat, bittet er ihn, aus einem Text »direkt von deinem Schreibtisch« vorzulesen. In dem Text tritt, so Kluge an Müller gewandt, »Goebbels als Medea, die ihre Kinder ermordet hat, auf, und da kommt Hitler vor, mit einem längeren Monolog, kann man das sagen? [...] Lies doch das mal.« Und Heiner Müller liest, was Hitler kurz vor seinem Selbstmord im Bunker gesagt hat:

Hitler: »Meine Damen. Ich danke Ihnen allen für die Arbeit, die Sie geleistet haben in Treue, was wäre das Leben ohne die Treue der Frau, ich schweige vom Tod, für meinen Dienst an Deutschland, das mit mir untergeht.« Regieanweisung: Geschützdonner, Detonationen. »Sie hören

1 Zur Erläuterung dieser These siehe in diesem Band, II.1: »*Ästhetisierung* – des Denkens«.

den Triumph des Untermenschen, der seine Herrschaft antritt. Der Untermensch hat sich als der Stärkere erwiesen. [...] Ich gehe zurück zu den Toten, die mich geboren haben. Jesus Christus war ein Menschensohn, ich bin der Sohn der Toten. Ich habe meinen Astrologen erschießen lassen, Herrn Friedrich Nietzsche, damit er mir vorangeht in das Reich des Todes, das die einzige Wirklichkeit ist, und dessen Statthalter auf Erden ich gewesen bin. Leben wird mein Programm: Gegen die Lebenslüge des Kommunismus KEINER ODER ALLE. Die einfache und volkstümliche Wahrheit FÜR ALLE REICHT ES NICHT. Gegen das verlogene Geschwätz der Pfaffen LIEBET EURE FEINDE das ehrliche Gebot meines deutschen Katechismus VERNICHTET SIE WO IHR SIE TREFFT. Ich habe Europa zu meinem Scheiterhaufen erwählt. Seine Flamme wird mich von meinen staatsmännischen Pflichten entbinden. Ich sterbe als Privatmann. [...] Es lebe der deutsche Schäferhund.« Erschießt seine Hündin.[2]

Hitler sagt: Es gibt in der Politik nur zwei Möglichkeiten. Entweder man ist Faschist. Dann weiß man: Für alle reicht es nicht. Es war nie genug da für alle, nicht genug an Gütern, Raum, Zeit, Freiheit. Es war nie genug da für alle, und es *wird* nie genug da sein für alle. Es wird immer zu wenig sein, um alle zu ernähren, unterzubringen, zu berücksichtigen – um alle leben zu lassen. Also muß man unterscheiden. Man muß zwischen denen unterscheiden, die teilhaben, weil sie wie wir sind, und denen, die nicht teilhaben, weil sie – kulturell, ethnisch, technologisch, ökonomisch oder sonstwie – nicht wie wir sind; die also nicht teilhaben können, weil sie nicht *können*. Zwischen uns, für die es reicht, unter denen es vielleicht sogar für alle gleichermaßen reichen soll – unter denen Gleichheit herrschen soll –, und denen zu unterscheiden, für die es nicht reicht, heißt, so Hitler, Faschist zu sein.

Aber Hitler sagt auch: Man muß nicht nur wissen, daß es nicht für alle reicht und deshalb zwischen uns und denen, die nicht ein Teil von uns sein können, unterscheiden. Man muß sich vor allem und vorweg von denen unterscheiden, die nicht so unterscheiden. Das sind die Kommunisten. Der Kommunist weigert sich, zwischen uns und den anderen zu unterscheiden. In seinem Unterscheiden zwischen uns und den anderen unterscheidet sich der Faschist vom nichtunterscheidenden Kommunisten. Der Faschist

2 Alexander Kluge/Heiner Müller, *Theater der Finsternisse*. – Video und Transkription sind zugänglich unter ⟨http://muller-kluge.library.cornell.edu/de/video_transcript.php?f=120⟩; letzter Zugriff 11. 11. 2012.

kämpft für die Unterscheidung gegen die Kommunisten, die für die Nichtunterscheidung kämpfen.

Der Faschist glaubt, daß der Kommunist nicht unterscheidet, weil er zu schwach ist. Kommunismus, so meint der Faschist, ist Unterscheidungsvermeidung aus Unterscheidungsschwäche. Aber der Kommunist unterscheidet auch. Der Kommunist sagt: »KEINER ODER ALLE«. Der Kommunist sagt: Entweder – oder; entweder es reicht für alle, oder keiner erhält und gilt irgend etwas; ein Drittes gibt es nicht. Für den Kommunisten ist der Faschist der Unterscheidungsschwache. Denn er trifft nur eine schwache Unterscheidung. »Schwach« ist eine Unterscheidung, die unter Bedingungen steht, die sie fraglos voraussetzt. In der faschistischen Unterscheidung zwischen uns und denen, für die es nicht reicht, sind das die ökonomischen Bedingungen des Endlichen. In der faschistischen Unterscheidung ist die Begrenztheit der Ressourcen vorausgesetzt im Verhältnis zu dem ebenso fraglos hingenommenen, schlicht vorausgesetzten Bedarf; Faschismus ist die letzte Konsequenz des Ökonomismus. Der Kommunist dagegen trifft in seinem Sichunterscheiden vom Faschisten eine starke Unterscheidung: die Unterscheidung zwischen einem Zustand, in dem alle zählen, und *jedem anderen* Zustand. Denn jeder andere Zustand ist ein Zustand der Subtraktion. In diesem anderen, falschen Zustand wird so gerechnet: Wir = alle minus x. Für den Kommunisten ist es gleichgültig, wie groß x ist. Wenn x größer als null ist, ist der Zustand, in dem gilt »wir = alle minus x« für den Kommunisten nicht ein Zustand, in dem wenigstens – und immerhin! – noch einige, vielleicht sogar viele zählen und damit besser als nichts. Sondern der Zustand »wir = alle minus x« ist ein Zustand, der so gut (also schlecht) ist, als ob *keiner* zählte. Für den Kommunisten gibt es kein Mehr oder Weniger. Es gibt nur alle oder keiner. Es gibt nur das Unterscheiden *oder* die Gleichheit.

*

Aber woher die Gleichheit? Ist sie ein bloßes Ideal, gar ein bloßer Wunsch, geboren – wie ihre Gegner, die Paranoiker der Ungleichheit, meinen, die ihren Ökonomismus für Realismus halten – aus dem Ressentiment und projiziert auf eine Zukunft, die niemals kommen kann? Die Gleichheit muß erkämpft werden, weil es sie noch nicht gibt. Aber zugleich *kann* sie nur erkämpft werden, wenn und weil es sie schon gibt. Hitler hat recht: Der Kampf zwischen »Für alle reicht es nicht« und »Keiner oder alle« ist nicht ein Kampf um die bessere Moral, sondern ein Kampf um die Wahrheit: ein Kampf darum, welche von beiden Behauptungen, die Behauptung der Gleichheit oder die der Ungleichheit, eine »Lebenslüge« und welche die »einfache und volkstümliche Wahrheit« ist. »Die politische Gleichheit ist nicht das, was man will oder projektiert, sie ist das, was man im Feuer des Ereignisses hier und jetzt deklariert als das, was ist, nicht als das, was sein soll.«[3]

Aber das beantwortet die Frage noch nicht: Woher die Gleichheit? Man kann sagen, daß es erst und nur Politik gibt, wo die Gleichheit »deklariert« wird, weil die Politik diejenige Praxis ist, die »im Zeichen des Prinzips des Selben oder des egalitären Prinzips das Unendliche als solches behandelt«.[4] Oder daß das »inegalitäre Bewußtsein [...] ein taubes Bewußtsein [ist], das von einem Irren, einer Macht gebannt ist, von der es kein Maß besitzt« (und daß dies den »arroganten und peremptorischen Charakter der inegalitären Aussagen erklärt, während sie ganz offenkundig inkonsistent und erbärmlich sind«).[5] Die Frage nach dem *Sein der Gleichheit*, die zu deklarieren die Politik (und die zu bestreiten den unpolitischen Charakter der Apologie der Ungleichheit) ausmacht, ist damit immer noch offen. Die Gleichheit wird in der Politik deklariert, oder es ist keine Politik. Zugleich deklariert die Politik die Gleichheit als seiend, nicht als seinsollend. Die politische Deklaration der Gleichheit bringt sie daher nicht erst als eine Forderung, als etwas Zuverwirklichendes hervor, sondern sie stellt sie fest: Sie stellt fest, daß es sie gibt.

Ist damit gemeint, daß die Gleichheit ein »Prinzip« ist (also wohl doch nicht nur eine »Maxime«)?[6] Ist die Gleichheit – weil sie *ist* und nicht erst sein soll – als Prinzip der Grund, »auf der jede gesellschaftliche Ordnung beruht«? So daß man sogar sagen kann: »Die Ungleichheit ist letztlich nur durch die Gleichheit

3 Alain Badiou, *Über Metapolitik*, übers. v. Heinz Jatho, Zürich/Berlin: Diaphanes 2003, S. 111.

4 Ebd., S. 153.

5 Ebd., S. 159.

6 »Prinzip«: ebd., S. 153; »Maxime«: S. 158. Woanders nennt Badiou die Gleichheit ein »Axiom«: S. 110.

möglich«?[7] Ist die Gleichheit so da, daß sie als der ermöglichende Grund (von allem, sogar ihres Gegenteils, der Ungleichheit) gewußt werden kann? Wie oder wo *gibt es* Gleichheit?

2. »Von Natur«

René Descartes beginnt die »Geschichte« seines Lebens – die autobiographische »Fabel«, in der er von den »Wegen« erzählt, »die mich zu Betrachtungen und Grundsätzen führten, aus denen ich mir eine *Methode* gebildet« habe – mit der Deklaration der Gleichheit aller als urteilsfähiger Wesen. Sie sind Gleiche, denn sie sind gleichermaßen urteilsfähig:

> Der gesunde Verstand [*bon sens*] ist die bestverteilte Sache der Welt; denn jedermann glaubt, so wohl damit versehen zu sein, daß selbst einer, der in allen anderen Dingen nur sehr schwer zu befriedigen ist, für gewöhnlich nicht mehr davon wünscht, als er besitzt. Daß sich hierin alle täuschen, ist nicht wahrscheinlich; vielmehr beweist es, daß die Kraft [*puissance*], gesund zu urteilen und Wahres von Falschem zu unterscheiden – was man recht eigentlich »gesunden Verstand« oder »Vernunft« [*raison*] nennt –, von Natur gleich ist bei allen Menschen, ebenso wie die Verschiedenheit unserer Meinungen nicht daher rührt, daß die einen vernünftiger sind als die anderen, sondern nur daher, daß wir unser Denken in verschiedenen Bahnen bewegen [oder lenken, leiten: *conduisons*] und nicht dieselben Dinge berücksichtigen. Denn es genügt nicht, gesunde Geisteskräfte zu haben; die Hauptsache ist, sie gesund zu gebrauchen.[8]

Descartes' Argument für die Gleichheit ist indirekt: daß jeder gleichermaßen urteilsfähig ist, soll sich daran zeigen, daß jeder mit dem Teil oder Maß an dieser Fähigkeit, das er besitzt, zufrieden ist – daß er nicht mehr davon haben will (aber was beweist das

7 Jacques Rancière, *Das Unvernehmen. Politik und Philosophie*, übers. v. Richard Steurer, Frankfurt/M.: Suhrkamp 2002, S. 29.

8 René Descartes, *Discours de la méthode pour bien conduire sa raison, et chercher la verité dans les sciences – Von der Methode des richtigen Vernunftgebrauchs und der wissenschaftlichen Forschung*, in: Descartes, *Philosophische Schriften in einem Band*, übers. v. Lüder Gäbe, Hamburg: Meiner 1996, I.1, S. 3-5; ebenso Thomas Hobbes, *Leviathan*, übers. v. Walter Euchner, Frankfurt/M.: Suhrkamp 1984, S. 94. Dazu instruktiv Ludger Schwarte, *Vom Urteilen. Gesetzlosigkeit, Geschmack, Gerechtigkeit*, Berlin: Merve 2012, S. 107 ff.

schon?). Dagegen ist klar, worauf dieses Argument zielt: Der Beginn der methodischen Selbstlenkung ist zugleich der Beginn der politischen Revolution.

Dieser politische Gehalt von Descartes' Fabel bleibt unausgesprochen. Er steckt in dem, wovon diese Fabel nicht reden will; ja, wovon nicht mehr zu reden das ist, was sie lehren will. Descartes will an seinem eigenen Fall exemplarisch zeigen, daß man in seinem Denken einer Methode folgen kann und soll; man soll seine ganze Aufmerksamkeit darauf richten, wie man seine Vernunft am besten *ausübt*, seinen Verstand am besten *anwendet*. Um die Aufmerksamkeit auf diese neue Frage der methodischen Lenkung seiner Vernunftausübung hinzuwenden, muß sie jedoch von der überkommenen Frage *abgewendet* werden, die das Nachdenken über die Vernunft und die Möglichkeit, sie zu lehren und zu verbessern, gefangenhielt – die dieses Nachdenken politisierte: die Frage, ob denn überhaupt alle Menschen Vernunft, das gleiche »Vermögen, richtig zu urteilen und das Wahre vom Falschen zu unterscheiden«, *besitzen*. Und weiterhin, welche Prozesse sie durchlaufen haben müssen, um vernünftig zu *werden*. Diese traditionelle Frage droht die neue methodische Frage zu blockieren. Denn von dem traditionellen »Standpunkt aus kann es keine Wahrheit ohne eine Konversion oder Verwandlung des Subjekts geben«.[9] Die traditionelle Frage nach dem Ob des Vernunftbesitzes und dem Wie des Vernunfterwerbs weist daher in das politisch-ethische Feld der Erziehung und Übungen. Sie lenkt damit nach Descartes die Aufmerksamkeit, die Leidenschaften und Energien von der unvergleichlich wichtigeren Frage nach der methodischen Lenkung der Vernunftausübung ab, in der es ausschließlich um »die dem Erkenntnisakt inhärenten Voraussetzungen« geht.[10] Um sich dieser Aufgabe der Disziplinierung in der schrittweisen Ausführung von Denkoperationen zu widmen, muß die Gleichheit des Vernunftvermögens – daß es jeder schon im gleichen Maße wie jeder andere hat – ein für alle Male vorausgesetzt werden.

Die Behauptung, gegen die sich Descartes zur Sicherung seines Reformprogramms des Denkens – »meine eigenen Gedanken zu re-

9 Michel Foucault, *Hermeneutik des Subjekts*, übers. v. Ulrike Bokelmann, Frankfurt/M.: Suhrkamp 2004, S. 33.

10 Ebd., S. 35 f.

formieren und auf einem Boden zu bauen, der ganz mir gehört«[11] – damit wendet, ist die Behauptung der klassischen Politischen Philosophie, daß es bereits der Besitz des Vernunftvermögens ist, in dem die Menschen sich entscheidend unterscheiden:

> Das Lebewesen besteht primär aus Seele und Leib, wovon das eine seiner Natur nach ein Herrschendes, das andere ein Beherrschtes ist. Was dabei naturgemäß sei, muß man eher an dem ablesen, was sich normal verhält, als an dem, was verdorben ist. [...] die Seele regiert über den Körper in der Weise eines Herrn und der Geist über das Streben in der Weise eines Staatsmannes oder Fürsten. Daraus wird klar, daß es für den Körper naturgemäß und zuträglich ist, von der Seele beherrscht zu werden; ebenso für den leidenschaftsbegabten Teil der Seele, vom Geiste und vom vernunftbegabten Teil beherrscht zu werden; Gleichheit oder ein umgekehrtes Verhältnis wäre für alle Teile schädlich.
>
> Ebenso steht es mit dem Verhältnis zwischen dem Menschen und den anderen Lebewesen. [...] Desgleichen ist das Verhältnis des Männlichen zum Weiblichen von Natur so, daß das eine besser, das andere geringer ist, und das eine regiert und das andere regiert wird.
>
> Auf dieselbe Weise muß es sich nun auch bei den Menschen im allgemeinen verhalten. Diejenigen, die so weit voneinander verschieden sind wie die Seele vom Körper und der Mensch vom Tier (dies gilt bei allen denjenigen, deren Aufgabe die Verwendung ihres Körpers ist und bei denen dies das Beste ist, was sie leisten können), diese sind Sklaven von Natur und für sie ist es [...] besser, auf die entsprechende Art regiert zu werden.[12]

So lautet das Argument, das die Philosophie zweitausend lange Jahre willfährig zur Legitimation der Herrschaft bereitgestellt hat und das Descartes durch die umstandslose Voraussetzung der Gleichheit mit einem Federstrich vom Tisch wischt. Legitim ist die Herrschaft »von Natur aus«: die Herrschaft über diejenigen, deren Natur es ist, beherrscht zu werden, so wie der Körper durch seine Seele. Das allgemein, für alle ihre verschiedenen Gestalten geltende Argument für die Legitimität, ja Notwendigkeit der Herrschaft entwickelt Aristoteles am extremen Fall der »Sklaven von Natur«. Deren knechtische Natur besteht in ihrer mangelhaften Teilhabe am Vermögen der Vernunft; sie *besitzen* die Vernunft nicht ganz oder nicht ganz richtig:

11 Descartes, *Von der Methode,* II.3, S. 25.

12 Aristoteles, *Politik,* übers. v. Olof Gigon, München: Deutscher Taschenbuch Verlag 1973, Buch I, 1254a-b.

Von Natur ist also jener ein Sklave, der einem andern zu gehören vermag und ihm darum auch gehört, und der so weit an der Vernunft teilhat, daß er sie annimmt, aber nicht selbständig besitzt. Die anderen Lebewesen [also die Tiere] dienen so, daß sie nicht die Vernunft annehmen, sondern nur Empfindungen gehorchen. Doch ihre Verwendung ist nur wenig verschieden: denn beide helfen dazu, mit ihrer körperlichen Arbeit das Notwendige zu beschaffen, die Sklaven wie die zahmen Tiere.[13]

Vernunft zu besitzen besteht darin, das Nützliche und Schädliche, das Gute und Schlechte, das Gerechte und Ungerechte unterscheiden zu können. Es bedeutet, urteilen zu können. Das kann der Sklave »von Natur« nicht. Seine Vernunft ist defekt oder eingeschränkt: Er kann vernünftige Urteile nur »annehmen« – als Befehle verstehen und befolgen –, aber nicht selber fällen; er kann sich nicht selbst durch Urteile über das Gute und Schlechte regieren und bedarf deshalb der Regierung von außen, durch andere; er bedarf des Herrn. Der Grund – das *Recht* – der Herrschaft liegt in der Ungleichheit in der Verteilung des Vernunftvermögens.

Damit macht Descartes' Gleichheitsvoraussetzung – »der gesunde Verstand ist die bestverteilte Sache der Welt« – Schluß: Wenn Descartes recht hat und jeder urteilen kann, ist es mit dem Recht der Herrschaft, weil mit dem Recht der Unterscheidung zwischen Herren und Sklaven als solchen, die das Vermögen der Vernunft besitzen, und solchen, die es nicht besitzen, sondern nur halbwegs an ihm teilhaben, vorbei.

*

Aber Descartes hat nicht recht. Das heißt er hat nicht recht, wenn die Feststellung, mit der er sein Reformprogramm auf den Weg bringt, so zu verstehen ist, daß er der Behauptung der traditionellen Philosophie, daß es von Natur aus Unterschiede im Besitz des Vernunftvermögens gibt, die Behauptung entgegenstellt, daß die Menschen in ihrem Vernunftvermögen von Natur aus gleich sind. Denn Gleichheit, die politische Bedeutung haben soll, kann nicht eine natürliche, das heißt: eine von selbst vorliegende Eigenschaft sein.

Das – also nicht die Lehre von der Natürlichkeit der Herrschaft, sondern die von der Unnatürlichkeit der Gleichheit – ist die Ein-

13 Ebd., 1254b.

sicht, die wir nach Hannah Arendt dem klassischen Denken der Politik entnehmen sollten. Diese klassische Einsicht besagt:

> Die Isonomie garantierte *ἰσότης*, Gleichheit, aber nicht weil alle Menschen als Gleiche geboren oder von Gott geschaffen sind, sondern im Gegenteil, weil die Menschen von Natur her (*φύσει*) nicht gleich sind und daher einer von Menschen errichteten Einrichtung bedürfen, nämlich der Polis, um kraft des Gesetzes (*νόμῳ*) einander ebenbürtig zu werden. Gleichheit existierte nur in diesem spezifisch politischen Bereich, wo die Einwohner der Polis als Bürger und nicht als Privatpersonen zusammenkamen. Auf die Kluft zwischen diesem antiken Gleichheitsbegriff und den modernen Vorstellungen, denen zufolge die Menschen gleich geboren oder als Gleiche erschaffen sind und erst durch gesellschaftliche oder politische, also jedenfalls künstliche Einrichtungen ungleich werden, kann gar nicht nachdrücklich genug hingewiesen werden. Die Gleichheit in dem griechischen Stadtstaat war eine Eigentümlichkeit der Polis und nicht der Menschen, die ihre Gleichheit, nämlich das Vorrecht, sich unter ihresgleichen zu bewegen, ausschließlich dem Politischen und seiner Verfassung verdankten. Von Natur waren Menschen weder frei noch gleich; sie wurden es erst durch das Gesetz, also gemäß dem Denken des achtzehnten Jahrhunderts durch künstliche Konventionen. Freiheit und Gleichheit waren keine Attribute einer wie immer gearteten menschlichen Natur, sondern Qualitäten einer von Menschen errichteten Welt.[14]

Gleichheit ist – wie Freiheit – keine natürliche Tatsache. Das heißt nach Arendt: Sie ist eine politische Tatsache, etwas künstlich Geschaffenes: ein Effekt des Gesetzes. Die Gleichheit ist, so verstanden es Arendt zufolge die Griechen und sollten auch wir es verstehen, keine »Eigentümlichkeit [...] der Menschen«. Daher läßt sich die politische Gleichheit auch nicht dadurch begründen, daß die Menschen von Natur aus bereits gleich sind. Das zeigt, was an Aristoteles' Argument falsch ist. Das Argument lautet, daß die Vernunft, das Vermögen, über das Gute und Schlechte zu urteilen und dadurch sich selbst zu lenken, ungleich verteilt ist. Dadurch will Aristoteles die Herrschaft rechtfertigen, die seit dem Beginn der Neuzeit als die drückendste, die erniedrigendste gilt: die Herrschaft des Herrn über den Sklaven. Falsch daran, so folgt aus Arendts Überlegung, ist nicht die Feststellung, sondern die herrschaftslegitimierende Konsequenz, die Aristoteles aus ihr zieht: Aristoteles hat recht, wenn er sagt, daß das Vernunftvermögen nicht gleich

14 Hannah Arendt, *Über die Revolution*, München/Zürich: Piper 1974, S. 36.

verteilt ist, daß die Menschen es mehr oder weniger besitzen. Aber das legitimiert keine Herrschaft.

Alle Vermögen sind ja ungleich verteilt. Und sie sind es ebendeshalb, weil wir kein Vermögen von Natur aus haben. Wenn Arendt sagt, daß Menschen »von Natur weder frei noch gleich« sind, dann meint sie damit den vorpolitischen Naturzustand, der jedoch gerade ein sozialer ist: die ökonomische, technische, kulturelle Welt des »Herstellens«.[15] Das ist der Zustand, in dem wir durch Ausbildung, Abrichtung und Übung die Vermögen, Fähigkeiten oder Kompetenzen erwerben, die uns zu Menschen machen. Alles übende Ausbilden von Fähigkeiten geschieht in Orientierung an normativen Unterscheidungen: etwas gut oder schlecht zu können; einen hohen, entwickelten, sicheren Grad der Fähigkeit erworben zu haben oder über eine nur unentwickelte, rohe, untaugliche Fähigkeit zu verfügen. Daß Menschen »von Natur weder frei noch gleich« sind, heißt, daß sie es in ihren Fähigkeiten nicht sind – und auch nicht werden können. Fähigkeiten, Vermögen sind als erworbene abgestuft; sie unterscheiden uns in Könner und Nichtkönner, in Mehr- oder Wenigerkönner. Und vielleicht viel tiefer und weitreichender noch als in der Art und im Grad unserer Fähigkeiten selbst unterscheiden wir uns in unseren Urteilen darüber, wer ein Könner und wer ein Nichtkönner ist, was einen Könner ausmacht. Vermögen gibt es nicht nur in unterschiedlichen Arten und Graden, sondern in unterschiedlichen, ja unvereinbaren und einander bekämpfenden Auslegungen und Anwendungen. Unsere Vermögen vergesellschaften *und* entzweien uns. Sie sind wesentlich das Feld, weil der Gegenstand von Konkurrenzen und Kämpfen.

Und das gilt auch für das Vermögen der Vernunft, die Fähigkeit zu urteilen. Jedenfalls gilt es dann, wenn wir ernst damit machen, daß auch sie kein dem Menschen von Gott oder Natur aus mitgegebenes, kein eingeborenes, sondern ein sozial erworbenes Vermögen ist. Wir haben auch Vernunft nur in Gesellschaft, durch Ausbildung. Und wir haben das Vermögen der Vernunft daher, wie alle Vermögen, in unterschiedlichen Graden, Maßen, Arten und Auslegungen. Wenn die Vernunft nur übend erworben wird, sind ihr Besitz und ihre Ausübungen nicht gleich, sondern verschieden.

15 Vgl. Hannah Arendt, *Vita Activa oder Vom tätigen Leben*, München/Zürich: Piper 1981, Kapitel 4. (Ich verwende hier die Ausdrücke »sozial« und »Gesellschaft« nicht im Sinn von Arendts Terminologie; ebd., S. 64 ff.)

Das Feld des Übens *ist* das Feld der Ungleichheiten: des Besser und Schlechter, des Gelingens und Mißlingens – und des Kampfes darum.

Da es die Gleichheit der Vernunft nicht »von Natur aus« und erst recht nicht durch Kultur oder Gesellschaft geben kann, kann sie auch nicht die politische Gleichheit, den radikalen Einspruch gegen die Politik der Unterscheidung – in die, die herrschen, und die, die beherrscht werden; in die, die zu uns gehören, und die, die nicht dazugehören; in die, die zählen, und die, für die es nicht reicht – begründen. Die Gleichheit der Vernunft ist so wenig eine Tatsache, die als letzter Grund der politischen Gleichheit gelten kann, wie es die Gleichheit irgendeines sozial erworbenen Vermögens ist. Die politische Gleichheit folgt aus keiner Eigenschaft, eingerechnet unsere Vermögen, die wir von Natur aus oder durch Gesellschaft haben. Denn in allen unseren Eigenschaften und Vermögen sind wir, von Anfang an oder durch Ausbildung, verschieden.

Exkurs: Die Gleichheit im Verstehen. – Jacques Rancière will Aristoteles' Rechtfertigung der Herrschaft durch die natürliche Differenz im Urteilsvermögen durch das folgende Argument zurückweisen:

> Vor dem *Logos*, der über das Nützliche und Schädliche diskutiert [also demjenigen, in dem Aristoteles die Unterschiede zwischen Herrn und Sklaven, Mann und Frau verortet, C.M.], gibt es den *Logos*, der befiehlt und Recht gibt zu befehlen. Aber dieser anfängliche *Logos* ist mit einem Widerspruch behaftet. Es gibt Ordnung, weil die einen befehlen und die anderen gehorchen. Aber um einem Befehl zu gehorchen, bedarf es mindestens zweier Dinge: man muss den Befehl verstehen, und man muss verstehen, dass man ihm gehorchen muss. Und um das zu tun, muss man bereits dem gleich sein, der einem befiehlt. Dies ist die Gleichheit, die jede natürliche Ordnung [jede Ordnung der Ungleichheit, der Herrschaft, C.M.] aushöhlt.[16]

So begründet Rancière seinen oben zitierten Satz: »Die Ungleichheit ist letztlich nur durch die Gleichheit möglich.« *Unterhalb* des Logos, der Fähigkeit zu urteilen, in der wir uns unterscheiden mögen (dazu sagt Rancière nichts), gibt es einen »anfänglichen« Logos, in dem wir gleich sind. Das

16 Rancière, *Das Unvernehmen*, S. 29.

ist der Logos des Verstehens: In der Tatsache, daß alle sprechen und verstehen können, gründet die politische Gleichheit. Weil ich den Befehl verstehen kann, muß ich ihm nicht gehorchen.[17]

Dieses Argument ist zweideutig: Entweder der anfängliche Logos wird als eine vorpolitisch existierende Fähigkeit verstanden, aber dann ist er nicht das Medium der Gleichheit, sondern, wie alle natürlichen *und* sozialen oder kulturellen Fähigkeiten, in Art, Grad und Auslegung ungleich verteilt. Oder der anfängliche Logos ist das Medium der Gleichheit, aber dann kann er keine Fähigkeit sein: Der anfängliche Logos muß eine Gleichheit *vor* der Fähigkeit, vor der Differenz von Fähigkeit und Unfähigkeit sein.[18] Der anfängliche Logos ist entweder Logos und ungleich (und nicht anfänglich) oder anfänglich und gleich (und kein Logos).

17 Dieses Argument bei Rancière ähnelt der transzendentalpragmatischen Letztbegründung der egalitären Moral aus denjenigen Regeln, die sich als »unausweichliche Präsuppositionen« jedes rationalen Diskurses, des Logos, erweisen lassen, weil sich selbst widerspricht, wer sie bestreitet. Vgl. Karl-Otto Apel, »Das Apriori der Kommunikationsgemeinschaft und die Grundlagen der Ethik«, in: Apel, *Transformation der Philosophie*, Frankfurt/M.: Suhrkamp 1976, Bd. 2, S. 399 f.; Jürgen Habermas, »Diskursethik – Notizen zu einem Begründungsprogramm«, in: Habermas, *Moralbewußtsein und kommunikatives Handeln*, Frankfurt/M.: Suhrkamp ²1985, S. 100 f.

18 Das ist die Konsequenz, die Spinoza zieht: »Dabei erkenne ich keinen Unterschied an zwischen Menschen und anderen natürlichen Individuen, auch nicht zwischen vernunftbegabten Menschen und anderen, die die wahre Vernunft nicht kennen, noch zwischen Blödsinnigen oder Geisteskranken und geistig Gesunden. Denn was jedes Ding nach den Gesetzen seiner Natur tut, das tut es mit höchstem Recht, weil es nämlich handelt, wie es von der Natur bestimmt ist, und nicht anders kann. Solange man die Menschen bloß als unter der Herrschaft der Natur lebend betrachtet, lebt unter ihnen sowohl derjenige, der noch nichts von der Vernunft weiß oder der ein tugendhaftes Verhalten noch nicht angenommen hat, mit höchstem Recht bloß nach den Gesetzen seiner Begierde, wie der andere, der sein Leben nach den Gesetzen der Vernunft leitet. Das heißt also: wie der Weise das höchste Recht hat zu allem, was die Vernunft vorschreibt, also nach den Gesetzen der Vernunft zu leben, so hat auch der Tor und wer ohnmächtigen Geistes ist, das höchste Recht zu allem, was seine Begierde ihm rät, also nach den Gesetzen der Begierde zu leben. Das ist ganz dasselbe, was Paulus lehrt, der vor dem Gesetz, d. h. solange die Menschen als unter der Herrschaft der Natur lebend betrachtet werden, keine Sünde anerkennt.« (Baruch de Spinoza, *Theologisch-politischer Traktat*, übers. v. Carl Gebhardt/Gunter Gawlik, Hamburg: Meiner 1994, Kap. 16, S. 233.)

3. Ästhetische Gleichheit

Aber wir können Descartes' Ausgang von der Gleichheit viel fundamentaler und deshalb radikaler verstehen: nicht als die Behauptung einer Tatsache, die sich außerpolitisch – natürlich, sozial, kulturell – feststellen und auf die sich dann die politische Gleichheit begründen ließe. Sondern als einen Akt der Voraussetzung. Die Gleichheit ist keine Tatsache, sondern eine Voraussetzung: Die Gleichheit ist eine Setzung, die wir im voraus machen müssen. Denn sie bezieht sich gar nicht auf das natürlich gegebene oder sozial und kulturell erworbene Vermögen der Vernunft (in dem wir ungleich und über das wir uneins sind). Die Gleichheit bezieht sich auf die Voraussetzung des Vernunftvermögens. Sie bezieht sich auf das Vermögen der Vernunft nicht als etwas, das wir schon haben, sondern die *Möglichkeit* zur übenden Ausbildung der Vernunft, die Möglichkeit zum Erwerb von Vermögen überhaupt. Nur darin und nur so sind wir gleich: in dieser Möglichkeit. Die Gleichheit ist eine Gleichheit der Möglichkeit. Daher ist die »wichtigste aller Emanzipationen« *nicht* »die Emanzipation aller Differenzen, die durch Leistungen entstehen und kontrolliert werden, von den Differenzen, die durch Unterwerfung, Herrschaft und Privileg geschaffen und weitergegeben wurden«.[19] Die wichtigste aller Emanzipationen – die politikermöglichende Emanzipation, durch die es überhaupt erst Politik und damit die von Sloterdijk geforderte Emanzipation der Leistungsdifferenzen von denen durch Unterwerfung, Herrschaft und Privileg gibt – ist die Emanzipation *von* den Differenzen, die unsere Fähigkeiten und damit uns als Fähige (also Un- oder Weniger- oder Andersfähige) ausmachen. Die wichtigste, weil politikermöglichende Emanzipation ist die von unserer natürlichen, sozialen und kulturellen Existenz: derjenigen Existenz, die durch die Tatsache unserer Fähigkeiten und damit durch die Tatsache unserer Ungleichheit definiert wird.

Was Vermögen möglich macht, sind nicht wiederum Vermögen. Die Möglichkeit des Vermögens ist eine *Kraft*. Vermögen haben wir durch Übungen erworben. Durch Vermögen können wir etwas: Wir können eine Tätigkeit nach sozialen Standards erfolgreich

19 Peter Sloterdijk, *Du mußt dein Leben ändern*, Frankfurt/M.: Suhrkamp 2009, S. 207.

ausüben. Die Kraft ist die Möglichkeit von Vermögen, weil sie das Andere der Vermögen ist. Kraft und Vermögen unterscheiden sich so:

Während Vermögen durch soziale Übung erworben werden, haben Menschen bereits Kräfte, bevor sie zu Subjekten abgerichtet werden. Kräfte sind menschlich, aber vorsubjektiv.

Während Vermögen von Subjekten in bewußter Selbstkontrolle handelnd ausgeübt werden, wirken Kräfte von selbst; ihr Wirken ist nicht vom Subjekt geführt und daher dem Subjekt nicht bewußt.

Während Vermögen eine sozial vorgegebene allgemeine Form verwirklichen, sind Kräfte formierend, also formlos. Kräfte bilden Formen und bilden jede Form, die sie gebildet haben, wieder um.

Während Vermögen am Gelingen ausgerichtet sind, sind Kräfte ohne Ziel und Maß. Das Wirken der Kräfte ist Spiel, die Hervorbringung von etwas, über das sie immer schon hinaus sind.

Vermögen machen uns zu Subjekten, die erfolgreich an sozialen Praktiken teilnehmen können, indem sie deren allgemeine Form reproduzieren. Im Spiel der Kräfte sind wir vor- und übersubjektiv – Agenten, die keine Subjekte sind; aktiv, ohne Selbstbewußtsein; erfinderisch, ohne Zweck.[20]

Ohne Kraft zu haben, können Menschen nicht Könner werden, keine Vermögen ausbilden und erwerben. Die Kraft macht Vermögen möglich. Nur weil alle Menschen Kräfte haben, die sich im Spiel entfalten, weil alle Menschen *darin* gleich sind, können sie Vermögen erwerben, in deren Ausübung, Maß und Auslegung sie sich unterscheiden und entzweien. Die Einbildungskraft macht das Vernunftvermögen möglich: Nur weil alle Menschen Einbildungskraft haben, nur weil alle Menschen darin gleich sind, daß sie *anders* werden – anders sehen, vorstellen, empfinden – können, als sie sind, sind sie nicht determiniert durch natürliche Tatsachen und können deshalb soziale Vermögen wie das der Vernunft erwerben, in dem sie sich unterscheiden und entzweien.

Sowenig wie Kraft zu haben etwas Soziales oder Kulturelles ist – es ist die Möglichkeit *zur* sozialen und kulturellen Existenz als Fähiger oder Könner –, sowenig ist es, als Möglichkeit, eine natürliche Tatsache. Die Kraft, in der wir gleich sind, kann nicht objektiv als vorliegend bewiesen oder festgestellt werden. Die Gleichheit ist, als Gleichheit der Kraft, nichts Gegebenes. Die Kraft, in der wir

20 In diesem Band, S. 13.

gleich sind, ist vielmehr deshalb eine Voraussetzung, weil es sie nur gibt, weil wir sie nur erfahren und von ihr wissen, indem wir Akte vollziehen, in denen sie sich entfaltet. Das sind ästhetische Akte: Akte des Spiels, der Einbildungskraft, Akte, in denen wir über unsere sozial erworbenen Fähigkeiten und Vermögen hinausgehen; in denen wir also etwas tun, was wir nicht tun können.

– Wir setzen die Kraft *voraus*, weil wir ohne sie keine Vermögen hervorgebracht hätten.
– Wir *setzen* die Kraft voraus, indem wir über unsere Vermögen hinausgehen und »Dinge machen, von denen wir nicht wissen, was sie sind« (Adorno) – ästhetische Dinge.

Daß wir gleich sind, erfahren wir in der ästhetischen Transgression unserer sozialen und kulturellen Existenz. Monsieur Teste sagt über die ästhetischen Zuschauer, die er beobachtet: »Das Äußerste, Letzte vereinfacht *sie*. Ich wette, daß sie alle immer mehr nach dem Gleichen hin denken. Sie werden alle gleich sein vor der Krise, der gemeinschaftlichen Grenze.«[21] Die »Krise«, die die ästhetischen Zuschauer – *als* Zuschauer, bloß durch ihr Zuschauen – gleichmacht, ist die »Grenze« ihres Begreifens im Tun und Erkennen, an die sie durch ihr Zuschauen geführt werden. Diese Grenze ist »gemeinschaftlich« (Valéry), ihre Krise ist ihre Gleichheit. Die Gleichheit ist ein ästhetischer Effekt: ein Effekt der Ästhetisierung im Zuschauen. Und wenn ästhetisches Zuschauen ein Tun ist, dann *machen* wir uns ästhetisch gleich. Oder: Im ästhetischen Tun des Zuschauens machen wir uns *gleich*.

*

Valérys Figur Monsieur Teste fügt seiner Einsicht in die prä- oder transsoziale Gleichheit, die sich im ästhetischen Zuschauen ereignet, eine einschränkende, die Gleichheit begrenzende Bemerkung hinzu. Teste sagt: »Übrigens ist dieses Gesetz [das Gesetz der ästhetischen Gleichheit] nicht so einfach… es nimmt mich ja aus – und ich bin hier.«[22] Teste spricht *über* das Zuschauen und ist darin, in diesem Moment des Sprechens, nicht Zuschauer, somit auch nicht *gleich*, wie die ästhetischen Zuschauer es »vor der Krise, der gemeinschaftlichen Grenze« sind (denn das ästhetische Zuschauen *ist* die

21 Paul Valéry, *Herr Teste*, übers. v. Max Rychner, o. O.: Insel 1947, S. 35 f.
22 Ebd., S. 36.

Krise, die letzte und daher gemeinschaftliche Grenze). Aber folgt daraus – wie Teste behauptet –, daß der über das ästhetische Zuschauen sprechende Beobachter von dem »Gesetz« des Zuschauens, von der Gleichheit angesichts der ästhetischen Krise, *ausgenommen* ist? Daß sie für ihn – weil er ja seinerseits die Zuschauer beobachtet und darüber spricht – *nicht* gilt? Daß die ästhetische Gleichheit, die Gleichheit des ästhetischen Zustands, also auf den Moment beschränkt ist, in dem dieser erfahren wird, und damit ebenso auf den Kreis derjenigen, die ihn, soeben, erfahren? Daß daher aus der im ästhetischen Zuschauen erfahrenen Gleichheit nichts folgt?

Teste deutet sein Beobachten des ästhetischen Zuschauens als ein Heraustreten, das ihn als Beobachter vom Gleichheitsgesetz des Zuschauens ausnimmt. Und er versteht dies als eine Bestimmung dessen, was ihn als Denkenden ausmacht und von den Zuschauenden unterscheidet. Aber es ist nur eine Bestimmung *seiner* Weise zu denken. Und genau darin, daß seine Weise, das ästhetische Zuschauen zu denken, bedeutet, sich von dessen Erfahrung der Gleichheit auszunehmen, liegt seine Beschränktheit. Monsieur Testes Denken ist *reines* Denken: ein Denken, das »seine dunkeln und übersinnlichen Kräfte daran [wendet], hartnäckig die Eigenheiten eines isolierten Systems zu erdichten, in dem das Unendliche nicht vorkommt«.[23] Dieser Weise zu denken widerspricht die andere, die sich aufgrund ihres Rückbezugs auf das ästhetische Zuschauen »ästhetisches Denken« nennen läßt.[24] Auch das ästhetische Denken – sonst wäre es gar kein Denken – ist als Beobachten und Berichten vom ästhetischen Zuschauen selbst nicht bloß ein ästhetisches Zuschauen. Auch das ästhetische Denken tritt aus dem ästhetischen Zustand heraus, aber es bezieht sich zugleich auf ihn als seinen Anfang und seine Bedingung zurück. Das ästhetische Denken ist Nachdenken, Gedächtnis des Ästhetischen im Nichtästhetischen. Ästhetisch ist ein Denken, daß das ästhetische Zuschauen im Denken des Nichtästhetischen zur Geltung bringt. Darin liegt der Widerspruch des ästhetischen Denkens zu dem reinen Denken, das Monsieur Teste auszubilden versucht.[25]

23 Ebd., S. 14.

24 Zur Erläuterung dieses Begriffs siehe in diesem Band, II.1: »*Ästhetisierung* – des Denkens«.

25 Und von dem er vielleicht die Erfahrung macht, daß es undurchführbar ist. So ließen sich einige der Auszüge aus seinem »Logbuch« verstehen (Valéry, *Herr*

Damit können wir sagen, wie die ästhetische Gleichheit – die Gleichheit, die wir erfahren, indem wir ästhetisch zuschauen – politisch wird: durch einen Akt des ästhetischen Denkens. Das ästhetische Denken der Politik besteht darin, unsere politische Gleichheit so zu verstehen, daß sie ihren Anfang und ihre Bedingung in einer Gleichheit hat, die wir – nur – im ästhetischen Zuschauen erfahren; denn nur die ästhetisch erfahrene Gleichheit ist als Krise oder Grenze ebenso unseres natürlichen wie sozialen Seins eine wahrhaft universale Gleichheit: eine Gleichheit vor den Unterschieden, die jedes natürliche oder soziale Vermögen bestimmt. Das ästhetische Denken politisiert die ästhetische Gleichheit – macht die ästhetische Gleichheit als ihre Bedingung in der Politik geltend – oder ästhetisiert die politische Gleichheit – führt die politische Gleichheit auf ihre Bedingung im ästhetischen Zustand zurück. Die Ästhetisierung der Politik im Denken ist, im Gegensatz zu einer Ästhetisierung, die die Politik bloß auflöst (der Ästhetisierung als Theatrokratie), die Ermöglichung der Politik der Gleichheit; die Politik ästhetisch zu denken heißt, sie als durch die ästhetische Gleichheit ermöglicht zu denken.

Nur aus der ästhetischen Gleichheit ist die politische Gleichheit möglich: Wenn wir – wie Arendt sagt – zu Gleichen erst »als Mitglieder einer Gruppe [...] kraft unserer Entscheidung«[26] werden, dann ist alle politische Gleichheit auf uns, auf unsere Gruppe begrenzt; eine prinzipielle Zurückweisung von Hitlers »Für alle reicht es nicht« ist so nicht möglich. Dagegen hilft auch nicht, die politische Gleichheit auf die »Voraussetzung« eines »anfänglichen Logos« (Rancière) oder der »kommunikativen Kompetenz« (Habermas) zu gründen; denn der Logos existiert, wie jede natürliche oder soziale Kompetenz, in Unterschieden – in Unterschieden von Graden und Auslegungen. Die radikale, universale Gleichheit des »Alle oder keiner« gibt es nur, wenn die politische Gleichheit ästhetisch, wenn sie aus der ästhetischen Erfahrung der Gleichheit der

Teste, S. 101 ff.). In ihren Briefen halten sein Freund und seine Frau diese Einsicht vorher bereits fest.

26 »Als Gleiche sind wir nicht geboren, Gleiche werden wir als Mitglieder einer Gruppe erst kraft unserer Entscheidung, uns gegenseitig gleiche Rechte zu garantieren.« (Hannah Arendt, »Es gibt nur ein einziges Menschenrecht«, in: Christoph Menke/Francesca Raimondi [Hg.], *Die Revolution der Menschenrechte*, Berlin: Suhrkamp 2011, S. 404.)

Kraft gedacht wird. Die politische Gleichheit ist ein ästhetischer Gedanke.

Textnachweise

Die bereits erschienenen Texte sind durchgehend, jedoch in unterschiedlichem Ausmaß und Umfang für diesen Band überarbeitet. Die Texte I.3 und II.1 wurden im Ausgang von den angegebenen Vorfassungen neu geschrieben.

Die Kraft der Kunst. Sieben Thesen
»The Force of Art. Seven Theses«, in: *Índex. Artistic Research, Thought and Education*, Nr. 0, Herbst 2010, S. 6-7.

I.1. *Das Kunstwerk*: zwischen Möglichkeit und Unmöglichkeit
»Die Möglichkeit des Kunstwerks«, in: *Journal of the Faculty of Letters, The University of Tokyo, Aesthetics*, Bd. 35 (2010), S. 1-13.

I.2. *Die Schönheit*: zwischen Anschauung und Rausch
»Glück und Schönheit«, in: Dieter Thomä/Christoph Henning/Olivia Mitscherlich-Schönherr (Hg.), *Glück. Ein interdisziplinäres Handbuch*, Stuttgart/Weimar: Metzler 2011, S. 51-55.

I.3 *Das Urteil*: zwischen Ausdruck und Reflexion
»Die ästhetische Kritik des Urteils«, in: Jörg Huber/Philipp Stoellger/Gesa Ziemer/Simon Zumsteg (Hg.), *Ästhetik der Kritik. Verdeckte Ermittlung*, Zürich: Edition Voldemeer u. Wien/New York: Springer 2007, S. 141-148.
»The Aesthetic Critique of Judgment«, in: Daniel Birnbaum/Isabelle Graw (Hg.), *The Power of Judgment. A Debate on Aesthetic Critique*, Berlin: Sternberg 2010, S. 8-29.

I.4 *Das Experiment*: zwischen Kunst und Leben
Kunst – Experiment – Leben/Art – Experiment – Life, Wien: MAK 2011.
»Treue zum Gegensatz in sich selbst«, in: Eva Wagner-Pasquier/Katharina Wagner (Hg.), *Programmheft 1/2011 der Bayreuther Festspiele: »Tannhäuser und der Sängerkrieg auf der Wartburg«*, S. 5-8.

II.1 *Ästhetisierung* – des Denkens
»›Ästhetisierung‹. Zur Einleitung«, in: Ilka Brombach/Dirk Setton/Cornelia Temesvári (Hg.), *»Ästhetisierung«*, Zürich: Diaphanes 2010, S. 17-22.

II.2 *Ästhetische Freiheit*: Geschmack wider Willen
»Ein anderer Geschmack. Weder Autonomie noch Massenkonsum«, in: *Texte zur Kunst*, Heft 75, September 2009, S. 38-46; wesentlich erweitert

in: Christoph Menke/Juliane Rebentisch (Hg.), *Kreation und Depression. Freiheit im gegenwärtigen Kapitalismus*, Berlin: Kadmos 2010, S. 226-239.
Josef Früchtl/Christoph Menke/Juliane Rebentisch, »Ästhetische Freiheit. Eine Auseinandersetzung«, in: *Einunddreißig*, Juni 2012, S. 126-135.

II.3 *Ästhetische Gleichheit*: die Ermöglichung der Politik
Aesthetics of Equality/Ästhetik der Gleichheit (dOCUMENTA 13, 100 Notizen – 100 Gedanken, Nr. 11), Ostfildern: Hatje Cantz 2011; Nachdruck in: dOCUMENTA (13), *Das Buch der Bücher. Katalog 1/3*, Ostfildern: Hatje Cantz 2012, S. 120-123.

Namenregister

Theoretische Texte zu Kunst und Ästhetik im Suhrkamp Verlag
Eine Auswahl

Theodor W. Adorno. Ästhetik (1958/59). Nachgelassene Schriften. Abteilung IV: Vorlesungen. 522 Seiten. Leinen

Rudolf Arnheim
- Film als Kunst. Mit einem Nachwort von Karl Prümm und zeitgenössischen Rezensionen. stw 1553. 336 Seiten
- Rundfunk als Hörkunst. Mit einem Nachwort von Helmut H. Diederichs. stw 1554. 238 Seiten
- Die Seele in der Silberschicht. Medientheoretische Texte. Photographie – Film – Rundfunk. Herausgegeben und mit einem Nachwort von Helmut H. Diederichs. stw 1654. 434 Seiten

Mieke Bal. Kulturanalyse. Herausgegeben und mit einem Nachwort versehen von Thomas Fechner-Smarsly und Sonja Neef. Übersetzt von Joachim Schulte. Mit zahlreichen Abbildungen. st 1801. 371 Seiten

Béla Balázs
- Der Geist des Films. Mit einem Nachwort von Hanno Loewy. stw 1537. 240 Seiten
- Der sichtbare Mensch oder die Kultur des Films. Mit einem Nachwort von Helmut H. Diederichs. stw 1536. 192 Seiten

Roland Barthes. Die Lust am Text. Kommentar von Ottmar Ette. stb 19. 504 Seiten

Alexander Becker/Matthias Vogel (Hg.). Musikalischer Sinn. Beiträge zu einer Philosophie der Musik. stw 1826. 377 Seiten

NF 109/1/04.13

Wolfgang Beilenhoff (Hg.). Poetika Kino. Theorie und Praxis des Films im russischen Formalismus. stw 1733. 465 Seiten

Walter Benjamin. Medienästhetische Schriften. Mit einem Nachwort von Detlev Schöttker. stw 1601. 448 Seiten

Hans Blumenberg. Ästhetische und metaphorologische Schriften. Auswahl und Nachwort von Anselm Haverkamp. stw 1513. 464 Seiten

Karl Heinz Bohrer
- Der Abschied. Theorie der Trauer: Baudelaire, Goethe, Nietzsche, Benjamin. 626 Seiten. Gebunden
- Plötzlichkeit. Zum Augenblick des ästhetischen Scheins. es 1058. 261 Seiten
- Die Kritik der Romantik. es 1551. 311 Seiten
- Das absolute Präsens. Die Semantik ästhetischer Zeit. stw 1055. 184 Seiten

Pierre Bourdieu
- Die Regeln der Kunst. Genese und Struktur des literarischen Feldes. Übersetzt von Bernd Schwibs und Achim Russer. stw 1539. 560 Seiten
- Über das Fernsehen. es 2054. 144 Seiten

Peter Bürger
- Das Altern der Moderne. Schriften zur bildenden Kunst. stw 1548. 218 Seiten
- Theorie der Avantgarde. Mit einem Vorwort zur zweiten Auflage. es 727. 139 Seiten

Arthur C. Danto. Die Verklärung des Gewöhnlichen. Eine Philosophie der Kunst. Übersetzt von Max Looser. stw 957. 320 Seiten

NF 109/2/04.13

Stefan Deines/Jasper Liptow/Martin Seel (Hg.). Kunst und Erfahrung. Beiträge zu einer philosophischen Kontroverse. stw 2045. 364 Seiten

Gilles Deleuze
- Das Bewegungsbild-Bild. Kino I. Übersetzt von Ulrich Christians und Ulrike Bokelmann. stw 1288. 332 Seiten
- Das Zeit-Bild. Kino 2. Übersetzt von Klaus Englert. stw 1289. 456 Seiten

John Dewey
- Erfahrung, Erkenntnis und Wert. Herausgegeben und übersetzt von Martin Suhr. stw 1647. 468 Seiten
- Kunst als Erfahrung. Übersetzt von Christa Velten, Gerhard vom Höfe und Dieter Sulzer. stw 703. 411 Seiten

Georges Duby. Die Zeit der Kathedralen. Kunst und Gesellschaft 980-1420. Übersetzt von Grete Osterwald. Mit Abbildungen. stw 1011. 561 Seiten

Umberto Eco. Das offene Kunstwerk. Übersetzt von Günter Memmert. stw 222. 448 Seiten

Christine Eichel. Vom Ermatten der Avantgarde zur Vernetzung der Künste. Perspektiven einer interdisziplinären Ästhetik im Spätwerk Theodor W. Adornos. 340 Seiten. Gebunden

Michel Foucault. Schriften zur Literatur. Übersetzt von Michael Bischoff, Hans-Dieter Gondek und Hermann Kocyba. Auswahl und Nachwort von Martin Stingelin. stw 1675. 402 Seiten

Foucault und die Künste. Herausgegeben im Auftrag des Zentrums für Kunst- und Medientechnologie von Peter Gente. stw 1667. 338 Seiten

NF 109/3/04.13

Manfred Frank. Einführung in die frühromantische Ästhetik. Vorlesungen. es 1563. 466 Seiten

Josef Früchtl. Das unverschämte Ich. Eine Heldengeschichte der Moderne. stw 1693. 422 Seiten

Josef Früchtl/Jörg Zimmermann (Hg.). Ästhetik der Inszenierung. es 2196. 304 Seiten

Alexander García Düttmann. Kunstende. Drei ästhetische Studien. 168 Seiten. Broschiert

Peter Geimer (Hg.). Ordnungen der Sichtbarkeit. Fotografie in Wissenschaft, Kunst und Technologie. stw 1538. 448 Seiten

Peter Gendolla/Thomas Kamphusmann (Hg.). Die Künste des Zufalls. stw 1432. 301 Seiten

Gérard Genette

- Mimologiken. Reise nach Kratylien. Übersetzt von Michael von Killisch-Horn. stw 1511. 516 Seiten
- Palimpseste. Die Literatur auf zweiter Stufe. Aesthetica. Übersetzt von Wolfram Bayer und Dieter Hornig. es 1683. 544 Seiten
- Paratexte. Das Buch zum Beiwerk des Buches. Übersetzt von Dieter Hornig. Mit einem Nachwort von Harald Weinrich. stw 1510. 408 Seiten

Eva Geulen. Das Ende der Kunst. Lesarten eines Gerüchts nach Hegel. stw 1577. 208 Seiten

Ernst H. Gombrich/Julian Hochberg/Max Black. Kunst, Wahrnehmung, Wirklichkeit. Übersetzt von Max Looser. es 860. 160 Seiten

NF 109/4/04.13

Nelson Goodman. Sprachen der Kunst. Entwurf einer Symboltheorie. Übersetzt von Bernd Philippi. stw 1304. 256 Seiten

Nelson Goodman/Catherine Z. Elgin. Revisionen. Philosophie und andere Künste und Wissenschaften. Übersetzt von Bernd Philippi. 225 Seiten. Gebunden

Götz Großklaus. Medien-Bilder. Inszenierung der Sichtbarkeit. es 2319. 249 Seiten

Boris Groys/Michael Hagemeister (Hg.). Die neue Menschheit. Biopolitische Utopien in Russland zu Beginn des 20. Jahrhunderts. stw 1763. 688 Seiten

Boris Groys/Aage Hausen-Löve (Hg.). Am Nullpunkt. Positionen der russischen Avantgarde. stw 1764. 777 Seiten

G. W. F. Hegel. Philosophie der Kunst. Vorlesung von 1826. Herausgegeben von Annemarie Gethmann-Siefert, Jeong-Im Kwon und Karsten Berr. stw 1722. 296 Seiten

Dieter Henrich. Fixpunkte. Aufsätze und Essays zur Theorie der Kunst. stw 1610. 302 Seiten

Dieter Henrich/Wolfgang Iser (Hg.). Theorien der Kunst. stw 1012. 637 Seiten

Wolfgang Iser. Das Fiktive und das Imaginäre. Perspektiven literarischer Anthropologie. stw 1101. 522 Seiten

Hans Robert Jauß. Ästhetische Erfahrung und literarische Hermeneutik. stw 955. 876 Seiten

Andrea Kern. Schöne Lust. Eine Theorie der ästhetischen Erfahrung nach Kant. stw 1474. 322 Seiten

NF 109/5/04.13

Andrea Kern/Ruth Sonderegger (Hg.). Falsche Gegensätze. Zeitgenössische Positionen zur philosophischen Ästhetik. stw 1576. 346 Seiten

Ernst Kris/Otto Kurz. Die Legende vom Künstler. Ein geschichtlicher Versuch. stw 1202. 192 Seiten

Richard Kuhns. Psychoanalytische Theorie der Kunst. Übersetzt von Klaus Laermann. 195 Seiten. Broschur

Claude Lévi-Strauss. Sehen, Hören, Lesen. Übersetzt von Hans-Horst Henschen. stw 1661. 184 Seiten

Paul de Man. Die Ideologie des Ästhetischen. Herausgegeben von Christoph Menke. Übersetzt von Jürgen Blasius. es 1682. 300 Seiten

Christoph Menke
- Die Souveränität der Kunst. Ästhetische Erfahrung nach Adorno und Derrida. stw 958. 311 Seiten
- Die Gegenwart der Tragödie. Versuch über Urteil und Spiel. stw 1649. 278 Seiten
- Kraft. Ein Grundbegriff ästhetischer Anthropologie. 155 Seiten. Broschur
- Die Kraft der Kunst. stw 2044. 179 Seiten

Winfried Menninghaus
- Das Versprechen der Schönheit. stw 1816. 386 Seiten
- Wozu Kunst? Ästhetik nach Darwin. 318 Seiten. Gebunden

Dieter Mersch. Ereignis und Aura. Untersuchungen zu einer Ästhetik des Performativen. es 2219. 314 Seiten

NF 109/6/04.13

K. Ludwig Pfeiffer. Das Mediale und das Imaginäre. Dimensionen kulturanthropologischer Medientheorie. 618 Seiten. Gebunden

Hermann Pfütze. Form, Ursprung und Gegenwart der Kunst. stw 1417. 357 Seiten

Max Raphael. Werkausgabe. Herausgegeben von Hans-Jürgen Heinrichs. 11 Bände in Kassette. stw 831-841. 3448 Seiten. Auch einzeln lieferbar

Martin Seel
- Eine Ästhetik der Natur. stw 1231. 389 Seiten
- Die Kunst der Entzweiung. Zum Begriff der ästhetischen Rationalität. stw 1337. 373 Seiten
- Ästhetik des Erscheinens. stw 1641. 328 Seiten

Georg Simmel. Goethe. Deutschlands innere Wandlung. Das Problem der historischen Zeit. Rembrandt. Herausgegeben von Uta Kösser, Hans-Martin Kruckis und Otthein Rammstedt. Gesamtausgabe Band 15. Gebunden und stw 815. 678 Seiten

Ruth Sonderegger. Für eine Ästhetik des Spiels. Hermeneutik, Dekonstruktion und der Eigensinn der Kunst. stw 1493. 392 Seiten

Bernd Stiegler. Bilder der Photographie. Ein Album photographischer Metaphern. es 2461. 276 Seiten

Robert Stockhammer (Hg.). Grenzwerte des Ästhetischen. stw 1602. 241 Seiten

Dieter Thomä. Totalität und Mitleid. stw 1765. 278 Seiten

NF 109/7/04.13

Uwe Wirth (Hg.). Performanz. Zwischen Sprachphilosophie und Kulturwissenschaft. stw 1575. 448 Seiten

Herta Wolf (Hg.)
- Paradigma Fotografie. Fotokritik am Ende des fotografischen Zeitalters. Band 1. Mit zahlreichen Abbildungen. stw 1598. 467 Seiten
- Diskurse der Fotografie. Fotokritik am Ende des fotografischen Zeitalters. Band 2. Mit zahlreichen Abbildungen. stw 1599. 492 Seiten

NF 109/8/04.13

Philosophie und Ästhetik um 1800 Eine Auswahl

Gernot Böhme. Philosophieren mit Kant. Zur Rekonstruktion der Kantischen Erkenntnis- und Wissenschaftstheorie. stw 642. 253 Seiten

Gernot Böhme/Hartmut Böhme. Das Andere der Vernunft. Zur Entwicklung von Realitätsstrukturen am Beispiel Kants. stw 542. 516 Seiten

Forum für Philosophie Bad Homburg (Hg.). Die Ideen von 1789 in der deutschen Rezeption. stw 798. 262 Seiten

Forum für Philosophie Bad Homburg (Hg.). Kants transzendentale Deduktion und die Möglichkeit von Transzendentalphilosophie. stw 723. 326 Seiten

Manfred Frank
- Selbstgefühl. Eine historisch-systematische Erkundung. stw 1611. 280 Seiten
- »Unendliche Annäherung«. Die Anfänge der philosophischen Frühromantik. stw 1328. 960 Seiten

Manfred Frank (Hg.). Selbstbewusstseinstheorien von Fichte bis Sartre. stw 964. 599 Seiten

Christoph Halbig/Michael Quante/Ludwig Siep (Hg.). Hegels Erbe. stw 1699. 434 Seiten

G. W. F. Hegel. Philosophie der Kunst. Vorlesung von 1826. Herausgegeben von Annemarie Gethmann-Siefert, Jeong-Im-Kwon und Karsten Berr. stw 1722. 297 Seiten

NF 106/1/04.13

NF 106/2/04.13